本书获得以下项目资助：

河南省高等学校哲学社会科学创新人才支持计划（2024-CXRC-05）

河南师范大学学术专著出版基金

河南省高等学校哲学社会科学创新团队支持计划（2021-CXTD-04）

河南省高等学校哲学社会科学创新团队支持计划（2019-CXTD-08）

河南省高等学校哲学社会科学创新团队支持计划（2022-CXTD-03）

基于融合理念的
农业科技创新
组织与管理模式研究

RESEARCH ON THE ORGANIZATION AND MANAGEMENT MODE
OF AGRICULTURAL SCIENCE AND TECHNOLOGY INNOVATION BASED
ON THE CONCEPT OF INTEGRATION

张秀峰 / 著

社会科学文献出版社
SOCIAL SCIENCES ACADEMIC PRESS (CHINA)

前　言

农业是国民经济的基础，农业的发展事关国家社会经济发展的长期稳定。传统农业的发展主要依靠土地、人力、化肥等资源的大量投入，随着人口增长、土地和水资源约束、环境污染日益严峻，传统的农业发展方式难以为继。为转变农业发展方式，各国政府日益注重通过加强农业科技创新实现农业的可持续发展，降低农业发展对大量资源投入的依赖。从全球主要国家的农业科技创新实践来看，通过采取多种措施支持和推动农业科技创新能够有效提高农业产业的投入产出效率，加快农业产业发展，在此过程中，各个国家也结合本国国情积极探索各具特色的农业科技创新组织与管理模式。

各国政府部门在探索和构建农业科技创新组织与管理模式的过程中，一方面要提高农业科技创新的效率，另一方面需要通过农业科技创新解决农业产业发展中面临的实际问题，强化对农业产业发展的支撑。未来农业产业发展面临的问题日趋综合和复杂，越来越依赖于政府部门、科学界、产业界以及社会其他相关部门的共同参与与协作，同时也需要跨学科专业知识的支持，并通过政府与市场的有机结合，推动和加快从基础研究到创新应用的创新价值链的形成。在世界农业科技创新朝融合方向发展的趋势下，政府部门如何引导和构建更加有效的农业科技创新组织与管理模式，在政府与市场有机结合的基础上，提高农业科技创新效率，实现农业科技与农业产业发展的有效结合，对我国加快农业科技创新和实现农业可持续发展具有重要的理论和现实意义。

本书首先梳理和分析了融合研究的产生与演化过程，并在此基础上系统分析了融合理念形成、发展和演变规律，从研究对象、参与主体、资助模式、组织与管理模式等方面探索和归纳了融合的主要特征。其次，借鉴科技创新、创新价值链等相关理论，并结合农业科技创新及其组织与管理的特点，探索性地将现有文献和报告提出的融合理念两维度模型拓展为"跨主体—跨学科—创新价值链"三维度模型，分析了"跨主体—跨学科—创新价值链"的三维度融合机理，并在此基础上进一步拓展了"知识生产的问题导向"和"产出评估的创新价值导向"两个外层维度。再次，将融合理念有机地嵌入农业科技创新组织与管理模式中，构建了基于融合理念的农业科技创新组织与管理理论分析框架，并采用该理论分析框架对英国、美国、巴西、中国等6个典型国家的农业科技创新组织与管理实践进行了探索性实证研究，分析各个国家在农业科技创新组织与管理的计划、组织、控制、协调、评估等方面采取的措施和方法，重点分析各个国家如何采取融合的方式加强本国的农业科技创新组织与管理。最后，在实证案例分析的基础上，结合各个国家在科技体制、经济体制、历史和文化传统、农业科研力量分布等方面的差异化特征，探讨了各个国家在构建基于融合理念的农业科技创新组织与管理模式方面的共性特征和个性化特色，并在此基础上进一步分析、推理和构建基于融合理念的农业科技创新组织与管理模式。

本书在理论和实证研究过程中，从政府与市场有机结合的角度分析了基于融合理念的农业科技创新组织与管理模式实践方面的特征，构建了政府与市场有机结合的理论分析框架，在宏观层面从"国别—时间—行业"三个维度进行分析，在微观实践层面从市场对政府的基础性导向作用、政府对市场的促进或增进作用、政府对市场的补缺作用等方面对农业科技创新组织与管理中的问题导向、组织与管理实施、成果评价进行了综合分析。本书研究内容能够丰富现有农业科技创新组织与管理的相关理论知识，同时对我国政府部门改进和完善农业科技创新管理体系具有重要参考价值。

　　本书基于理论分析与案例分析相结合的研究方法，通过上述分析主要得出了以下几方面的结论：第一，农业科技创新越来越呈现交叉融合的特征；第二，结合融合研究的特征、理论分析和案例研究，基于融合理念的农业科技创新组织与管理模式可以归纳为中心协调开放式、分散合作网络式以及混合式三种类型；第三，不同的国家基于本国国情形成了有各自特点的农业科技创新组织与管理模式，且不同程度地体现了融合的发展特征；第四，基于融合理念的农业科技创新组织与管理模式的建立是一项系统工程，我国的农业科技创新组织与管理模式还需进一步加强和完善。

目　录

第一章　绪论

随着资源约束和生态环境问题的日益突出，传统依靠大量资源投入的农业发展方式将难以为继，农业科技创新将在实现农业可持续发展方面发挥越来越重要的作用。与此同时，农业产业发展所面临问题和挑战的综合性和复杂性越来越强，为有效应对问题与挑战，各国政府部门在加大农业科技创新资源投入力度的同时，积极探索新型的农业科技创新组织与管理模式。政府部门通过探索和实施新型的农业科技创新组织与管理模式撬动和整合科学界、产业界、社会组织等多方的资源和力量共同参与农业科技创新活动，针对农业产业发展中的实际问题开展跨学科研究，并加快农业科技成果转化。本章主要对项目研究的整体进行介绍，简要描述研究的背景和意义，梳理相关研究综述，并阐述项目研究所采用的方法和主要研究内容。

第一节　研究背景和意义

一　研究背景

农业是国民经济的基础，农业的发展不仅依赖于资源禀赋，更依赖于科技的发展水平。近年来，环境可持续性的约束以及人口红利的逐渐消失，传统粗放的资源依赖型生产与发展方式逐渐成为制约农业产业发展的瓶颈,由此而引发的粮食安全问题和农业的可持续发展问题日益受到各个国家的关注和重视。为克服传统农业对资源投入的过度依赖,有效应对农业发展中的各种问题,提升农业产业的投入产出效率,世界各国都在采取多种措施支持和推动农业科技创新,通过加强对农业科学研究的管理和资助并实施农业科学技术研究计划,在农业关键技术领域取得了重大进展,基因工程、太空遥感、物联网与大数据等多项技术开始广泛应用于农业生产领域。在推动农业科技进步的同时,各个国家也根据本国的实际情况建立了各具特色的农业管理体系和创新体系,加快了农业科学技术的研发、转化与推广,推动了农业产业的发展。

目前世界主要国家都在不断加强对农业科技创新组织与管理的改革,并通过多种方式加大对农业科技创新资源的投入力度,同时也通过建设和完善农业科技创新体系提高农业科技创新效率。各个国家在逐步加大农业科技资源投入力度的过程中,科技资源的稀缺性逐渐凸显,尤其是 2008 年国际金融危机以来美英等发达国家经济发展速度明显放缓,各个国家在农业科技研发的资源投入方面面临较大的压力,甚至部分国家的政府部门减少了对农业研发的资金投入。为应对未来农业发展面临的复杂问题和挑战,各国政府也开始出台多种措施和政策,积极探索新型的农业科技创新组织与管理模式,通过整合政府部门、科学界、产业界以及社会相关部门的多方资源和力量共同推进农业科技创新活动,提高农业科技创新效率,加强农业科技创新对农业产业发展的推动和促进作用。

随着新一轮科技革命的兴起,农业科技创新面临着新的机遇和挑战。一方面,不同学科之间的交叉与融合进一步加快,成为推动农业科技创新的重要动力,生物技术、信息技术、新材料和新能源技术等高新技术不断向农业科技创新领域渗透、交叉与融合,农业科技创新的高新化、智能化进程不断加快(马爱平,2016)。另一方面,农业领域的基础研究、应用研究和技术成果转化与推广之间的界限日益模糊,非线性和网络化创新成为推动农业科技创新的新型模式,政府部门、农业类科研机构、农业美大学和产业界之间的合作日益密切,多主体参与影响农业科技创新过程的特征日益明显。与此同时,第二次农业科技革命的进程也在不断加快,生物技术、信息技术在农业科技革命中也逐渐占据核心和主导地位,成为现代农业产业发展最主要的推动力(朱世桂,2012)。随着第三次生物技术革命的到来,"融合"这一新兴的研究范式和理念将对农业科技创新的发展产生重要影响。面对农业科技新的发展趋势,各个国家都在抢抓农业科技革命带来的新机遇,而如何在现有的资源条件下改进农业科技创新组织与管理模式,并在此基础上对农业科技创新资源进行优化配置以及整合各方力量共同支持和参与农业科技创新,从而提高农业科技创新效率则成为各国政府和科学界共同关注的焦点。

因此,在新形势下积极探索新型有效的农业科技创新组织与管理模式,利用计划、市场等多种机制对农业科技创新资源进行优化配置,支持科学界、产业界共同建立新型跨学科研发组织,同时通过建立有效的跨主体合作网络整合多方资源,推动农业科技创新价值链贯通,以提高农业科技创新的能力和实现农业科技与经济的有效结合成为一项亟待解决的重要课题。本书主要探索在农业发展问题日趋综合和复杂、农业科技创新朝融合方向发展的趋势下,基于融合理念建立更加有效的农业科技创新组织与管理模式,提高农业科技创新资源的配置与整合效率,从而实现农业科技与农业产业发展的有效结合。

二 研究意义

随着农业的发展模式逐渐从资源依赖型的传统农业向集约可持续型的现代农业转变,农业产业的发展越来越依赖于科学技术的进步(Ekboir et al.,2009)。通过建立有效的农业科技创新组织与管理模式,提高农业科技创新资源的配置和利用效率,同时通过有效的组织与管理模式实现对现有农业科技资源的有效整合,引导不同部门、领域和学科的农业科技资源和力量有效配置于农业科技创新价值链的不同阶段,从而实现农业科技与经济的有效结合成为各国面临的重要课题。因此，如何构建基于融合理念的农业科技创新组织与管理模式以提升农业科技创新效率具有重要的理论意义和现实意义。

（一）理论意义

随着科学研究面临的问题日益复杂化，科学研究的模式逐渐由"学院科学"向"后学院科学"转变，知识生产模式逐渐由"模式1"向"模式2"转变，科技创新过程也逐渐从线性模式向非线性、网络化创新模式转变，国家和社会对科技创新的资金、人员、设备等资源投入逐年增加。与此同时，随着科技资源投入的规模日益扩大，通过加强农业科技创新组织与管理实现对农业科技资源的有效配置，以提升资源的使用效率并实现科技与经济的有效结合成为社会和科学界共同关注的问题。

目前学术界在农业科技创新领域关注较多的是农业科技创新体系、农业科技创新效率等问题，而对农业科技创新组织与管理模式的关注和研究相对较少。尤其是农业科技创新越来越呈现跨学科、跨主体日益融合的趋势，面对这一新的发展趋势需要积极探索新型农业科技创新组织与管理模式。农业科技创新具有研发周期较长、参与主体较多、区域性特点较强以及外溢性明显等特点，因此在构建农业科技创新组织与管理模式的过程中，既要借鉴一般的科技创新组织与管理模式，同时也要充分考虑农业科技创新本身的特点。新形势下农业科技创新过程呈现怎样的融合特征？如何基于融合理念探索新型农业科技创新组织与管理模式？如何通过有效的农业科技创新组织与管理模式整合政府部门、科学界、产业界及其他部门等多方主体的资源和力量共同开展农业科技创新？如何采用有效的组织与管理模式将跨学科力量整合到农业科技创新价值链？如何建立有效的评价体系以引导各个创新主体围绕农业科技创新价值链开展研究与合作？针对上述问题开展研究将有助于丰富和完善当前农业科技创新组织与管理的相关理论研究。

（二）现实意义

我国作为一个农业大国，曾经创造了用全球7%的耕地养活全球22%的人口的奇迹，农业也曾经对我国的工业化建设和城镇化建设做出了较大的贡献。随着我国工业化和城镇化建设的快速推进，从事农业生产的人口和耕地面积都在不断减少，农药、化肥的大量使用使得生态环境不堪重负，人口的不断增加也使得水资源日益短缺，粮食安全问题日益突出（Babu et al.，2015），同时工业污染、生态环境破坏引发的食品安全问题也日益成为社会关注的焦点，原有依靠大量资源投入的粗放式农业生产方式已难以为继，依靠科技进步推动农业可持续发展成为我国未来农业产业发展的必然选择。

为加快农业科技创新步伐，我国近年来也不断加大农业科技创新的投入，依托中央和地方的农业类科研机构以及农业类大学积极开展农业科技研发活动，并先后实施了中国农业科学院科技创新工程、现代农业产业技术体系等，对农业产业的发展起到了较强的推动作用。党的十九大报告强调，要坚定实施创新驱动发展战略，加大对农业科技创新活动的支持力度，构建和完善现代农业科技创新体系，发挥科技创新在推动现代农业发展中的核心作用。其中农业科技创新投入机制和激励机制是推动农业科技创新的关键点和着力点，目前我国在农业科技创新组织与管理方面主要存在以下几方面的问题：（1）农业科技创新资助渠道分散且存在重复资助；（2）农业科研力量分散，农业科研力量尤其是跨学科的科研力量难以实现有效整合；（3）涉农类企业创新能力较弱，农业科技创新价值链贯通不畅，农业科技创新难以对农业产业的发展起到推动和支撑作用；（4）农业科技创新中政府的影响和作用较强，市场机制不够成熟和完善，且难以实现政府与市场的有机结合。

我国目前正在实施的科技计划和科技体制改革是为了解决条块分割和资助"碎片化"等问题，从而更加高效地配置科技资源，以实现科技与经济的紧密结合。本书在农业科技未来新发展趋势和我国实施科技体制改革的背景下，设计有效的农业科技创新组织与管理模式，探索基于融合理念的农业科技创新组织与管理理论框架，之后选取典型国家进行案例分析并总结典型国家在农业科技创新组织与管理方面的特点与共性特征，最后结合理论分析与案例研究，总结出基于融合理念的农业科技创新组织与管理模式，这对我国构建新型农业科技创新组织与管理模式以整合多方资源共同开展农业科技创新活动和实现农业科技与经济的有效结合具有重要的现实意义。

第二节　研究综述

农业科技创新一直是各国政府和学术界共同关注的主题，随着各国对农业科技创新的日益重视和对农业科技创新资源投入的日益增加，采取有效的农业科技创新组织与管理模式推动农业科技创新和农业产业发展成为政府部门和学术界关注的焦点。各国政府和学术界也一直在努力探索更加有效的农业科技创新组织与管理模式，国内外学者也在科技创新管理、科技创新体系、农业科技创新管理、农业科技资源配置等相关领域进行了大量研究。从现有文献来看，大部分文献关注的是农业科技管理体制，农业科技创新体系，农业科技经费配置的方式、机制、效率等方面的内容，关注农业科技创新组织与管理模式的研究相对较少，相关研究主要包含以下几个方面。

一　科学研究与科技创新的发展趋势问题研究

20 世纪下半叶，科学研究逐渐涌现了一些新的研究模式，如"大科学""后学院科学""跨学科研究"等，其中 Price（1963）系统分析了从"小科学"到"大科学"的演化过程，认为科学研究从以个人兴趣爱好为主的探索性研究逐渐向国家主导的建制化大科学研究转变，与此同时，知识生产的科研目标、交流方式、科学评价等方面也都发生了一系列变化。而随着传统学科导向的知识生产模式逐渐无法满足国家和市场对科技成果的大量需求，Gibbons 等（1994）认为原有的"模式 1"正在逐渐被"模式 2"替代，在"模式 2"中应用导向和跨学科性越来越显著，科学研究组织构成由同质性转向了异质性，科学知识的质量控制也由同行评议转向了更加综合的多维度评议体系。基于科学研究自身的发展及对资源需求的变化，Ziman（2000）认为科学研究范式正在由原来的"学院科学"向"后学院科学"转变，科学在走向高度分化的同时也走向更加高度的综合化，学院科学内部学科之间的壁垒开始逐渐被打破，学术界与产业界之间逐渐建立起了更加紧密的合作关系，国家层面对科学研究活动的重大需求逐渐成为科学研究发展的重要推动力。

在科学研究与技术创新的关系演变方面，从较早时期万尼瓦尔·布什提出线性模式之后，众多学者也提出了一些新的观点，Kline 和 Rosenberg（1986）提出了链环模式，Ziman（1991）提出了中心网络模式，Stokes（1997）则从科学研究与知识应用之间的互动关系出发，提出了科学认识与技术水平发展的双轨道互动模式。之后 Etzkowitz 和 Leydesdorff（2000）在提出的三重螺旋模型理论中认为政府、科学界和产业界之间的边界已逐渐模糊，政府、科学界和产业界通过相互之间的整合与互动共同推动了知识的生产、传播与应用，使得传统的线性知识生产模式逐渐向多方互动的非线性合作创新模式转变。国内学者也在该方面进行了相关的研究，李晓强等（2007）认为基于学科交叉与融合的跨学科汇聚已经成为知识生产的新趋势。张学文（2013）从开放科学的视角分析了产学研协同创新，认为科技创新日益呈现开放式合作的发展态势，科学界和产业界基于知识的异质性开展分工合作与互补的趋势逐渐加强，政府部门需要实施科学的治理机制加以引导。李志峰等（2014）在分析和研究国内外关于知识生产模式与科技创新趋势文献的基础上，认为以国家和社会需求为导向的跨学科协同知识生产方式和研发创新模式将成为未来大学开展科学研究的一种重要范式和必然选择。李佳敏（2014）认为学科发展逐渐从高度分化向分化与交叉融合并存转变，学科之间的交叉与渗透日益增强，推动学科朝综合化和整体化方向发展，与此同时知识生产也从单一的以学科为中心转向问题导向和学科导向并存。从科学研究与技术创新演化趋势的相关研究来看，问题导向、多方参与、跨学科、非线性等已经成为科学研究与技术创新的发展方向。

在新型科学研究和技术创新组织模式方面，已有部分学者对高校、科研机构以及企业的研发模式进行了探索性分析，如陈勇等（2010）较早对斯坦福大学 Bio-x 研究计划的跨学科研究组织模式进行了探索分析，认为该计划的跨学科战略规划、跨学科研究平台、与产业界的紧密联系等因素是跨学科研究组织模式成功实施的关键。毕颖和杨小渝（2017）则从协同创新的角度对斯坦福大学 Bio-x 计划进行了研究，认为 Bio-x 计划具有明显的问题导向性，形成了跨学科的知识"交易区"，并在组织管理、跨学科团队运行等方面构建了新型有效的运行机制，推动了产学研创新的有效结合。董樊丽等（2020）主要以斯坦福大学 Bio-x 计划为例，从学科交叉的视角分析了高校学科交叉融合发展的问题，从平台组织、管理制度、团队建设、考核评价多个角度进行了综合分析和探讨，并提出了对我国高校学科发展的启示。在科研机构的新型科研组织模式研究方面，陈捷和肖小溪（2020）对科赫研究所基于融合范式的科研组织模式进行了分析，重点从数据共享、经费资助、项目设置等方面进行了研究，在此基础上对"融合科学"的探索和推广提出了政策建议。而在企业研发模式方面，杨光和肖小溪（2021）以美国安进公司的阿法依泊汀研发过程为例，从"融合"范式的视角分析了其研发过程中呈现的"融合"特征，包括创新价值链的贯通、多学科知识的交叉和多主体的协同参与，并提炼了基于"融合"范式的科技创新特点。从上述科学研究和技术创新组织模式的相关研究来看，新型科研组织模式具有组建跨学科团队、加强产学研合作等共性特征。

二　农业科技创新体系构建与农业科技创新管理相关问题研究

构建农业科技创新体系是政府部门加强农业科技创新组织与管理的重要途径，国内外学者在农业科技创新体系的构建方面进行了较为系统的研究，从不同角度分析和研究了农业科技创新体系的内涵、内部结构、作用机制、创新主体等相关内容。如 Anandajayasekeram（2011）提出了农业科技创新体系的概念框架，认为政府部门、农业科研系统、农业教育系统、农业生产者、中介机构等部门以及农业科技创新政策、农业科技创新投资等相关要素共同构成了农业科技创新体系，并从农业价值链、农业综合研发等方面为农业科技创新体系的构建提出了相关建议。Rajalahti 等（2008）将农业科技创新体系界定为研发组织、农业企业和农业生产者共同构成的网络，其主要作用是研发农业新产品、新工艺并在创新体系内进行广泛扩散和传播，对农业产业的发展形成有效的推动作用。在农业科技创新体系的内部结构方面，Spielman 和 Birner（2008）构建了农业科技创新体系的组织结构框架图，认为分析农业科技创新体系的结构框架需要从系统的视角进行，框架内各个主体、要素之间的协同与合作，推动农业科技创新的不断发展。Klerkx 等（2010）提出了农业科技创新体系的适用性管理理念，将农业科技创新体系视为一种复杂的自适应系统，农业科技创新体系通过建立合作网络并与外部环境进行有效互动以不断改进创新体系的管理，从而提升农业科技创新体系的效率。国内相关学者也对农业科技创新体系相关问题进行了研究，如应若平（2006）分析了新西兰国家农业科技创新体系的建设实践与经验，认为在构建农业科技创新体系过程中充分运用政府宏观调控的计划手段，充分发挥市场机制的调节作用，明确农业研究机构、农业行业组织和农业企业的职责定位，能够有效实现农业科学研究、农业技术开发和农业技术应用与推广之间的衔接，使农业研发成果得到快速应用和推广。吴建寨等（2016）分析和梳理了部分发达国家在构建农业科技创新体系方面的实践经验，包括农业科技创新主体之间分工明确、政府农业科研经费支持重点突出、有效的管理体制与协调机制、积极推动市场化改革等，同时也分析了中国农业科技创新体系存在的问题，并提出了相应的政策建议。在构建农业科技创新体系的过程中，Pray（2002）等相关学者认识到产业界等私人部门发挥的作用越来越重要，政府部门也越来越注重通过多种途径和方式引导科研机构、大学等公共部门与产业界等私人部门建立合作创新网络，以加强科学研究与成果转化、推广之间的有效衔接，从而推动农业科技创新活动的开展。在具体构建公私合作关系方面，Hartwich 等（2008）认为，需要明确双方的共同利益目标，建立双方共同参与的资助方式和有效的组织结构，并对合作效果进行有效的评估。Fuglie 和 Toole（2014）分析和研究了美国近年来在建立公私合作关系方面的举措，美国政府部门主要通过成立联合基金、政策激励等方式鼓励公私合作，合作形式包括签订合作研发协议、建立新型合作研发创新机构等，通过不断改进合作方式整合公私两方资源共同加强农业科技创新价值链的衔接。

为适应农业科技创新的发展趋势，各个国家在改革和完善农业科技管理体制、机制等方面进行了有益的探索和尝试，相关学者在该方面主要对农业科技创新的管理机制创新、农业科技创新的组织模式等问题进行了规范性研究和实证性研究。董文琦等（2015）从稳定性与竞争性相结合的科技创新投入机制、以农业产业发展实际需求为导向的研发任务制定机制、以创造社会价值为导向的绩效评价机制、政产学研结合的协作创新机制等方面对农业科技创新的管理机制进行了分析。翟琳等（2015）对法国在机制层面改进农业科技创新管理的方式进行了研究，主要包括实施由农业科学院（INRA）发起的 Meta 计划和由农业科学院联合农业研究发展中心（CIRAD）以及多所高校共同成立的农业、食品、动物健康及环境研究与教育联合体（Agreenium），其中 Meta 计划主要通过整合各方资源开展联合研发，致力于提高资源配置效率；Agreenium 则重点将研究、培训和成果转化等环节各相关单位有效链接到一起，致力于加快科技成果的转化与扩散。彭宇文等（2008）、刘宏波等（2013）、赵惠娟等（2015）分别对美国的农业科技体制、科研体系以及农业科技创新体系构建等进行了分析和研究，认为美国形成了"三位一体"式农业科研体系，且非常重视农业企业在推动农业科技成果转化方面的作用，美国政府也注重通过多种政策积极鼓励产学研合作，推动了农业科技创新活动的开展。谢彬彬等（2016）从农业科研、教育与推广三个方面对美国、韩国、印度等国家开展的农业科技体制改革进行了分析，并根据其组织形式总结为三种类型。柏振忠（2009）从比较分类的角度对主要发达国家的农业科技创新模式进行了归纳，认为美国采取的是产学研结合型农业科技创新模式，法国采取的是链条式环保型农业科技发展模式，英国采取的是政府引导型农业科技创新模式，德国采取的是信息化生态型农业科技发展模式。

三　农业科技创新组织与管理中的政府职能问题研究

针对公共产品的非竞争性和非排他性特征、外部性问题以及信息不对称问题造成的市场失灵，以布坎南为代表的公共选择学派研究认为市场机制和政府调节在资源配置方面都有各自的优势，同时也都存在失灵的领域，因此在资源配置过程中既要注重政府对经济发展和资源配置的干预和调控，同时也要实现市场机制和政府调节的有效结合。国内学者也对这一问题进行了相关研究，如程华（2001）、崔慧霞（2013）认为由于农业科技创新对农业发展和国民经济具有较强的外部性，单纯依靠市场调节会存在失效的情况，这就决定了政府需要在农业科技创新管理和宏观调控方面发挥重要作用，政府部门应当通过界定产权、收益内部化以及税收补贴等方式弥补市场缺陷，分担农业科技创新过程中存在的风险，促进农业科技创新。彭宇文和吴林海（2007）认为大部分农业科技产品具有一般公共产品的属性。一方面，农业科技产品的非排他性会造成"搭便车"现象；另一方面，农业技术消费的非竞争性使农业科技产品的作用难以得到充分发挥，因此政府部门需要在农业科技创新投入方面发挥重要作用。

关于政府在科技创新管理和创新体系建设中的职能和作用,在理论研究方面,Freeman(1995)在国家创新体系理论中指出政府的主要职能和作用是集成创新要素、配置创新资源和协调创新活动,政府部门对创新活动的干预和调节能够有效提升国家创新能力。Nelson(1996)认为企业在开展技术创新活动的过程中离不开政府公共管理部门和机构在资金、政策等方面的支持。Etzkowitz和Leydesdorff(2000)在研究三重螺旋理论的过程中指出政府部门应当在引导科学界和产业界共同构建创新三螺旋体系方面发挥重要作用,通过制定和完善科学技术政策、产业政策等相关制度和政策,引导和调节科学界与产业界之间的合作关系,从而形成一种有效的科技创新动力机制。基于政府部门在推动农业科技创新活动方面的重要作用,OECD(2013)在其报告中指出,政府部门应当在制定农业科技创新战略、构建农业科技创新系统、制定农业科技创新政策、激励科学界与产业界共同开展合作创新活动等方面发挥重要作用。EU SCAR(2013)在其报告中也指出,政府部门不仅应当加强在农业科研方面的资金和政策支持,同时更应该注重对农业科技创新活动的支持,包括引导科研机构与产业界开展有效的合作,同时也要加强创新环境建设。而Hartwich和Jansen(2007)认为发展中国家政府部门往往依赖于公共科研机构开展农业研发活动,在构建农业科技创新系统方面尤其是在通过加强科研机构与产业界合作推动农业科技创新活动开展方面存在不足。

在实证研究方面,叶向东(2007)对美国政府部门的农业科技创新管理实践进行了研究,认为美国政府在推动农业科技创新方面通过政策制定、资金支持等措施发挥了重要的引导作用,尤其是在农业科技创新体系构建过程中起到了设计者与协调者的作用。郑芳(2013)认为我国政府部门在农业科技创新管理方面主要存在投入不足、管理机制不完善、政策保障不足等问题,并针对这些问题提出了相应的对策。彭建华等(2015)分析和讨论了市场经济条件下政府的农业科技创新管理职能及其行为边界,认为目前我国政府部门在农业科技创新管理方面存在职能越位与缺位现象并存、部门之间协同不足、管理手段创新不足、管理主体单一等问题，在此基础上提出了理顺部门权责关系、加强部门之间的协同与集成、优化农业科技创新环境、引导更多主体共同参与农业科技创新管理等方面的政策建议。由于农业科技创新的特殊性，处理政府与市场边界问题也成为农业科技创新管理非常重要的一个方面，田晓琴和窦鹏辉（2014）结合农业科技创新管理政策与管理实践，认为加强农业科技创新管理需要正确处理政府与市场的关系，明确各个行为主体的责权关系，在此基础上提出了农业科技体制和机制创新的突破点，包括强化顶层设计、优化资源统筹等。

四 农业科技创新资源配置问题研究

在理论研究方面，相关经济学派对资源配置、科技资源配置等相关概念和理论进行了研究，亚当·斯密开创的古典经济学派首次提出了资源配置的概念，相关代表著作包括亚当·斯密在 1776 发表的 *An Inquiry into the Nature and Causes of the Wealth of Nations*（《国富论》），该著作主要对市场在资源配置方面的作用和机理进行了分析和论述，认为市场的有效调节可以使要素和资源得到有效配置并使要素和资源的利用效率得到提高。以布坎南为代表的公共选择学派主要采用经济学的方法分析和研究了政府部门的资源配置及相关决策行为，认为市场机制是存在缺陷的，即所谓的"市场失灵"，针对这些"市场失灵"问题，政府部门可以采取干预和调节的方式加以克服，如由政府部门承担公共产品的供给。在实证研究方面，国内外学者也进行了相关研究，Harris 等（2009）对英国近年来资助的部分农业研发项目进行了实证研究，通过分析认为英国近年来逐渐加强了对农业跨学科研究项目的支持，同时通过完善农业科技产出评估体系，注重科学界、产业界共同参与合作研发项目，形成了良好的创新价值导向。Fuglie 和 Toole（2014）分析和研究了美国在配置和整合农业科技创新资源方面的结构与特点，认为美国农业科研机构和农业企业在分别定位于应用研究和试验开发的同时，也通过不断改进合作方式整合双方资源，共同加强农业科技创新价值链的衔接，合作形式包括签订合作研发协议、建立新型合作研发创新机构等。

农业科技创新资源配置是农业科技创新组织与管理的重要组成部分，通过有效的方式配置农业科技创新资源可以有效提升农业科技创新效率。孙景翠（2011）从系统论的视角构建了农业科技创新资源配置的理论框架，认为农业科技创新资源配置系统主要包括配置主体、配置客体、配置方式和配置效率等方面，配置主体主要通过主体之间的行为协同来实现对农业科技创新资源的配置；在配置方式方面归纳总结了政府调控配置、市场调节配置和社会资本配置三种方式。杨传喜和张俊飚（2012）对美国、日本在农业科技资源配置方面的实践经验进行了分析，认为美国在农业科技资源配置方面重视和强调市场所发挥的决定性作用，政府只起到次要作用；而日本则更加重视政府部门在农业科技资源配置方面所发挥的作用，政府部门主要采取直接资助和发布各种优惠政策引导创新主体对农业科技进行投入的方式对农业科技资源进行配置。在提高农业科技创新资源配置效率方面，国内外学者也进行了相关研究，David 等（2000）通过分析1957 年以来关于农业科技资源投入的 30 余篇文献发现，多数文献支持公共农业科技资源投入与产业界研发资源投入存在互补关系；Besley 等（1999）研究认为公共部门和私人部门开展合作共同进行研发资源投入效率会更高。杨传喜等（2011）在构建农业科技资源配置效率分析框架的基础上，对农业科技资源配置与农业经济增长之间的内在关系进行了实证检验，认为农业科技资源配置是一个复杂的自适应系统，农业科研机构的资源配置效率相对低下，农业类高等院校的资源配置处于上升状态，各个区域的农业科技资源配置效率存在不同程度的损失。陈祺琪等（2016）对农业科技资源配置的区域差异情况进行了实证分析，分析结果表明，中国各个区域之间的农业科技资源配置能力差异明显，且总体差异呈现波动式上升的趋势。

综上所述，农业科技创新组织与管理目前是科技创新管理领域学者关注的一个重要问题，国内外学者围绕这一主题开展了多方面的研究，主要集中在农业科技创新体制改革、农业科技创新体系构建、政府的农业科技创新管理职能、农业科技创新资源配置等方面，但整体上缺少对农业科技创新组织与管理模式的系统性研究，尤其缺乏针对国际上为应对未来农业问题和挑战而不断改革和完善的农业科技创新组织与管理模式的梳理、分析和比较。因此本书拟在系统评述科学研究、科技创新及农业科技创新发展趋势等相关研究的基础上，探索和分析融合理念的结构与特征，并形成基于融合理念的农业科技创新组织与管理理论分析框架，并选取美国、英国、巴西等典型国家在建设和完善农业科技创新组织与管理模式方面的措施、方法与对策，对农业科技创新组织与管理模式开展实证分析、比较和归纳，最后整合形成基于融合理念的农业科技创新组织与管理模式。

第三节 研究设计

一 研究方法

（一）文献分析法

文献分析主要分为理论文献分析和案例文献分析两部分。在理论分析部分，借鉴和整合科技创新管理理论、资源配置理论、新制度经济学理论、国家创新系统理论、公共选择理论等相关理论，在分析农业科技创新发展趋势的基础上，提出包括知识生产的问题导向、跨学科知识融合、创新价值链融合等维度在内的农业科技创新组织与管理模式理论分析框架。在案例分析部分，搜集和整理中国、美国、英国、巴西、法国和澳大利亚6个典型国家在农业科技创新组织与管理方面的学术文献、政府制度、政策报告等相关资料，同时也借鉴在实地调研过程中获取的部分相关报告和资料，综合分析各个国家农业科技创新组织与管理模式的特点。

（二）实地调研法

首先，本书对中国的现代农业产业技术体系进行了实地调研，包括中国农业大学奶牛体系、北京市农林科学院果树研究所桃体系、杭州农业科学院水产体系。其次，对中国农业科学院科技创新工程的管理与资助实践进行了实地调研，包括中国农业科学院蜜蜂研究所、植物保护研究所、作物科学研究所、哈尔滨兽医研究所、青岛烟草研究所、天津环境保护科研监测研究所、安阳棉花研究所、杭州水稻研究所。最后，对英国的相关政府部门、资助机构、农业类科研机构和农业类大学进行了实地调研，政府部门包括原商业、创新和技能部（BIS），环境、食品及农村事务部（DEFRA）和原贸易与投资部（UKTI）；资助机构包括生物技术与生物科学研究理事会（BBSRC）、科学和技术设施委员会（STFC）、原英国创新署（Innovate UK）；科研机构和大学包括克兰菲尔德大学（Cranfield University），东英吉利大学（University of East Anglia），约翰·英纳斯中心（JIC），洛桑实验站（Rothamsted），贝尔法斯特女王大学（Queen's University Belfast），农业、食品与生物科学研究所（Agri-Food and Biosciences Institute）。

（三）案例分析法

本书在案例分析部分兼顾了两方面的因素，一方面是典型国家在农业科技创新组织与管理方面的代表性，另一方面是资料和数据的可获得性与相对完整性。基于两方面因素的考虑，本书选取了中国、美国、英国、巴西、法国和澳大利亚六个国家进行案例分析。这些国家在农业科技创新及其组织与管理方面均具有较强的代表性，在农业科学研究方面均具有较高的水平、实力和特色。根据 OECD 在 2015 年发布的相关报告，在农业科学研究相关出版物方面，居于世界前四位的国家分别为美国、中国、英国和巴西，法国和澳大利亚也居前十位，在农业产业发展方面这些国家也位居世界前列，且近年来为适应新的科技创新发展趋势，这些国家均开始加强对农业科技创新组织与管理的改革和完善，其改革措施均具有较强的代表性。

案例分析主要依据基于融合理念的理论分析框架从以下几个维度展开：①国家层面在农业科技创新组织与管理方面的制度安排，包括农业科技计划的制定、农业科技创新资源的配置、农业科技创新效果的评估；②政府部门、资助机构、农业科技创新执行主体之间的合作网络关系；③各国为实现农业科技创新价值链的有效贯通而采取的政策和措施，包括政府与市场的融合、农业科技创新组织与管理模式的机制设计等；④农业科技创新主体内部的资源分配与运作模式。本书在对各个国家的农业科技创新组织与管理模式进行分析、对比与总结的基础上，归纳出主要的农业科技创新组织与管理模式类型，并提出相应的政策建议。

二 研究内容

本书主要采用"理论框架分析+案例比较研究+模式归纳总结"的方式，按照"研究背景—理论基础与农业科技创新发展趋势分析—理论分析框架设计—案例实证分析—模式总结与归纳—讨论与展望"的逻辑思路开展研究。本书共包括七章的内容，具体章节内容安排如下。

第一章简要阐述了研究背景和研究意义，梳理和分析了科学研究与科技创新的发展趋势问题、农业科技创新体系构建与农业科技创新管理相关问题等方面的研究现状，并简要概述了本书采用的研究方法。

第二章系统梳理和分析了农业科技创新组织与管理的相关理论，主要包括资源配置理论、新制度经济学理论、公共选择理论、国家创新系统理论，对农业科技创新组织与管理模式的概念和内涵进行了界定，厘清了农业科技创新及其组织与管理的特点，在此基础上分析了农业科技创新中政府与市场的关系、农业科技创新组织与管理中的机制设计理论以及农业科技创新组织与管理的要素、农业科技创新体系的作用机制等相关理论问题。

第三章理论研究部分主要分析和研究融合研究的基本概念与内涵、融合研究的产生和演化过程、融合研究的特征及其对农业科技创新的影响。其中融合研究的产生和演化过程主要从科学研究发展的演变及其资助方式的变化，科学研究与政府、社会需求之间关系的演化，生物技术引领的融合趋势，科学研究与知识生产方式的变化趋势四个方面进行了深入分析和探讨，在此基础上进一步分析了融合研究对农业科技创新的影响。

第四章主要在美国国家科学院提出的融合研究的两维度模型的基础上进行了拓展，即从创新价值链的角度对融合的双维度整合理念进行了第三维度拓展，形成了融合研究的三个核心维度，即多主体协同参与的合作网络、跨学科的知识汇聚以及创新价值链的贯通。之后从知识生产的产业需求和问题导向、产出评估的创新价值导向构建了外层相关维度。在整合上述维度的基础上，提出了基于融合理念的理论分析框架，并进一步梳理了政府与市场结合以及机制设计的分析框架和要点。

第五章主要结合基于融合理念的理论分析框架对英国、美国、巴西三个国家的农业科技创新组织与管理模式进行了分析，并对法国和澳大利亚两国的主要举措进行简要分析，主要研究各个国家为提高本国农业科技创新效率和推动农业产业发展在农业科技创新组织与管理方面采取的举措，以及面对未来农业发展的问题与挑战采取的应对措施。

第六章主要对中国的农业科技创新组织与管理模式进行了分析，包括中国农业科技创新管理的相关主体及管理体系，农业科技创新组织与管理面临的主要问题及其应对，基于融合理念的农业科技创新组织与管理模式探索与实践。其中重点分析了现代农业产业技术体系的组织与管理模式、国家农业科技创新联盟的特点等。

第七章主要在理论分析和实证研究的基础上，对比和总结各个典型国家农业科技创新组织与管理模式的个性特点与共性特征，主要包括农业科技创新组织与管理的决策、执行、协调、组织与实施等方面，在总结和归纳的基础上构建了三种农业科技创新组织与管理模式。之后主要对农业科技创新的融合趋势与特征、基于融合理念的农业科技创新组织与管理的实现途径和方式、各个国家在农业科技创新组织与管理实践过程中的差异性、政府与市场的有机融合等问题进行了进一步讨论,最后对未来需要研究的问题进行了展望。

第二章　理论基础与概念界定

农业科技创新组织与管理涉及资源配置理论、新制度经济学理论、公共选择理论、国家创新系统理论等多种理论，农业科技创新与其他行业的创新相比具有较强的公共性、知识外溢性、多主体参与性等特征，这就需要在农业科技创新过程中实现政府与市场的有机结合，并加强农业科技创新组织与管理的机制设计。因此，本章主要对农业科技创新组织与管理的相关理论进行梳理和分析，对农业科技创新组织与管理模式的概念和内涵进行界定，厘清农业科技创新及其组织与管理的特点，并对农业科技创新中政府与市场的关系以及农业科技创新组织与管理中的机制设计、相关要素与作用机制进行系统性的梳理和分析。

第一节　农业科技创新组织与管理相关理论

一　资源配置理论

由亚当·斯密开创的古典经济学派首次提出了资源配置的概念并对资源配置的相关问题进行了系统的研究与论述。亚当·斯密在 1776 年发表的《国富论》中对市场在资源配置方面的作用和机理进行了分析和论述，认为在自由经济的背景和条件下，受到利益的驱动和诱导，自由竞争的市场机制这只"看不见的手"在社会资源配置方面发挥着重要的调节作用，即市场经济规律影响和决定着价格和要素报酬，而价格和要素报酬则决定了要素和资源的流动与配置，因此通过市场的有效调节，要素和资源可以得到有效配置，要素和资源的利用效率可以得到提高。基于此，古典经济学派认为对于经济的发展和资源的配置应当采取自由放任的原则，反对国家对市场机制的干预。

新古典经济学派基于资源的稀缺性假设认为市场只有在完全竞争的情况下才能使资源实现最优配置。为有效论证市场可以有效地实现资源配置，新古典经济学派采用了一系列的假设和分析方法，包括"经济人"假设、"理性选择"假设和"市场完全"假设，同时也设定了个人偏好、经济体制等外生变量或条件，采用封闭的方式分析市场内生变量间的关系。基于这些相应的假设和分析，新古典经济学派认为基于完全竞争假设的资源配置可以实现帕累托最优（周小亮，2001）。

二　新制度经济学理论

古典经济学派在研究资源配置的过程中一般将经济体制、所有权等制度因素设定为外生变量并假定其具有连续不变的特征，但是新制度经济学派在对长期的经济增长进行研究的过程中发现经济体制、所有权等制度因素是变化的，并且制度因素与经济增长密切相关。

作为新制度经济学派的代表性人物之一，诺斯在《制度变迁与美国经济增长》《制度、制度变迁与经济绩效》等著作中从需求引致的角度系统地研究了制度创新理论，最早提出了制度创新对技术创新具有决定性作用和影响的观点，并建立了较为完整的制度创新理论框架。诺斯认为制度创新是创新者为获得追加利益而对现有的制度安排进行的变革（丁娟，2002）。之所以要开展制度创新，是因为在现有的制度安排下创新主体通过开展创新活动而获取利益的行为受到了阻碍，只有对现有的制度安排进行改进或者变革才能消除阻碍创新的因素。如果开展制度创新的预期收益高于为开展制度创新而付出的预期成本，一项新的制度创新将会开展和实施。制度创新一般是通过组织形式和管理方式的变革或改进实现的。在制度创新对技术创新的推动作用方面，诺斯认为制度创新是通过建立一种均衡机制促进技术创新的发展。这种均衡机制一方面能够保护创新主体对创新成果所拥有的私有权，以保证创新主体能够有足够的积极性开展创新活动；另一方面要保持技术创新成果相应的公有权，以实现新知识的共享，并降低其他创新者的成本，提高整个社会的福利。

三　公共选择理论

公共选择理论是以布坎南为代表的公共选择学派采用经济学的方法分析和研究政府公共决策行为的理论。该理论认为市场机制是存在缺陷的，即所谓的"市场失灵"，造成市场失灵的原因主要包括以下几个方面。①市场机制在公共产品生产与供给方面无法发挥作用。公共产品具有两个重要的特性，即非竞争性和非排他性，公共产品的这两种属性使得依靠市场机制无法实现公共产品的有效供给。②市场机制难以有效解决外部性问题。外部性问题分为正的外部性问题和负的外部性问题两个方面，在市场机制下，正的外部性将导致供给不足，负的外部性则将导致供给过度，市场无法发挥调节作用。③信息不对称引发的相关问题难以依靠市场机制解决。信息不对称问题的存在可能会造成拥有信息优势的一方做出不利于处于信息劣势一方的行为和举动，处于信息劣势的一方在与拥有信息优势的一方进行交易的过程中会做出"逆向选择"，最终导致市场资源配置的扭曲。④垄断问题导致市场机制无法正常发挥作用。

针对这些引发市场失灵的问题，大部分国家采取政府干预和调节的方式加以克服，如由政府承担公共产品的供给，对排污企业征收排放费等。政府的干预和调节措施对解决市场失灵问题起到了一定的作用，但政府的作用也并非万能的，在某些情况下政府的干预和调节是无效的，甚至会造成更大的资源浪费，即所谓的"政府失败"。如政府的官僚主义以及竞争意识的缺乏导致的服务效率低下，政府的寻租活动导致的资源配置扭曲等。公共选择理论采用经济学的方法分析了在市场经济条件下政府对市场干预的局限性问题，并对干预无效的原因进行了研究，在此基础上提出了有针对性的建议措施，如在政府机构内部引入竞争机制、改革原有的公共决策体制等。

公共选择理论的研究表明市场机制和政府调节在资源配置方面有各自的优势，同时也均存在作用失灵的领域，这就需要在资源配置过程中既注重政府对经济发展和资源配置的干预和调控，同时也注重市场机制和政府调节的有效结合。

农业科技创新具有较强的公益性，决定了政府需要在农业科技资源配置方面发挥重要作用。在市场配置科技资源的过程中，信息不对称问题广泛存在，企业、科研机构和大学自身所掌握的科技信息有限，单纯依靠市场机制容易使得企业对科技资源的配置出现偏离。由于政府设置有专门的科技信息与统计机构，同时也能够利用各个部门的资源对国家层面和区域层面的信息进行整合，因此政府部门在对宏观的国际和国内的科技发展趋势、市场信息、科技信息的掌握方面具有明显的优势，因此政府部门可以在掌握各方信息资源的基础上通过制度设计、政策调控等方式从宏观上影响和引导科技资源的配置，从而提升科技资源的配置效率。

四　国家创新系统理论

国家创新系统的概念首先是由费里曼在 1987 年提出的，他指出国家创新系统是一种在公共和私人领域里形成的机构网络，各创新主体依托该网络共同开展对新技术的引进、改造和扩散（苗向荣，2013）。费里曼在研究二战后尤其是石油危机之后日本经济发展的过程中发现，日本在技术研发方面处于落后的状态下，通过引进和改造国外先进技术，并通过加强制度创新和组织创新，在较短的时间内实现了经济的快速增长。日本这一成就的取得主要得益于国家在推动技术创新方面所发挥的重要作用，正是由于日本政府对技术创新活动的政策干预、国家对教育和培训的重视、政府引导产业结构的调整与完善，日本最终实现了经济的赶超与跨越（王海燕，2000）。基于此，费里曼认为国家的发展以及国家之间的相互追赶与超越不仅与创新主体增加研发投入和开展技术创新活动有关，同时也与制度创新、组织创新密切相关，后发国家可以通过政府政策鼓励与引导、制度创新、组织创新弥补技术创新的不足。

在费里曼研究成果的基础上，纳尔逊、伦德瓦尔等人进一步发展了国家创新系统的相关理论。其中纳尔逊在 1993 年出版的《国家创新系统：比较分析》中对多个国家和地区的国家创新系统进行了对比分析，认为国家创新系统在制度设计上具有复杂性和多样性的特点，既有大学、企业等研发主体的参与，也有政府资助计划等制度要素的介入。同时纳尔逊还进一步研究了技术变革的必要性以及制度结构对技术变革的适应性，认为科学技术的发展与变革本身具有不确定性，政府应当为技术的多元性提供多样化的制度安排，并建立知识分享机制和机构合作机制，最终由市场对技术的发展做出选择。

20 世纪 90 年代中后期，经济合作与发展组织（OECD）也开始注重和加强对国家创新系统的研究。OECD 认为国家创新系统对知识的"配置力"是影响国家经济增长与创新能力提升的决定性因素。知识的配置包括知识在大学、科研机构和产业界之间的配置，知识在供应者和使用者之间的配置，知识的扩散和人员的流动等（孙明，2001）。OECD 在重点研究了国家创新系统知识"配置"作用的基础上，认为国家创新系统内部主体和要素之间通过建立网络化关系实现有效互动是提升创新系统运行效率的重要因素，包括企业之间的合作关系、企业与大学和科研机构之间的关系、政府对科技和产业发展的政策引导作用以及政府内部的协同，同时国家的政策干预可以弥补和纠正国家创新系统中因企业过度追求短期利润而出现的基础研发投入不足的问题。

第二节　农业科技创新组织与管理模式的界定

组织一词具有名词和动词两种不同的内涵。从名词的角度来看，组织是为了实现一定的目标而建立起来的集合体。而从动词的角度来看，组织是通过有效的举措或方法将单位或人员集合成系统去实现一定目标或任务的行为。与此相对应，从名词的角度来看，科技创新组织是为开展科技创新活动、实现科技创新目标而建立起来的集合体。而从动词的角度来看，科技创新组织是通过有效的方式、方法将科技创新主体、科技创新人员以及科技创新资源集合成为有机的系统进而实现科技创新任务和目标的行为。在科技创新组织方面，国内外学者开展了相应的研究工作，章亮等（2010）从宏观层面研究了美国的科技创新组织体系，相关主体包括政府机构、国家科学院系统、大学、企业等，政府机构主要通过政策法规、专利制度等方式对科技创新主体进行组织和协调。周玲（2018）对研究型大学科技创新组织与管理模式进行了分析和研究，认为研究型大学应当突破传统学院与科学的藩篱，积极探索新型跨学科科研组织模式，并以华东理工大学为例分析了项目导向型的跨学科科研组织模式的特点。宋宏（2020）认为，科技创新组织分为宏观和微观两个层面，宏观层面主要是国家或区域科技创新主体、科技创新资源的协同与组织方式，微观层面主要是科研机构内部的组织实现方式。

关于科技创新管理和农业科技创新管理，国内外学者已经进行了相应的研究，同时也对科技创新管理和农业科技创新管理的内涵和研究内容进行了界定。在科技创新管理的界定方面，杨培真等（1997）将科技管理模式界定为为实现既定的科技目标和任务而建立的一套决策、管理、协调、反馈、监督等活动的组织建制和工作制度体系，管理的内容主要是对人才、经费、设备、信息等资源和要素进行控制和协调。陆铭等（2010）主要从科技创新过程的角度分析了科技创新管理的内容，认为科技创新管理主要是通过对科技创新活动进行计划、组织、控制、激励，从而推动科技创新活动的有效开展。周寄中（2014）较为全面地分析和研究了科技创新管理的过程和内容，认为科技创新管理的主要内容包括科技创新的计划、战略、组织、控制和文化等方面。在农业科技创新管理的界定方面，Hughes（2007）研究了农业研发管理中的领导职能与作用，认为农业研发管理是政府部门为了提高农业研发资源的利用效率和农业研发效率而针对农业研发开展的决策、组织、控制和协调等活动，参与的主体主要包括政府部门、农业类高校、农业类研究机构、私人研究机构等。Ekboir 等（2009）认为农业研究与创新管理包括结构、过程和战略三个维度，其中结构维度包括对农业研究与创新职能的分配与协调，过程维度包括对农业研究与创新实施过程的领导、沟通与协调，战略维度则包括农业研究与创新战略目标、行动计划、任务安排等方面。郭英等（2011）认为农业科技创新管理包括理念、目标、组织、机制、成效五个方面，农业科技创新管理通过先进的理念指导农业科技创新活动，同时围绕管理目标开展创新活动，在具体实施的过程中通过有效的组织方式优化资源配置和提高运作效率，并通过有效的机制规范和激励相关主体开展农业科技创新活动，最终能够取得较好的成效。

基于已有研究成果并结合本书的主要研究内容，本书将农业科技创新组织与管理模式界定为，为提高农业科技创新活动的效率并依靠农业科技创新有效解决农业产业发展以及经济和社会发展问题，政府部门联合多方农业科技创新主体，通过政策制定、制度设计以及平台构建等一系列方法和措施，推动各方通过多种方式共同开展有效合作，实现农业科技创新资源的有效配置和整合，并对各个农业科技创新主体共同开展的农业科技创新活动进行有效计划、组织、协调、控制、激励和评估的方式的总称。从农业科技创新组织与管理的主要内容和过程来看，主要包括农业科技计划的决策与制订、农业科技创新经费等资源的配置、农业科技创新活动的组织与协调、农业科技创新成果的评估、农业科技创新成果的推广与扩散、农业科技创新组织与管理实施过程中的机制设计、政府与市场的有效结合等。

从理论和实践方面来看，农业科技创新组织与管理主要包含宏观和微观两个层面，宏观层面主要是通过政府宏观调控和市场机制相结合的方式对农业科技创新活动进行有效的组织、协调和控制，在不同主体、不同区域、不同学科领域以及整个农业科技创新价值链层面对农业科技创新资源进行合理配置，并激励农业科技创新主体之间开展有效协同与合作，使农业科技创新资源配置效率和农业科技创新效率得到有效提升，从而推动农业产业和经济的发展。微观层面主要是农业科技创新主体在遵循市场机制运行规律的基础上，对其内部或合作建立的创新平台的科技创新活动进行有效的计划、组织、协调和控制，包括建立合理有效的组织或平台治理体系、科研组织结构，完善组织内部的制度设计等，通过一系列措施实现内部或合作平台对农业科技创新资源的有效配置，从而提高农业科技创新的效率。

第三节　农业科技创新及其组织与管理的特点

一　农业科技创新的特点

（一）农业科技创新具有显著的公共性和外部性

相较于工业和其他领域的科技创新，农业科技创新具有更强的公共性和外部性（Khanna et al.，1994），主要表现为农业科技创新成果在使用方面存在较强的非竞争性，而成果的收益则具有较强的非排他性。农业科技研发过程中存在的风险性、农业科技创新过程中存在的外溢性是造成农业科技研发活动出现"市场失灵"现象的主要原因。由于农业科技创新具有较强的公共性，在科技创新过程中容易出现知识和成果的外溢，同时也会出现其他创新主体"搭便车"的行为。从事农业科技创新的主体承担了开展农业科技创新的研发成本，却难以获取开展研发活动的全部收益，从而导致农业科技创新的供给不足。这一特点决定了政府部门需要采取干预和引导措施，通过实施农业科技计划、研发补贴或政策优惠在农业科技创新组织与管理过程中发挥重要作用，以弥补市场在农业科技创新供给方面的不足。

（二）农业科技创新活动具有较强的区域性特点

农作物自身的生物特性决定了其生长发育往往会受到地形、光照、气温、降水等诸多因素的影响，农作物的生长是依靠光合作用实现的，同时在生长发育过程中需要从土壤中吸取水分和养分，而气温的差异也会对其生长发育产生重要影响。由于不同地域的光照、气温、降水往往会存在较大差异，在进行农业科技创新组织与管理的过程中必然要考虑农业本身的区域性特点，积极开发适合区域特点的农业品种、种植模式等，在不同区域合理布局农业科研力量，同时也需要整合不同区域的农业科研力量开展协同与合作，而这些因素均会对农业科技创新组织与管理产生影响。

（三）农业科技创新具有较长的研发周期

与其他产业的科技创新过程相比，由于受到生物自身生长发育规律的影响和限制，农业科技创新过程中的新产品和新技术研发周期相对较长，如水稻的新品种研发周期一般为 8~10 年，而从水稻的新品种研发到最终新品种被推广并产生经济效益则需要更长的时间。从美国农业新品种研发与推广的实践来看，前期的技术研发一般需要 7~8 年，对研发成功的新品种进行推广到实现收益最大化则又需要 7~8 年，即从新品种研发到大面积推广并实现收益一般需要 15 年左右的时间（Alston et al. , 1995）。农业科技创新周期相对较长会直接对农业科技创新组织与管理产生重要影响，如大部分国家给予了农业科技创新长期稳定的经费支持，使得农业研发人员能够在某一领域开展深入持续的研究，同时也保证了农业研发人员能够与产业界进行有效的合作与衔接，使得农业研发成果最终能够成功地实现商业化。

（四）农业科技创新具有跨学科知识融合的特征

随着科学研究的发展，各个学科之间日益呈现交叉融合的特点，而在农业科技创新方面，无论是在微观层面还是宏观层面，跨学科融合越来越成为加快农业科技创新的重要推动力。这是因为农业科技创新不仅需要借助多学科的思想、知识和工具对动植物本身进行研究，同时还需要对其自然环境因素和社会环境因素进行综合性研究，因此开展农业科技创新往往涉及多个学科知识的综合和交叉，包括生物学、化学、机械工程学、信息科学、资源环境学、经济与管理学等，如精准农业需要综合机械工程学、信息科学、资源环境学等多学科知识的交叉，从而实现对精准资源与环境信息的获取、农业机械精准化播种与收割等。在农业科技创新实践方面，美国、英国、澳大利亚等发达国家日益注重通过跨学科技术融合的方式推动农业科技创新发展，包括数字农业、精准农业、生物育种、基因编辑技术等。农业科技创新的跨学科知识融合特点也会对农业科技创新组织与管理产生重要影响，即有效的组织与管理方式能够实现农业科技创新跨学科知识和力量的融合，借助跨学科的思想、方法和工具解决农业产业面临的复杂问题，推动农业产业的发展。

二 农业科技创新组织与管理的特点

（一）较强的政府组织与干预的特点

从现有关于理论与实践的研究来看，农业科技创新与其他行业的科技创新相比具有较强的公共性和外溢性特征，使私人无法获得农业科技创新投入的全部收益，导致整个社会对农业科技创新的投入低于最优投入。这就决定了农业科技创新过程会存在较严重的"市场失灵"问题，即单独依靠市场难以实现农业科技创新资源投入和配置的帕累托最优，因此需要政府加强对农业科技创新的支持、组织和干预。而从各国的实践来看，政府部门均注重和加大力度支持农业科技创新，通过提供资金、发布政策、搭建平台等多种方式和措施加强对农业科技创新的组织与管理，主要表现在农业科技计划的制订、农业科技创新体系的构建等方面，体现了较强的政府组织与干预特点。

（二）利益相关者的多元性和分散性

由于农业科技创新过程一般包括新品种的培育、栽培种植技术的研发、病虫害的防治、农业机械设备的研发与推广、产后处理与加工技术的研发与推广、产业政策的制定与实施、农业新技术的培训与推广等多个部分和环节，是一个多元利益相关者参与的过程（黎世民等，2008）。利益相关者主要包括中央政府部门、地方政府部门、涉农类科研机构、农业类大学、涉农类企业、农业协会、农户等。在农业科技创新过程中，各个利益相关者所拥有的资源不同，开展农业科技创新活动的目标和动力也不相同，如政府部门的主要目标是推动农业产业的发展和实现社会效益最大化，而企业的主要目标是实现企业利润最大化，其对农业研发的投入具有明显的偏好，更加倾向于投资效益较为明显的应用研究领域（Pray and Echeverria，1991）。这些因素、目标和动力的差异容易导致各个利益相关者在农业科技创新过程中难以实现有效的组织和协同，从而降低农业科技创新的效率，因此需要通过有效的组织与管理方式对各方的行为加以引导和协调。

（三）较强的路径依赖性

路径依赖是指技术演变或制度变迁存在类似于物理学中的惯性特点，技术演变或制度变迁一旦进入某一发展路径，就会沿着该路径发展下去，且往往会对该路径形成依赖或者受到该路径的影响和制约。农业科技创新的组织与管理也存在明显的路径依赖特性，一国原有的（或者历史上形成的）政治、经济与科技体制往往会对农业科技创新的组织与管理模式产生重要影响，即使随着社会、经济和技术的发展，政治、经济和科技体制不断进行改革，新的政治、经济和科技体制仍然会深刻地受到原有体制的影响，从而进一步对农业科技创新的组织与管理模式的形成和构建产生重要影响。从中国的政治、经济和科技体制来看，虽然改革开放以来政府部门不断深化和推进政治、经济和科技体制改革，但新的政治、经济和科技体制仍然受到原有计划经济体制的深刻影响，农业科技创新的组织与管理也呈现对计划经济体制的路径依赖，如政府部门主要通过科技计划的方式对农业科技创新进行组织与管理，且政府部门对农业科技创新的行政干预和影响相对较强，尤其是在农业科技经费和资源配置方面。农业科技创新的组织与管理体系也仍然体现了对计划经济体制的路径依赖，原有的中央—省—市层级式农业科研组织体系延续至今，层级式的组织体系容易导致职责定位不清晰、科研力量分散、科研经费重复资助等问题。因此，在构建新型农业科技创新组织与管理模式过程中需要充分考虑路径依赖性特点，注重农业科技创新组织与管理模式与各国政治、经济和科技体制的兼容性。

第四节　农业科技创新中政府与市场的关系

一　政府与市场关系的理论演进

从政府与市场关系的相关理论发展过程来看，政府与市场之间基本上形成了基于市场的自由主义和基于政府的干预主义两大体系。以亚当·斯密为代表的古典经济学派认为市场是配置资源最有效的手段，持有的是"自由放任主义"观点。该观点认为市场能够通过价格机制、竞争机制等有效地实现资源的优化配置和自我调节。政府则应当扮演市场经济"守夜人"的角色，政府部门应当对国家的经济发展活动持自由放任的态度，保障市场的自由竞争和良好的经营环境，尽量减少对市场活动的干预。1929年爆发的经济危机使人们认识到了市场本身存在的局限性，在此背景下，凯恩斯提出了政府干预主义的思想，认为自由放任的市场无法有效解决社会经济发展中失业、经济危机之类的问题，需要政府部门对市场经济活动加以干预。虽然政府对市场的干预能够弥补市场的局限性，但政府职能的不断扩大和对市场干预的增强也带来了诸多负面影响，如政府开支过度膨胀、机构臃肿等。二十世纪六七十年代资本主义社会出现了失业与通货膨胀并存的现象，凯恩斯主义却难以有效应对。在此背景下，新自由主义经济学派开始逐渐占据重要地位，认为政府部门不应当过度干预社会经济发展，而且强调需要重新重视市场在经济发展中的重要作用。与以往的观点相比，新自由主义学派更加注重政府与市场之间的有效平衡，通过政府部门的有效政策引导和激励恢复和调节市场的正常运行。与此同时，新自由主义在继承了原有凯恩斯主义基本思想的同时，结合新古典经济学思想和各国经济发展实践，形成了更加完善的政府干预理论体系，更加注重结合社会经济发展实际状况实现政府与市场之间的动态平衡，通过政府政策调节修复市场失灵，实现宏观经济与微观市场的有机结合。

从上述发展过程来看，虽然基于市场的自由主义和基于政府的干预主义两大体系仍然存在明显的分歧，但随着理论的深入和实践的发展，人们逐渐认识到政府和市场各自本身都有难以克服的缺陷，即"政府失灵"和"市场失灵"，且任意一方的缺陷都无法由另一方完全替代。基于这一事实，基于市场的自由主义和基于政府的干预主义两大体系之间尖锐的对立逐渐缓和并呈现有机结合的趋势。尤其是在第三次科技革命之后，政府与市场之间更加呈现相互融合与嵌入的关系。安东尼·吉登斯在其代表作《第三条道路：社会民主主义的复兴》中认为，社会应当积极探索政府与市场之间协同创新、共融共生的机理，通过统筹分配、利益均衡实现融合与嵌入，并降低社会风险。与此同时，政府与市场之间的融合与嵌入也更加注重宏观经济与微观市场的有机结合，宏观经济层面注重政府部门减少对市场的直接干预，顺应经济发展的动态变化，适时采用政策工具引导和调节市场，发挥稳定器的作用；微观市场层面注重引导社会资本的参与，提升微观经济体的创新能力，建立微观主体之间稳定的合作关系，降低社会交易成本和减少社会运营风险（安东尼·吉登斯，2000）。除此之外，阿特金森在《创新经济学：全球优势竞争》中论述各国创新政策的同时，也深入分析了政府与市场在促进创新方面的重要作用。阿特金森认为政府在创新过程中应当是"有为"的，政府与市场两者之间并非简单的界限分明、非此即彼的关系，而是"犬牙交错""相互嵌入"的复杂关系。

国内学者也对政府与市场之间的关系及其动态演化进行了系统的研究，李钢和马丽梅（2015）通过理论和实证研究发现国外政府与市场之间呈现"融合"的趋势，"融合"并非边界不清晰，而是政府根据经济和产业发展状况实现政府调节与市场机制的有机结合，同时指出不同国家应当根据在某领域技术水平的高低决定如何实现政府与市场的互动，最终推动和激励企业创新。曹麒麟（2012）认为，市场主要是在自愿的契约原则基础上通过价格机制、供需机制实现资源配置和激励科技创新活动，政府则主要在科技创新活动外部性引发的市场失灵问题或领域发挥作用，包括基础研究、公益研究等。在政府的作用发挥方面，张红霞等（2004）通过对中外比较研究发现，发达国家政府部门与市场形成了有机的结合，包括农业科技创新方向的确定、多元化的投资机制、农业科技成果推广的市场化机制等。彭建华等（2015）分析了我国政府部门在农业科技创新管理中存在的主要问题，如部门条块分割造成的协同不足、政府部门管理职能的越位现象与缺位现象并存等，同时也提出了相关建议，包括强化宏观管理、优化创新环境等。在政府与市场的有机结合方面，胡乐明（2018）系统分析了市场自由主义和政府干预主义在认识市场与政府之间关系方面存在的认知误区，之后从动态资源配置效率的角度分析了政府与市场之间的融合互动关系，并结合中国经济社会发展的实践验证了政府与市场之间互促共进、双向互动的过程，在此基础上提出了政府与市场的"互融共荣"关系，认为政府与市场应当相互契合，并实现规制相容。

从现有理论和实践的发展趋势来看，政府与市场之间的关系不再是单纯的"市场自由主义"或"政府干预主义"，而是两者之间保持一定的相互独立性，同时两者之间呈现一定程度的相互嵌入和融合。而在如何实现政府与市场的有机结合方面，相关学者持有不同的观点：①市场在资源配置中发挥主导作用，政府的职能定位于市场规则的制定和维护，在市场正常运行的情况下政府不对市场加以干预和影响，由市场机制实现帕累托最优。持有该观点的代表人物包括费里德曼、科斯、诺斯等。②政府应当对市场失灵问题采取干预措施，即弥补市场失灵的缺陷，加强对社会经济活动的管理。持有该观点的代表人物主要有萨缪尔森等人。其中萨缪尔森认为市场失灵问题是市场机制中固有的缺陷，政府应当对社会收入分配不公平等市场失灵问题加以干预，以弥补市场失灵的缺陷。③政府能够对市场机制的运行起到促进和增强的作用。持有该观点的代表人物主要有奥尔森、青木昌彦等人。其中青木昌彦认为政府与市场的有效互动可以进一步提高市场对资源的配置效率。

从以上主要观点可以看出，虽然各个学者所持有的观点并不一致，但均认为政府与市场之间并非相互割裂的关系，而是呈现有机的联系和互动。同时，这些学者也认同市场在社会经济发展和资源配置中的基础性作用，其观点相互之间的差异主要在于如何有效定位政府的职责和作用。根据以上相关观点，政府的职责和作用可以归结为三种类型，即监管型、弥补型和促进型。

二　科技创新中政府与市场关系的演化

从科技创新发展的过程来看，早期的科学研究活动更多的是自发、零散的个人行为，政府和市场都较少参与。第一次工业革命之后，产业界认识到了技术进步推动产业发展的重要作用，开始主动支持和参与科学研究和技术开发活动。在该阶段，政府部门虽然也开始支持大学的科学研究活动，但支持力度相对较小，且尚未形成对科技创新活动的系统性认知。第二次世界大战之后，政府部门认识到科技创新活动对社会经济发展的重要作用，开始主动采取系统性措施支持和影响科技创新活动，包括积极探索有效的科技创新组织与实施模式，并在科技创新活动中发挥激励和引导作用。从各个国家的实践来看，政府部门和社会各界对科技创新活动的认识呈现了逐渐加深的过程。如从美国科技创新活动中政府与市场的关系来看，二战结束之后在万尼瓦尔·布什提出的线性模式指导下，美国政府部门成立了国家科学基金会，主要支持科研机构、大学开展基础研究工作，并认为市场会自动完成科技成果的转化，最终获得社会或经济效益。因此，在该阶段政府部门主要支持创新价值链前端的基础研究，而对创新价值链中后端的应用研究、成果转化较少影响和干预。与此同时，科技创新活动具有较高的风险，市场在科技创新过程中往往选择风险较低且收益较高的创新价值链后端环节，而处于创新价值链中间环节的科技成果转化出现"真空"，从而使得大学、科研机构的研究成果难以自动实现转化，即市场在推动科技创新活动方面存在市场失灵和不足。而随着社会对科技创新活动认识的逐渐加深，政府部门也逐渐认识到科技创新活动并非简单的线性过程，而是呈现多主体参与、复杂、非线性的多向互动特征，因此在推动科技创新的过程中，政府和市场需要有效的相互嵌入和互动，培育良好的区域创新体系或创新生态（叶林和赵旭铎，2013）。在此认识基础之上，政府部门在加强对基础研究支持的同时，注重强化科研机构、大学、企业以及社会部门等创新主体之间的联系和互动，并通过政策支持、创新环境构建等方式支持国家创新体系、市场机制的建设和完善，探索多种类型的科技创新组织与实施模式。

从不同国家支持科技创新发展的具体实践来看，政府与市场之间呈现多样化、动态化的互动关系。如韩国在早期发展阶段市场体系不够完善，政府部门发挥了重要的主导作用，通过资金支持、政策引导等多种方式推动市场从传统产业向高技术产业尤其是半导体产业发展转型，而随着高技术产业实力增强和市场机制逐渐成熟，政府的作用相对减弱，市场的基础性作用逐渐加强（胡皓，2004）。中国从改革开放初期的计划经济体制逐渐向社会主义市场经济体制转变的过程中，政府部门采用了渐进式的市场经济体制改革方式，政府与市场之间的关系则根据发展阶段特点的不同而发生了动态变化，并逐渐形成了"互融共荣"的新型互促共进关系，有效推动了中国经济社会的健康稳定发展。美国在推动科技创新方面也十分重视政府与市场的结合，早期基于对科技创新线性特征的认识，政府部门注重加强对基础研究的支持却忽视了对应用研究、成果转化方面的支持。而随着各界对科技创新过程非线性特征认识的加深，通过政府与市场有机结合的方式推动科技创新活动的开展成为美国社会各界的共识。在具体实施过程中，美国政府部门通过多种政策或措施直接或间接地作用于市场，包括研发经费支持、专利保护制度、政府采购等，这些政策或措施对加快科技创新活动起到了重要的推动作用（卢周来，2019）。

基于对科技创新活动中政府与市场关系的相关理论及各国实践的分析，从宏观层面来看科技创新活动中政府与市场关系的分析框架可以归纳为"时间—国别—行业"三维结构（见图 2-1）。

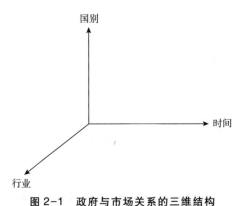

图 2-1　政府与市场关系的三维结构

从时间维度来看，科技创新活动中的政府与市场关系会随着时间发展而发生动态变化。其主要原因在于科技创新属于生产力的范畴，随着时间的推移和科技创新知识的积累，科技创新活动会呈现不同的特征和组织形式。而政府与市场之间的关系属于生产关系的范畴，科技创新活动的变革会直接影响和推动政府与市场关系的变化。同时政府与市场之间的关系也必然要适应科技创新活动的变革，否则将对科技创新活动产生负向影响。与此同时，科技创新活动一直处于动态发展变化过程中，政府部门对科技创新活动规律的认识也在不断加深，政府与市场在推动科技创新活动过程中所发挥的作用也将随之发生变化。

从国别维度来看，不同国家之间的政府与市场关系也会存在差异。不同国家之间往往存在国情差异，包括经济体制、科技体制、历史文化传统、市场发育程度等。科技创新活动中政府与市场的关系具有较强的根植性和路径依赖性，各国国情的差异会对科技创新活动中政府与市场的关系产生重要影响。如在市场发育较为完善的国家，市场在推动科技创新活动方面发挥的作用会更强，而在市场机制发育不够成熟的国家，政府在推动科技创新活动方面发挥的作用会更强，因此需要充分考虑不同国家的国情差异。除此之外，与一般性科技创新活动相比，农业科技创新活动还与各个国家的气候、地理区位、资源禀赋等因素紧密相关，如不同国家的资源禀赋差异会通过诱致性创新对农业技术进步产生显著的差异化影响，这些因素也会对政府与市场之间的关系产生差异化影响。

从行业维度来看，不同行业在商业化、公益性等方面存在差异，这也决定了不同行业科技创新活动中政府与市场之间的关系往往具有显著差异。如与其他行业相比，农业具有较强的公共性，这就决定了农业科技创新活动具有较强的社会公益性和外溢性特征。而农业科技创新活动的社会公益性和外溢性特征往往会引发市场失灵问题，这也决定了与其他行业相比，农业的科技创新活动需要政府部门更好地发挥其监管、引导和促进作用，在有效解决市场失灵问题的同时促进农业科技创新活动的有效开展。

综合上述分析，在研究科技创新、农业科技创新活动中政府与市场的关系问题时，在宏观层面应当充分考虑从"时间—国别—行业"三个维度入手，研究过程中应当从时间维度分析农业科技创新活动中政府与市场关系的动态变化及发展趋势，同时充分考虑不同国别的具体国情差异，并从行业的维度分析农业科技创新活动区别于其他行业科技创新活动的特征。

三 农业科技创新组织与管理中的政府作用

从一般的科技创新活动过程中来看，政府与市场之间既存在界限，同时也存在部分交叉，一方面需要明确政府与市场之间的定位，另一方面要做好政府与市场之间的交叉与互动，同时还要考虑政府与市场之间关系的动态变化。农业科技创新的长周期性和公共性等特征决定了政府部门需要在其中发挥更加重要的作用，但同时农业科技创新也面临着科技成果市场化、科技与经济结合等问题，因此在农业科技创新组织与管理过程中还需要加强政府与市场的结合。

（一）政府作用的理论分析

从活动或产品属性来看，Arrow（1971）认为科技创新活动具有明显的公共产品属性，而公共产品具有明显的价值外溢性，这就决定了投资于科技创新活动的个体难以获得全部收益，即科技创新活动的社会收益曲线与个体收益曲线存在偏离，在市场机制条件下科技创新活动的供给将低于最优水平，因此需要政府部门进行干预，增加科技创新活动的供给。与一般的科技创新活动相比，农业科技创新活动具有较强的正向外部性，尤其是位于创新价值链前端的基础研究和应用研究，使得农业科技创新的社会收益大于个体收益，从而导致农业科技创新的市场供给不足。因此，政府部门需要通过资金和政策支持弥补外部性导致的农业科技创新供给不足。

从委托代理的角度来看，科学研究具有较强的专业性，需要专门从事科学研究工作的专业机构负责开展和实施。因此，政府部门自身无法负责开展具体的科学研究工作，而需要委托专门的科研机构或大学来开展。从一般过程来看，包括企业在内的纳税人通过纳税委托政府部门对科学研究进行规划和资助，政府部门资助和委托科研机构或大学进行科学研究管理，科研机构或大学则委托科研人员或科研团队开展具体的科学研究活动。在此过程中，政府部门还需要发挥方向引导、监督管理等职能，以保证形成对科研机构、大学和科研人员的激励和约束作用。农业科技创新活动也存在委托代理，政府部门资助或委托农业科研机构或大学开展农业科技创新活动，在具体的委托过程中政府部门需要通过制订农业科技计划、农业科技政策等方式加强对农业科研机构和大学的引导和管理。

从交易费用的角度来看，科技创新往往需要多个单位或部门的协同与合作，而信息不对称问题的存在则提高了大学、科研机构和企业等各方参与科技创新合作的成本。一般政府部门自身具有较高的信用，且在宏观层面获取和掌握信息方面具有优势，因此，政府部门通过搭建合作平台，或者牵头组织各方参与合作，可以有效减少各方在合作过程中存在的信息不对称问题，降低多个主体之间合作的成本。农业科技创新活动的参与方包括农业科研机构、涉农类大学、涉农类企业等多个主体，单独依靠市场机制开展合作创新会因信息不对称等问题而产生较高的交易成本，而政府部门通过搭建合作平台或引导各方构建合作网络，可以有效降低各方交易成本和市场风险，提高农业科技创新效率。

（二）农业科技创新组织与管理中的政府作用机制

农业科技创新具有较强的公共产品属性，尤其是农业科技创新中的基础研究、产业共性技术研发等，导致私人投资在农业科技创新方面存在不足，同时农业科技创新资源在各个主体之间的有效配置和流动需要建立在高效、法治化创新环境的基础上，依靠市场自身难以形成有效的创新环境，这就需要政府对农业科技创新活动加以干预和调节。农业科技创新活动的政府调节机制包括政府直接参与机制和政府间接调节机制两部分，其中政府直接参与机制包括政府直接资助实施农业科技计划、搭建农业科技创新平台等，主要支持农业类科研机构、高校开展农业基础研究、战略性研究和产业共性技术研究等，以弥补市场在该方面经费配置的缺位和不足。政府间接调节机制主要是政府针对农业科技创新活动的市场失灵的干预和调节机制，包括政府对农业科技创新活动的制度设计、政策支持、创新环境建设和其他相关措施等。间接调节可以有效推动农业科技创新活动的外部环境建设，通过制度设计对创新主体的创新行为进行引导和规范，建立有序的市场竞争环境，降低各个创新主体之间的合作交易成本，通过政策支持鼓励创新主体之间开展合作和资源共享，引导创新主体在创新价值链层面的不同环节对农业科技创新资源进行合理配置，以及合作开展农业科技创新活动，从而从整体上提高农业科技创新活动的效率。

具体来看，政府部门主要通过以下直接和间接的方式对农业科技创新活动进行组织和管理。（1）规划和引导农业科技创新活动。由于市场主要是以利益为导向，基于市场自发的农业科技创新活动往往存在一定程度的短视行为，同时市场虽然在商业化及市场信息发掘方面具有显著优势，但企业自身的创新行为和信息相对碎片化，难以形成合力。而政府部门在宏观层面拥有掌握国内和国际农业科技创新全局信息的优势，同时政府部门需要通过制订农业科技计划来实现国家科技发展战略，政府部门也有能力组织各方共同规划中长期农业科技计划，以形成对整体农业科技创新活动的引导。（2）构建和完善农业科技创新制度体系。市场主要通过价格机制、需求机制、竞争机制等实现创新资源配置，在此过程中市场机制的发挥需要在"契约""规范"等规则下运行，而市场本身在规则构建方面往往存在一定的不足或缺陷。政府部门可以通过构建完善的农业科技创新制度体系，为农业科技创新活动建设良好的环境，使得农业科技创新活动能够在良好的制度和体系下运行，弥补市场交易规则中存在的缺陷和不足。（3）直接或间接资助农业科技创新活动。农业科技创新活动包括基础研究、应用研究、成果转化、商业化等多个环节，由于位于创新价值链前端的基础研究、应用研究以及关键共性技术存在显著的外溢性和高风险特征，市场本身的逐利性使得产业界往往缺少足够的动力介入该领域。同时部分农业科技创新细分领域具有较强的公共性特征，如农业生态环境等领域，这些特征决定了政府部门需要采用直接或间接的方式加强对农业科技创新活动的资助，以弥补市场在农业科技创新资源配置方面存在的不足。(4) 组织各方搭建合作创新平台。农业科技创新活动往往涉及农业科研机构、农业类大学、涉农类企业、金融部门等多方参与与合作，而由于市场本身存在信息不对称等方面的缺陷，多方合作存在较高的交易成本，合作创新效率相对较低。政府部门的信用可以提升各方参与合作的信任度，且政府部门具有较强的组织协调能力，能够弥补市场在组织协调方面的不足（严中成等，2018）。政府部门可以通过直接或间接的方式支持搭建多方主体参与的合作创新平台，促进多方主体协同参与农业合作创新活动，如农业产学研合作创新平台、农业科技创新中心等，从而提高农业科技创新效率。

四　农业科技创新组织与管理中的市场作用

（一）市场作用的理论分析

市场对农业科技创新活动的调节主要是通过供求机制、价格机制、竞争机制和激励机制实现的。在市场机制下，供求机制和价格机制通过价格的变动反映农业科技创新资源的供给与需求状况，有效地调节农业科技创新资源在不同主体、区域及价值链层面的流动。在有效的市场竞争机制下，农业科技创新资源将流向创新能力和效率较高的主体，而创新效率较高的主体在市场条件下能够获得更高的创新收益，形成有效的激励机制。研发效率和成果转化效率较高的农业科技创新主体具有较强的竞争力，价格机制和竞争机制将促进农业科技创新资源向竞争力较强的创新主体流动，一方面从整体上提高了整个社会农业科技创新资源的配置效率，另一方面使得农业科技创新资源更多地流向效率较高的创新主体，从而也有利于提高整个社会的科技创新能力。

虽然市场机制是调节农业科技创新活动的有效机制，但市场本身也具有一定的缺陷，如在创新价值链层面的农业科技创新资源配置方面，处于创新价值链前端的农业基础研究和共性技术研究风险较大，研究成果外溢性较强且难以在较短的周期内转化为经济效益，市场本身难以实现农业科技创新资源在该方面优化配置，从而导致农业科技创新资源配置的市场失灵，最终影响农业科技创新资源配置的效果，因此需要政府部门采取有效措施对市场机制进行干预和调节，弥补市场本身存在的缺陷和不足。

（二）农业科技创新组织与管理中的市场作用机制

从上述理论分析的角度来看，市场机制主要通过供需机制、价格机制、竞争机制和风险机制等实现对农业科技创新资源的优化配置，具体来看，市场主要通过以下方式在农业科技创新组织与管理中发挥作用。

（1）市场对农业科技创新活动的基础性导向作用。市场由大量具有较强活力的大中小型企业组成，这些企业具有较强的市场敏锐性，能够快速获取和发掘市场对农业新产品、新技术的需求信息。在获取需求信息的基础上，企业能够对具有较好市场前景的农业新产品或新技术进行自主或合作研发创新，并通过市场竞争机制选择最有效率或最适合市场的农业新技术或新产品研发技术路线与商业化路线。因此在农业科技创新过程中，市场在探索和发掘市场需求、选择技术路线方面具有较高的效率，即市场能够在农业科技创新活动中较好地发挥基础性导向作用。

（2）市场对农业科技创新资源的配置作用。基于企业的逐利性和市场的供需机制、价格机制，对于能够满足市场需求的农业新产品、新技术，市场往往会给予高于市场平均水平的定价，从而给企业带来超额收益（孟捷，2005）。因此，市场能够对企业开展农业新产品、新技术研发形成有效的激励，企业也会在市场条件下将资源投入能够给企业带来超额收益的农业新产品、新技术研发领域，并在市场竞争机制的作用下加快农业新技术、新产品的研发和商业化进程，从而能够提高农业科技创新资源的配置效率。

（3）农业科技创新的市场竞争机制。企业能够通过开发农业新产品、新技术获得高于市场平均水平的超额收益，从事农业科技创新活动的企业之间也会形成市场竞争，在竞争过程中，市场机制能够选择出最具创新竞争力的企业和满足市场需求的农业新产品、新技术，确定农业新产品或新技术的标准、技术路线等。同时良好的竞争也能够激励和促进企业不断开展农业科技创新活动，通过研发农业新技术、新产品并实现商业化不断获取超额利润。

五　农业科技创新组织与管理中政府与市场的有机结合

从政府作用机制和市场作用机制来看，政府在宏观层面能够较好地对农业科技创新活动发挥作用，包括农业科技计划的制订、农业科技创新活动的资助、农业科技创新活动的组织与协调等；而市场在微观层面能够较好地对农业科技创新活动发挥作用，包括对农业科技创新的导向作用、对农业科技创新资源的配置作用等。综合政府和市场的作用机制，农业科技创新组织与管理中政府与市场的有效结合方式主要体现在以下几个方面。

从市场作用于政府的角度来看，市场能够发挥基础性导向作用。"自下而上"的市场机制能够从微观层面敏锐地觉察、感知和适应农业科技创新的发展方向，并通过竞争机制选择出满足市场需求的农业新产品、新技术商业化路线，实现农业科技创新资源在微观层面的优化配置；但在宏观层面的重大农业科技计划等方面，市场容易出现信息不对称、力量碎片化等问题。"自上而下"的政府机制虽然在感知农业科技创新市场需求、需求信息传递等方面与市场机制相比存在效率低下等问题，但政府在宏观层面的获取农业科技信息、制订和实施农业科技计划等方面具有显著的优势，在农业科技创新资源配置的宏观调控方面能够发挥重要作用。从两者的关系来看，政府农业科技信息的获取和农业科技计划的制订需要建立在市场信息的基础上，宏观调控也需要通过市场机制在微观层面发挥作用。因此，市场在农业科技创新的问题导向方面能够发挥基础性作用，政府在制订和实施农业科技计划的过程中需要以市场为基础，面向市场需求，遵循市场规律，实现"自下而上"的市场机制与"自上而下"的政府机制的有效结合。

从政府作用于市场的角度来看，政府部门在农业科技创新组织与管理中主要发挥两大方面的作用。（1）政府对市场的促进或增进作用。不同国家在市场机制的成熟程度方面存在较大差异，在市场机制成熟程度较低的国家，政府部门一方面需要解决市场机制成熟程度较低而导致的农业科技创新资源配置效率低下的问题，另一方面要构建完善的市场体系，提高市场机制的成熟程度，以发挥市场在农业科技创新资源配置方面的基础性作用。从理论和实践来看，农业科技创新组织与管理中政府对市场的促进或增进作用主要包括推动各方共同构建完善的国家或区域农业科技创新体系，通过完善相应的制度、规则等形成激励创新的良好环境和氛围，发挥政府宏观组织协调的作用，搭建合作创新平台，依托平台建立企业、科研机构、高校、社会机构等多元主体的农业合作创新网络，促进市场更好地发挥作用。（2）政府弥补市场失灵的作用。企业的逐利性决定了企业的市场行为往往具有短视性特点，而农业科技创新尤其是基础研究、战略性研究往往具有较长的研发周期和需要大量研发资源的投入，导致市场在农业基础研究、战略性研究方面往往存在不足。同时农业科技创新活动在宏观层面需要获取多方面的科技信息和资源并进行战略性布局，包括宏观战略规划的设计、相关配套政策的制定与执行，这些是市场自发行为所无法实现的。与市场机制相比，政府部门在获取宏观农业科技信息方面具有较强的优势，能够整合多方资源对农业科技创新活动进行宏观战略规划和布局，并根据整体战略规划制定相应的农业科技计划和创新政策，引导和协调市场各方共同参与合作创新活动。从具体实践来看，政府部门可以通过多种方式直接支持解决和干预农业科技创新中的市场失灵问题，包括为农业科技创新中的基础研究领域、共性技术研发领域、公益性技术领域提供直接的资金支持等。与此同时还可以通过完善知识产权保护制度或研发补贴制度等间接方式，减少正外部性导致的农业科技创新的市场投入不足等问题。

第五节 农业科技创新组织与管理的机制设计

一 机制设计理论概述

"机制"一词最早源于希腊语，其原意是指机器内部的构造及其动作原理。随着相关理论和应用的发展，这一概念被逐渐广泛应用于社会经济领域，泛指某个系统内部的各个组织或各个组成部分之间相互协同作用的过程或方式。机制设计理论的相关思想最早源于二十世纪三四十年代哈耶克·米塞斯与兰格·勒纳之间关于社会主义问题的论战。之后赫维茨、罗杰·迈尔森、埃里克·马斯金等人提出并逐渐完善了机制设计理论，其中赫维茨在1960年发表的《资源配置的最优化与信息效率》中首次提出了机制设计理论，并在后续发表的论文和著作中逐步完善了机制设计的理论和思想，其中1973年发表在《美国经济评论》上的《资源分配的机制设计理论》构建和确立了机制设计理论的基本理论框架。从机制设计的发展起源过程来看，机制设计理论主要涉及经济学理论和问题，该理论的目标是使参与经济社会活动的个人的利益或目标能够与机制设计者所设定的利益或目标保持一致。因此，机制设计是机制设计者在自由选择、自愿交换以及信息不完全等分散化决策条件下设计的有效经济机制，通过该机制的有效运行，参与经济社会活动的个人围绕一个既定的社会和经济目标付诸行动，并最终实现既定目标。

机制设计理论适用的前提是理性人假设，即社会经济活动的参与人是理性的，且以追求个人效用最大化为目标。而机制设计理论的目标是通过有效的制度或规则设计，实现参与者个人效用最大化与社会整体目标最优相融，从而最终实现组织的既定目标。从机制设计理论的发展和应用来看，该理论已经被广泛应用于契约理论、拍卖理论等社会经济多个领域。从机制设计理论所涉及的核心问题和内容来看，主要涉及信息效率问题和激励相容问题两个方面。

二 机制设计中的信息效率问题

信息效率问题主要是研究在实现社会和经济既定目标的过程中需要的信息量以及以最低的成本获取信息的问题。由于信息获取和传递在机制设计和实施的过程中是必不可少的核心内容，而在此过程中获取和传递信息是需要花费成本的。有效的机制设计则是要求在实现社会或经济目标的过程中，尽可能减少机制实施过程中的相关参与者，即降低信息空间的维度，从而降低信息获取和传递的成本。从社会和经济活动的现实状况来看，信息是分散在不同参与者之间的，参与者之间存在信息不完全或信息不对称的问题。在市场环境下，市场参与者需要交换供需信息以做出最优化的决策，而机制设计可以设计有效的经济或社会机制，帮助参与者以较低的成本实现信息的交换和传递，最终实现社会经济和活动的既定目标。

在农业科技创新组织与管理方面，从机制设计理论的信息效率角度来看，农业科技创新过程涉及政府部门、农业类大学、农业类科研机构、涉农类企业、农业协会等多方利益相关者。在农业科技创新组织与管理机制设计中要求尽可能降低参与者的维度，但现实中解决复杂的农业科技创新问题需要多方利益相关者的协同参与，即参与者的维度难以有效降低。这就需要考虑在既定的参与者维度条件下，设计有效的组织机制和方式，降低信息获取和传递的成本，这也是基于融合理念的农业科技创新组织与管理模式需要考虑的重要问题。

三　机制设计中的激励相容问题

激励相容是赫维茨在 1972 年提出的机制设计理论中的另外一个核心概念和问题。激励相容的核心内涵是通过有效的机制设计，使得多方参与者在获取或实现各自利益或目标的同时，社会或经济的整体目标也能够得到实现。激励相容所要解决的问题在于，在现实的社会或经济活动中，机制参与者个体的利益或目标往往会与社会整体利益或目标不一致，个体往往会朝有利于个人利益或目标实现的方向努力，而最终社会整体的利益或目标却无法得到实现。因此，机制设计中的激励相容主要通过有效的机制或规则设计，对机制参与者个体进行有效的激励和约束，保证参与者个体的目标和利益与社会整体目标和利益相一致，从而使个体在实现个人利益或目标的同时社会整体利益或目标也能够得到实现。在社会经济现实活动中，在参与性约束条件下，并不存在一个有效的分散化机制使得参与者能够在真实反映自身信息的同时实现帕累托最优。在这种现实状况下，需要设计有效的机制，该机制能够给予个体参与者相关激励，从而使得参与者能够真实反映其自身信息，保证参与者个人利益或目标与整体利益或目标均能够实现。

农业科技创新组织与管理实践过程中也存在明显的激励相容问题。农业科技创新过程中所涉及的政府部门、农业类大学、农业类科研机构、涉农类企业、农业协会等多方利益相关者各自的利益或目标之间往往会存在差异，且各个利益相关者的利益或目标往往与农业科技创新的整体利益或目标不一致。如农业类大学和农业类科研机构是政府部门通过委托代理的方式拨付科研经费，支持其开展农业科技创新的相关主体，而农业类大学和农业类科研机构又委托和组织科研人员和团队开展具体的农业科学研究工作。在此过程中，科研人员和团队往往会朝对自身有利的方向努力，如将科研经费用于有利于发表论文的方面，以提高自身的学术声誉，即实现个人利益最大化，而非解决农业科技创新过程中的实际问题；政府部门希望通过开展农业科技创新活动解决农业行业所面临的实际问题；而企业则希望能够通过农业科技创新活动获取新产品或新技术，以提高自身的经济效益和利润。这就会造成多方利益相关者与农业科技创新活动目标不一致的问题，因此，需要设计有效的机制，使得该机制能够有效约束和激励农业科技创新中的各个利益相关者，使各个利益相关者在农业科技创新实施过程中能够真实反映自身信息，最终使各个利益相关者各自的目标与农业科技创新的整体目标均能够实现。

第六节　农业科技创新组织与管理的相关
要素与作用机制

一　农业科技创新组织与管理的相关要素

（一）农业科技创新组织与管理的参与主体

农业科技创新组织与管理的参与主体主要包括政府部门、农业类科研机构、农业类大学、涉农类企业、农业协会、其他相关组织等，这些主体在农业科技创新组织与管理方面发挥着重要作用，同时各个主体之间也存在多种联系，农业科技创新组织与管理活动不仅发生在各个主体内部，同时也发生在各个主体之间。

政府部门一般包括中央政府部门和地方政府部门，其中中央政府部门主要负责制定全国性农业科技创新政策和规划，统筹和协调全国范围内的农业科技创新资源配置。中央政府部门通过实施科技计划、人才计划、科研设施平台计划等方式，在支持农业科技创新基础研究、战略性研究等资源配置方面发挥着重要作用。同时中央政府部门也通过制定相应的政策、制度和规范有效地引导和组织相关主体共同开展农业科技创新活动，实现对农业科技创新资源的有效配置。地方政府部门一方面配合贯彻和实施中央政府部门统一开展的农业科技计划和相关农业科技政策等，另一方面根据地方农业特色对地方的农业科技创新活动进行支持、组织和协调，同时在农业技术应用和推广方面因地制宜地发挥重要作用。

农业类科研机构主要由政府部门支持，对关系国家农业产业战略发展的相关问题开展基础研究、战略性研究，从而服务于国家农业产业发展的战略需求和解决农业产业发展过程中的重大问题。农业类大学主要从事农业的基础性理论研究和部分应用研究，培养农业科研人才和技术推广人才，同时也与企业合作共建研发中心、联合培养人才、开展科技成果转让等活动，服务于社会和农业产业的发展，其开展农业科学研究、人才教育和社会服务的经费主要来自政府部门的财政拨款，同时也通过与产业界合作寻求经费来源的多元化。

在农业科技创新活动中，涉农类企业承担着将各种农业科技创新资源最终转化为科技成果并成功实现商业化，以满足社会和经济发展需要的重要作用（Pray and Fuglie，2015）。涉农类企业，尤其是具有较强综合实力和研发能力的涉农类企业一方面通过配置内部的人才资源、经费资源和设施资源开展自主研发活动，另一方面与农业类科研机构、农业类大学开展合作研发，将农业科技创新资源在合作伙伴之间进行配置和共享，实现各方资源的优势互补，提高农业科技创新资源的利用效率，从而加快农业科技创新成果的转化和推广。与农业类科研机构、农业类大学相比，涉农类企业开展农业科技创新活动主要以追求利润最大化为目标。由于基础研究具有较强的公共产品属性，且在短期内无法实现商业化并产生经济价值，涉农类企业主要开展应用型研究或成果转化，是实现农业科技创新成果转化和应用的主体（Fuglie，2016）。

在开展农业科技创新组织与管理活动的过程中，政府部门一方面通过制订农业科技计划等方式直接支持农业类科研机构、农业类大学独立或合作开展农业科技创新活动；另一方面通过制度设计、政策制定等方式间接对农业类科研机构、农业类大学、涉农类企业等各个主体独立或合作开展科技创新活动进行引导和协调。与此同时，农业类科研机构、农业类大学、涉农类企业等各个主体在开展农业科技创新活动中也发挥着不同的作用，相互之间也存在竞争与合作的关系。农业类科研机构、农业类大学、涉农类企业也可以通过开展产学研合作、人才联合培养、技术成果转让等方式，充分发挥各自的优势和弥补自身的不足，提升农业新技术、新产品研发与转化的水平，从而提升农业科技创新的效率。

（二）农业科技创新组织与管理的目标

农业科技创新组织与管理的目标不仅是要提高农业科技创新资源的配置和产出效率，同时也要能够通过整合多方资源和力量共同解决农业产业发展过程中出现的重大问题，形成对农业产业发展的有效支撑，实现农业科技与农业产业、经济发展的有效结合。

（三）农业科技创新组织与管理效果评估

农业科技创新组织与管理的根本目的是通过优化农业科技创新资源配置，提高农业科技创新的效率，最终对农业产业、经济和社会的发展起到良好的支撑和促进作用。合理的评估体系不仅能够对农业科技创新组织与管理的效率进行评价，分析现有组织与管理模式中存在的问题和不足，为进一步改进和完善组织与管理模式提供明确的方向和依据；同时也能够为各个农业科技创新主体开展农业科技创新活动提供动力和激励，对各方共同合作开展农业科技创新活动起到重要的引导作用，从而实现农业科技与农业产业、经济和社会发展的有效结合。

二 农业科技创新体系的作用机制

农业科技创新体系在农业科技创新组织与管理方面发挥着重要作用，相关学者也在该方面进行了研究，如周寄中等（2002）提出了在国家创新系统内优化配置科技创新资源的观点，认为国家创新系统与科技创新资源之间存在类似于"骨骼与血肉"的关系。一方面，国家创新系统为科技创新资源的配置和科技创新活动的开展提供了有效的载体和网络，有利于科技资源的配置和创新活动的开展；另一方面，科技创新资源的配置和科技创新活动的开展进一步推动了科研机构、高等院校和企业等创新主体之间的正向联动，完善了国家创新系统的相关功能。孙景翠（2011）认为农业科技创新管理需要依托农业科技创新体系，同时运用政府与市场有效结合的方式对农业科技创新活动进行管理。

从实践方面来看，国家建设农业科技创新体系主要是通过整合各方资源以有效解决农业产业发展过程中所面临的共性技术问题，并在此基础上解决农业科技与经济有效结合的问题，即农业科技创新体系是国家根据农业产业发展的需求而建设的创新体系。在农业科技创新资源配置方面，政府部门可以通过下拨人才经费的方式支持农业科学研究计划或人才支持计划，也可以通过委托农业类科研机构或农业类大学建立研究中心、基础设施平台等方式吸引国内外人才开展农业科学研究工作。同时政府部门可以通过政策引导或财政补贴的方式支持农业类科研机构、农业类大学和企业界开展产学研合作或建立合作联盟，加快农业科技资源在农业类科研机构、农业类大学和企业界之间的流动，实现农业科技资源的共享，从而推动和加快农业科技创新活动的有效开展。

第三章　融合研究的产生及对农业科技创新组织与管理的影响

　　科技创新方式的变革、资源环境的约束、国家和社会对农业发展的需求推动和诱导着农业科技创新逐渐向多元主体参与、跨学科知识融合的方向发展，同时农业科技创新的发展趋势也影响和诱导着农业科技创新组织与管理的发展方向。从科学研究与知识生产方式的发展趋势来看，科学研究方式逐渐从以学科导向的科学研究为主向学科导向与问题导向并存与互补的方向发展，科学研究与政府、社会需求之间的互动关系日益紧密，以生物技术为核心和主导的农业科技革命代表了农业科技创新未来的发展方向，同时融合作为一种新的理念和范式被逐渐引入。目前我国在农业科技创新组织与管理方面存在着问题，面对未来农业科技创新的发展趋势与挑战，采用融合的理念与方式改进现有的农业科技创新组织与管理模式将成为我国应对未来农业及农业科技发展问题的重要举措。

第一节　融合研究的概念与内涵

　　融合研究逐渐成为一种新的研究理念和范式，各方对融合的研究不断深入和拓展。2014 年美国国家科学院向国会提交了题为"Convergence：Facilitating Transdisciplinary Integration of Life Science, Physical Sciences, Engineering, and Beyond"的报告。该报告认为，融合研究是一种解决跨越学科边界问题的研究方式。该研究方式通过融合生物技术与健康科学、物质科学（包括物理学、化学、材料学）、数学及计算机科学、工程学等多个学科领域的专业知识、工具和思维方式，形成一个应对和解决存在于多学科领域交叉界面上的科学与社会问题的综合性框架。

融合研究是学科交叉研究的一种扩展形式，包括在研究对象、融合程度、利益相关者等多个维度上的扩展。融合研究在研究对象层面以跨越学科边界的重大社会或科学问题为导向，在学科层面深层次融合跨学科的知识方法、思维、理念和文化，在创新价值链层面整合了来自资助机构、研究机构、产业界等利益相关者和合作伙伴以及由此而形成的从科学研究到产业化的全过程。融合研究也代表了科学研究在文化和理念上由传统的以学科为导向的组织和管理模式向以学科为导向与以问题为导向的组织和管理模式并存的方向发展和转变。

融合理念被引入国内之后，国内相关学者也对融合的内涵、研究范式等相关问题开展了研究。在融合的内涵、特征及应用方面，陈捷等（2019）在梳理学科发展历程与规律的基础上分析了融合科学的特点，包括问题导向性、多学科交叉汇聚、贯通创新价值链和多主体协同参与，并简要介绍了中国科学院在融合科学评价方法方面的探索，包括评价主题的选择、指标体系的构建、评价方法的确定等，之后从问题的有效性、学科融合性、创新价值链融合性、评价专家的选择、评价结果的应用等方面分析了融合科学对科技评价的挑战。阿儒涵（2020）对融合研究的概念和发展现状进行了简要梳理，并对融合研究的特点进行了分析，在此基础上提出了相关政策建议，包括建立基于融合理念的资助模式等。肖小溪等（2018）从研究目标、学科交叉融合、创新价值链、利益相关者四个方面分析了融合研究的特点，在此基础上分析和提出了融合式研究的评估逻辑模型，并构建了评估框架，主要对解决问题的效果、学科发展、创新活动和利益相关者四个方面的融合程度进行评估，之后结合中国科学院试点评估实践提出了探索性的评估方法。在提出了探索性的评估框架和方法之后，肖小溪等（2019）又进一步以中国科学院"十三五"期间的八个重大创新领域为试点，重点分析了能源领域、生命健康领域融合式研究的评估方法，包括关联回溯分析法、发展脉络分析法等，并提出了实践过程中存在的问题和不足。杨光和肖小溪（2022）以美国安进公司的生物医药阿法依泊汀研发创新过程为例，分析了该医药研发演进轨迹，并结合融合范式科技创新的特点，对阿法依泊汀研发创新过程中的全链条贯通、多学科交叉和多主体协同等融合特征进行了深入研究，认为阿法依泊汀的研发创新是融合范式在科技创新组织与管理模式方面的典范。在融合研究对农业科技创新的影响方面，周国民（2020）分析了"融合科学"范式所具有的特征，包括问题导向、链式融合、语言融通和数据驱动，梳理了"融合科学"的国内外实践情况，并在此基础上提出了"融合科学"对我国农业科技发展的启示，认为我国应当积极探索"融合科学"范式，推动我国农业科技的发展。

整体来看，相关机构和学者对融合这一理念和范式的研究仍然处于探索的初期阶段，相关研究主要集中在融合的内涵、特征、资助方式等方面，缺少对融合理念及相关实践的系统性研究。

第二节　融合研究的产生与演化过程

融合研究作为一种新的理念和范式，目前尚未形成成熟的理论体系或框架。为系统分析融合研究的产生过程及主要特征，本节主要从科学研究发展的演变及其资助方式的变化、科学研究与政府和社会需求之间关系的演变、学科体系的发展等方面进行综合性探索和分析。

一　科学研究发展的演变及其资助方式的变化

从科学研究自身发展的轨迹层面来看，早期中世纪的科学主要起源于巫师、僧侣或者哲学家的有条理的思辨以及技师和工匠的实际操作和传统知识（李建军，2005）。其中技师和工匠从事的劳动直接服务于社会生产实践活动，他们在实践过程中经常会面临新的问题，依靠原有的方法无法解决这些新的问题，只有通过不断的"试错"探索新的解决方法。这种"经验式试错"的知识生产方式的根本目的是解决生产实践中所面临的具体问题，并非为了系统性地探索科学知识而进行的探索性活动，对科学知识的探索只是依附于现实的生产实践活动，科学知识的发现也只是在生产实践中解决新问题的"副产品"。虽然"经验式试错"的知识生产方式在生产实践过程中积累了大量的经验和知识，但这些知识往往是技师和工匠个人经验的总结。这些经验和知识在实践中具有一定的效用，不会被有效公开和共享，因此这些知识往往是零散、非系统化和非编码化的，这使经验和知识难以得到有效的传承和传播。同时这种知识生产方式具有依附性，使得科学知识的生产无法独立开展，限制了科学的快速发展，知识增长和积累的速度也是极为缓慢的。与技师和工匠相对应的是哲学家，其主要采用"思辨式"的方法利用自然的原理认识和解释世界的本原，试图揭示自然现象背后规律性的原理。"哲学思辨式"方法主要追求的是通过有效的方法获取可靠的知识，即关注的是方法论的问题，认识手段主要是阅读书籍，很少通过实验的方法观察和认识事物。认识自然界的好奇心成为"哲学思辨式"方法的基本动力。哲学家对自然、社会和道德的认识逐渐形成了完整的哲学理论体系，在此过程中，科学知识的生产仍然依附于哲学理论体系的建立，无法形成独立的体系。在该阶段，科学研究还未真正成为一种固定的职业，从事科学研究的人员主要依靠自有资金或从皇室贵族那里获取的资助，这种资助方式往往是分散且不连续的，相关人员主要是根据自己的研究兴趣进行自由的探索，这种探索研究主要是对客观世界的认知活动，功利主义的色彩较少。

从16世纪到19世纪，随着社会生产力和自然科学的发展，自然科学开始逐渐从哲学体系中分化出来，科学研究活动开始逐渐向试验型、建制化方向发展，专门从事科学研究活动的职业化科研人员开始出现，各种科学研究机构逐步成立，科学研究方式逐渐从"经验式试错"和"哲学思辨式"向"试验型"转变。从推动科学研究方式转变的原因来看，一方面，随着资本主义生产力的发展，社会物质财富开始以较快的速度增长，这为科学研究工作的职业化提供必要的物质资源条件；另一方面，生产力的发展使得社会各界开始逐渐意识到科学技术对推动生产力发展的重要性，社会各界对科学技术知识的需求开始显著增加。"试验型"科学研究是专门借助科学仪器等工具，以生产科学知识为目的开展的活动。与"经验式试错"和"哲学思辨式"活动相比，"试验型"科学研究活动已经不再依附于其他社会性活动，而是成了专门的职业化、建制化活动。科学活动建制化的重要表现是实验室、科学院等科学研究机构的成立，如在17世纪成立的英国波义耳物理化学实验室。在1662年由查理二世批准成立的英国皇家学会成为欧洲第一个获得官方承认的科学研究组织，这也标志着科学研究开始逐渐向建制化方向发展，之后法国、德国等国家相继成立了国家科学院等科学研究机构。科学研究活动的职业化、科学仪器的使用以及科学研究参与社会互动等因素极大地提高了"试验型"科学研究的效率。同时由于科学研究人员需要的科学研究设备越来越复杂，对资金支持的依赖性逐渐增强，科学研究人员需要寻求更多的外部资金支持。此外，自然科学的快速发展推动了工业革命的发生，科学研究的社会财富效应开始逐渐显现，皇室贵族和早期的企业家、工厂主逐渐认识到科学研究带来的益处，从而愿意为科学研究提供相应的资助，这就使得早期科学研究"恩主式"的资助成为可能（宋旭璞，2012）。

20世纪以来，科学研究的形态逐渐由"小科学"发展成为"大科学"，科学研究开始正式被确立为一种重要的社会建制，科学界与政府和产业界之间的关系日益紧密，大规模的多学科协同研究开始成为科学研究的新特点（熊志军，2004）。第二次世界大战成为政府资助科学研究的转折点，尤其是在20世纪80年代之后，社会各界开始逐渐认识到科技进步在推动经济内生增长方面发挥的重要作用，科学研究与技术创新的结合日益紧密。政府在进一步加大对科学研究的资助力度的同时开始注重支持和推动科学技术的转化与应用，产业界也逐渐重视通过研究开发新产品和新技术提升自身的核心竞争力。政府部门、产业界共同合作资助支持大学、科研机构合作开展研发创新活动成为推动科技创新的重要方式。基于科学研究自身的发展及其对资源需求的变化，Ziman（2000）认为科学正在由原来的"学院科学"向"后学院科学"转变，学院科学内部学科之间的壁垒开始逐渐被打破，国家层面的重大需求及对科学研究活动的支持逐渐成为科学研究发展的重要推动力，以人类基因组计划为代表的重大科学研究计划催生了一系列的新兴交叉学科。

从科学研究自身的发展规律、轨迹和趋势来看，科学研究从最初"以自我为中心"的自由分散型逐渐向团队合作型的方向建制化发展，科学研究方式也从最早的以个人兴趣为导向的自由探索逐渐向自由探索型和国家、社会需求驱动型共存转变。科学研究对资源的需求也日益增加，从早期的单一、分散且不连续的经费资助方式逐渐转变为多元化、稳定与竞争相结合以及多方主体共同参与支持的经费资助方式，同时科学研究与技术创新之间的关系也日益紧密，从科学理论提出到最终实现科技成果转化的进程逐渐加快。

二　科学研究与政府、社会需求之间关系的演变

从科学研究与政府、社会需求关系的层面来看，在科学产生的早期，科研活动主要由个人的兴趣爱好所驱动，开展研究的目的主要是探索自然奥秘，社会经济发展与科学研究之间并未形成密切的关系。随着科学建制化的产生和发展，各个国家在建立完备科学体系的同时极大地促进了科技的进步与发展，科学研究与社会需求之间的关系也逐渐加强。第一次世界大战期间，德国合成氨技术的发展和快速产业化使各个国家开始认识到科学技术的巨大作用，战后英、法等国开始逐步建立科技管理机构，科学界也开始思考科学对社会产生的巨大影响（樊春良，2014）。

第二次世界大战期间，美国有效地整合了大学、科研机构的科学研究力量，并实现了政府、科学界和产业界之间的有效合作（李正风，2006）。为使得科学研究在和平时期能够继续对社会的发展起到推动作用，在罗斯福的要求下，时任美国国家科学研究与发展局主席的万尼瓦尔·布什主持起草并发表了《科学——无止境的前沿》。该报告认为科学研究对国家安全和国家经济发展具有重要的意义，国家应当支持科学研究事业并保障科学研究的独立和自由。同时，该报告也体现了科学、技术和社会生产之间相互作用的理论思想，即科学研究与生产应用之间的线性模式（见图 3-1）。该报告对国家资助科学研究事业具有里程碑式的意义，各个国家政府开始建立研究机构和实施科技计划，主要通过委托代理的方式加强对科学研究的资助和对科学界的管理，这一重大变革对国家和社会的发展起到了重要的促进作用。在此背景下，大学开始在一定程度上主动将科学研究成果应用于解决社会问题的过程中，但该模式是单向的，即大学只是将研究成果推向社会，但并不主动从社会问题中寻找科学研究的对象（王骥，2009）。

图 3-1　科学研究与生产应用之间的线性模式

20 世纪中后期，随着科学界与产业界之间的关系日益密切，科学研究中的社会需求成分进一步增加，科学与技术、经济之间的关系开始引起政府、科学界和产业界的更多关注和讨论。美国政府在 1994 年发布的《科学与国家利益》成了又一个里程碑式的科学政策文件。该文件重新明确了科学研究与技术和经济发展、科学研究与国家利益和目标之间的关系，指出科学研究与生产应用之间并非简单的线性模式，同时也认识到了将对科学研究的前景判断与对社会需求的判断进行有机结合的重要性，即能够引导科学研究更好地为国家的经济和社会发展服务。基于这种认识，司托克斯从科学知识生产与科学知识应用之间的互动关系出发，提出了科学认识与技术水平发展的双轨道互动模式（见图 3-2）。该模式认为科学家不应为了科学研究的认识目标而排斥科学研究的应用目标，而应当理解和适应科学研究须符合社会需求的要求。政府资助的基础科学研究也强调其要与国家战略目标、竞争力和经济利益相一致。随着各界对科学研究与社会需求之间关系的认识进一步深入，国家创新系统这一理念开始被广泛认识和接受。各个国家开始逐渐强化科学研究与国家目标之间的联系，并通过制定相关的政策和制度强化政府对科学研究事业的管理和引导，以促进科学研究与技术创新之间的交互作用。

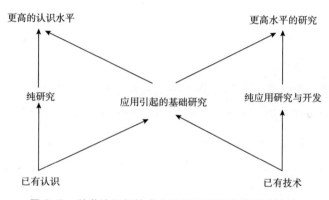

图 3-2　科学认识与技术水平发展的双轨道互动模式

　　在国家创新系统中，大学与产业界之间的关系已经由传统的单向线性模式向交互关联的非线性模式转变。大学不仅从事定位在纯学术层面的研究，而且同时已经开始主动与产业界开展合作与互动，包括双方在人才、资金、知识方面的流动与共享。在合作过程中双方也开始加强在合作目标、合作方式等方面的互动与磋商，从而提高双方开展合作研究的成效（王海燕和张钢，2000）。政府部门与科学界之间的关系也发生了重要变化。为促进科学研究与技术创新的有效结合，政府部门逐渐改变了以往对科学界放任自由的政策，通过制定和完善科学技术政策、产业政策等相关制度和政策引导和调节科学界与产业界之间的合作关系。基于对相关主体新型关系的认识，Etzkowitz 和 Leydesdorff（2000）提出了"政府—科学界

—产业界"三重螺旋模型（triplehelix），认为政府、科学界和产业界之间的边界已逐渐模糊，政府、科学界和产业界在国家创新体系中通过相互之间的整合与互动推动了知识的生产、传播与应用，使得传统的线性知识生产模式逐渐向多方互动的合作模式转变，从而形成了一种有效的科技创新动力机制。

从以上科学研究与政府、社会需求之间关系的发展过程来看，国家和社会对科学研究的干预和影响逐渐加强，科学、技术与创新之间的关系日益紧密，参与科技创新的主体日益多元化，国家和社会对科技创新的需求推动了各方的互动与合作，科技创新过程逐渐朝非线性、网络化的发展趋势转变。政府部门对科学研究的管理从早期的科学界完全自治到实施委托代理，再到支持国家创新系统，管理方式逐渐向整合多方资源、注重政策引导和激励、推动各方参与网络合作创新方向转变，推动各方在交互作用过程中激发创新机会。整体上来看，科技创新过程中各方信息的沟通、优势的互补和资源的整合将加快创新速度，科学界与产业界之间的合作能够缩短科学研究成果转化为新产品并实现经济效益的周期，从而加快商业化推广进程。

三　从学科分化到学科融合：生物技术引领的融合趋势

从 20 世纪中期以来，生物技术研究先后经历了学科分化阶段、跨学科研究阶段，目前生物技术新的研究范式——融合研究正在逐渐涌现并引起美国、日本等国家的广泛关注。具体来看，生物技术的第一次革命以 20 世纪 50 年代分子生物学的创立和发展为标志。在该阶段，物理、化学、数学等多个学科的专家开始采用本学科相对成熟的工具和方法介入生物技术研究，这些工具和方法在生物技术研究中的应用加快了生物技术的发展，使得生物技术向更加细化的方向发展和完善，从而在生物技术内部产生了以分子生物学为代表的许多新的分支学科，这一时期生物技术的学科分化为生物技术在农业科技方面的应用奠定了基础。

生物技术的第二次革命以 20 世纪 80 年代末 90 年代初基因组学的创立和发展为标志（Sharp，2011）。在该阶段，随着信息技术的快速发展，基因组信息的处理和分析推动了计算机科学、信息技术与生物技术的学科交叉，学科之间的互动交叉逐渐深化，形成了以生物信息学为代表的新兴交叉学科。这一时期生物技术逐渐成熟和完善，以基因组技术、蛋白质工程为代表的生物技术在农业科技方面得到广泛应用，同时生物技术与农业技术之间的交叉逐渐深化。近几年来，一方面，农业产业发展过程中出现的粮食安全问题、食品安全问题、农业生态问题等越来越具有复杂性和综合性；另一方面，生物技术、信息技术等高新技术快速发展，学科之间的交叉与合作进一步深化，这些因素直接推动了生物技术、信息技术、工程学等学科的进一步交叉融合，并逐渐推动了生物技术的第三次革命，而生物技术的第三次革命也必将对农业科技创新产生重要影响。

（一）生物技术的学科分化阶段——分子生物学的创立和发展

20 世纪 40 年代，奥地利物理学家薛定谔出版了《生命是什么》一书，认为生命物质的运动必然服从于已知的物理学定律，激发许多物理学家开始关注生物技术，并逐渐开始涉足生物技术领域的相关研究。这些物理学家在对生物技术进行研究的过程中使用了相对成熟的物理学、化学和数学的研究工具和方法，在很大程度上加快了生物技术研究的进程。例如，在破解 DNA 双螺旋结构的研究中，伦敦国王学院的威尔金斯和富兰克林采用物理学中的 X-射线衍射方法研究核酸的结构，衍射结果所显示的 DNA 双链结构给予了沃森很大的启发。之后剑桥大学数学家格里菲斯采用数学方法计算 DNA 分子中碱基之间的吸引力，这为沃森和克里克提供了碱基之间的结合力是 A 吸引 T、G 吸引 C 的证据。美国噬菌体小组的赫尔希和蔡斯采用同位素测定的方法证明了 DNA 是遗传信息的载体。沃森和克里克则在以上研究成果的基础上提出了 DNA 的双螺旋结构，这标志着分子生物学的诞生。生物技术的研究在该阶段更多地呈现了学科分化的特征，即生物技术主要借助来自不同学科的专家的力量，来自不同学科的专家将物理、化学等学科中较为成熟的技术和方法应用到生物技术的研究中，使得生物技术向着更加细化和专业化的方向发展，并催生了包括分子生物学在内的多个分支学科的建立。

该阶段的科学研究组织与管理模式呈现以下几方面的特征。在研究的导向方面，由于生物技术的研究处于起步阶段，科学家对生物技术的了解不够深入和全面，该阶段的研究基本上是以科学家的个人兴趣为导向对生物的遗传机理开展的探索性研究，这种探索性研究是在借助其他相对较为成熟的学科的工具和方法的基础上进行的。随着研究的逐步深入，生物技术研究逐渐朝进一步细化的方向发展，学科分化成为该阶段科学研究的主要趋势。学科的分化是对生物技术研究进一步深化的前提，为生物技术科学体系的完善奠定了基础。在研究的组织和实施模式方面，该阶段针对生物技术的研究组织模式是分散型的、自发的，主要以小型实验室和科学家"单干"为主（张宁和罗长坤，2005），不同学科之间的专家没有形成紧密的合作团体并致力于解决复杂的生物学问题。在生物技术研究的资助经费来源方面，政府并未形成稳定的资助体系，相关研究主要由民间基金会提供资助，其中洛克菲勒基金会对分子生物学研究的支持在很大程度上推动了分子生物学的快速发展（李建会，2003）。在生物技术研究的开发与应用方面，科学界与产业界之间基本上仍处于相互隔离的状态。一方面，生物技术研究基本处于基础理论研究的探索阶段，技术手段尚未成熟，难以形成大规模的技术应用，包括在农业领域方面的应用。另一方面，科学家只关注生物技术的研究本身，对生物技术的开发领域关注较少，产业界也尚未涉足生物技术的商业化领域。

（二）生物技术的学科交叉阶段——基因组学的创立和发展

随着生物技术及其他相关科学技术的不断进步，科学家对 DNA 的研究逐步深入，20 世纪 70 年代 DNA 重组技术的发明成为推动生物技术发展的关键和重大事件,生物技术及其应用逐渐成熟和完善。之后随着 20 世纪 90 年代基因组计划的实施,基因组学逐步建立和完善,基因组学研究的复杂性使得更多的学科逐步介入生物技术研究领域,包括数学、物理、化学、计算机、材料学等。随着基因组学研究的不断深入,学科交叉的特征越来越明显,最显著的特征是新兴交叉学科的诞生,其中生物信息学成为该阶段最为重要的新兴交叉学科之一。生物信息学主要采用数学、物理和信息科学的观点、理论和方法分析和研究生命现象(林侠,2003)。在研究生物信息的过程中,生物信息学采用新的算法开发专用的生物信息软件,并借助计算机技术和信息技术,对大量的生物信息进行收集、整理、存储、分析和研究。在此过程中,数学算法、信息技术、计算机和软件技术为生物信息学的研究提供了重要的思想、工具和方法,网络数据库技术为生物信息的快速检索提供了有效手段,而生物信息学的发展又为数学、计算机、软件技术、信息技术和网络数据库技术的发展创造了新的结合点和突破口(罗长坤,2014),相关学科的交叉极大地推动了生物信息学的快速发展。

该阶段的科学研究组织与管理模式呈现以下几方面特征。在研究导向方面,生物技术的学科分化和学科交叉研究进一步深入,这一学科导向的研究使得生物技术学科体系进一步发展和完善。同时,生物技术应用条件逐渐成熟,生物技术开始逐渐被应用于生物产业领域、农业领域以及健康领域等,朝技术化、工程化的方向发展,科学界与产业界之间的联系日益紧密,问题导向成为生物技术的另一发展方向。在研究的组织和实施模式方面,其他学科与生物技术之间的关系开始从学科分化阶段的单向作用逐渐转变为双向互动,从而催生了一系列新兴交叉学科,同时新兴交叉学科的发展也为科学界开拓了新的研究方向,为产业界拓展了新的技术创新领域。由于学科之间的知识交叉与互动程度进一步加深,问题导向的技术应用研究更加复杂化,原有的分散型、自发的小型实验室或"单干"模式已经不再适用于学科交叉研究,开始逐渐被相对稳定的跨学科研究机构、研究团体替代。在该阶段科学研究的资助方面，生物技术的研究过程日益复杂，更加依赖于先进的、复杂的研究设备，民间基金会的资助已经无法满足生物技术研究的需求。同时生物技术研究的相对成熟也为满足国家在相关领域的技术需求和解决社会问题提供了技术支持，各国政府开始逐步加大对生物技术研究的资助力度并建立了相对稳定的资助机制，一方面对科研机构、科研团队进行稳定的研发资助，另一方面通过设立研发计划或项目对生物技术研究进行资助。该阶段逐步加强生物技术研究的开发与应用，生物技术的基础研究、应用研究和开发试验之间的衔接日益紧密，国家开始加强对生物技术研究的干预并利用生物技术解决社会重大问题，如20世纪90年代实施的基因组计划。同时产业界也逐渐开始涉足生物技术领域，相关生物技术的产业化进程不断加快。

（三）融合研究阶段——生物技术的第三次革命

进入21世纪以来，以生物技术、信息技术、工程技术等相关科学技术的协同与融合为特征的"汇聚技术"快速发展，学科之间的交叉与融合程度进一步加深（Roco，2005）。同时随着生物技术在分子、细胞领域的快速、深入发展，科学家在进一步应用计算科学、信息科学、工程技术等领域的知识揭示生物技术奥秘的基础上，逐渐萌发了融合研究的理念。融合研究被认为是继分子生物学、基因组学之后生物技术领域的第三次革命。2011年MIT教授、诺贝尔生理学与医学奖得主Phillip Sharp教授首次明确提出了融合研究（Convergence Research）的概念，他提出"融合研究是对所有科学研究展开模式的一种反思，我们利用一定的知识基础，例如微生物学、工程设计等，不仅促进了研究组之间的合作，更重要的是整合了原本被认为分离和割裂的研究方法。这种对技术、流程和设备的整合将会产生新的科学和技术进步的路径与机遇"。融合研究一方面包括在解决重大社会问题中各个学科知识、方法和思想的融合，另一方面包括支持科学研究以及促使研究成果转化为创新产品所需的合作伙伴网络。目前生物技术在与物理学、化学、计算机科学、纳米科学、工程学和数学融合的过程中，通过在知识上相互"授粉"的方式形成了综合性的分析方法（Sharp et al.，2011），加深了科学家的理解和研究，在研究过程中培养了综合性交叉学科人才，同时进一步促进了生物技术研究与相关产业包括农业产业的衔接与融合，加快了生物技术与农业技术的融合，拓展了农业科学技术的研究领域。

四 科学研究与知识生产方式的变化趋势

科学研究自身的发展、科学研究对资源的需求变化及其与政府和社会需求之间关系的变化极大地影响和改变了科学研究与知识生产的方式。科学研究的面貌在全世界范围内都发生了极大改变，原有的以个人兴趣为主导、以学科知识研究为基础、为探索学术知识而开展研究的知识生产方式已经难以满足国家、社会以及大学自身对知识的需求。国家层面的重大需求开始成为科学研究发展的重要推动力，政府部门开始逐渐加大对科学研究的资助力度，大学、科研机构和产业界之间的关系日益密切，大规模的多学科协同研究开始成为科学研究新的特点。以"大科学""模式2""后学院科学"等为代表的相关理论均对科学研究与知识生产方式的演变与发展趋势进行了系统的分析和描述，虽然各个理论在表述方面存在一定差异，侧重点也有所不同，但这些理论均反映了科学研究与知识生产正在向新的趋势发生转变。具体表现在科学研究的问题由兴趣主导向由利益主导转变，研究的过程由学科语境转向动态的跨学科语境，研究的组织方式由同质性单一主体转向了由异质性多元化主体构成的合作网络，科学知识的质量控制也由同行评议转向了更具综合性的多维度评议体系。知识生产活动越来越少地作为独立活动而存在，进行知识创造的机构已经不再仅仅局限于大学和研究机构，政府专业部门、企业实验室、咨询机构及利益相关者等也参与其中。

（一）学科导向向学科导向与应用导向并存转变，知识生产的效用性更加突出

在"小科学""模式1""学院科学"时代，科学研究和知识生产主要体现在科学家在某个学科领域开展自由的学术探索，对问题的处理也是按照特定学科的操作规则进行的，从而形成了"为科学而科学""为知识而知识"的自主探索与研究的学术氛围。随着科学研究与社会发展之间的关系日益紧密，大学开展科学研究需要越来越多的外部经费和资源的支持，同时也需要通过加强科学研究和社会服务提高自身的声望，政府和产业界也需要向大学获取更多的知识以解决社会和产业面临的各种问题，科学开始逐渐被强制征用为国家研发系统和为整个经济创造财富的发动机。知识生产的目的不仅是实现科学进步，同时也是通过知识生产解决社会和经济面临的问题，强调知识的效用成为科学研究和知识生产越来越突出的趋势。政府部门也开始注重引导科学研究朝国家战略性目标方向发展，价值和效用逐渐成为科学研究和知识生产活动的重要评价标准。

（二）学科语境向学科语境与跨学科语境并存转变，集体化的跨科学研究成为重要的科学研究方式

原有的科学研究主要是学科领域内部的探索性研究，其目的主要是推动学科知识的进步，因此科学研究的内容主要围绕单一的学科领域知识展开，学科和专业也成为开展科学研究的基本组织单元。应用导向下的科学研究过程主要是围绕特定问题的处理而展开的，这些问题往往具有综合性、复杂性和个性化等特征，这些特征客观上决定了依靠单一学科的知识难以有效解决问题，需要跨学科的知识共同解决。这也就需要在开展跨学科研究的过程中消解不同学科之间的界限和壁垒，在解决问题的过程中灵活地调用和组织不同学科的专业知识。同时，科学家难以掌握和拥有解决复杂问题所需的所有学科专业知识，科学研究的成果转化也需要工程技术

人员的共同协同与配合,因此跨学科的集体化团队协作模式逐渐成为一种新的知识生产组织和实施方式。

（三）科学研究从同质性的单一主体向异质性的多元化主体转变,多主体之间的协同与合作成为知识生产和知识转化的重要组织方式

在"小科学""模式1""学院科学"时代,科学知识的生产与科学知识的应用转化之间是以"公共知识"为界面的"二元分立"的结构关系。科学界可以不关心科学研究的应用目标和国家利益,大学主要定位于产生公共知识的学术研究和人才培养,而产业界则利用大学生产的公共知识和培养的人才进行生产活动,政府部门在保障大学自治的基础上资助其开展学术研究,因此各个主体之间并无太多交集,知识生产和知识转化主要是通过单一主体的内部互动开展的。在新的知识生产模式下,科学界的发展面临着新的使命和挑战,其科研投入和社会功能更加趋于多元化,问题的解决过程依赖于各个主体之间的共同协作与磋商,这也使得科学界与包括政府、产业界在内的其他社会组织之间的关系日益紧密,从而形成了广泛的多主体合作关系。

（四）质量控制从注重学术价值向学术价值与社会效用并重转变,科学研究绩效评估标准的多样性日益受到重视

在原有的知识生产模式下,科研评价和质量控制体系主要是为了提高科学研究的质量和科研经费的配置效率而建立的,科学研究成果的质量控制主体相对较为单一,主要由科学共同体内部通过同行评议予以实施,质量控制的标准主要是知识生产对学术和科学知识的贡献程度。在新的知识生产模式下,知识的社会效用和价值日益受到重视,尤其是在国家和社会对科学研究的投入日益增加的情况下,知识生产能否对社会和经济的发展做出相应的贡献成为质量控制标准的一个重要方面。同时参与知识生产过

程的主体越来越多元化，各个主体在利益取向方面也具有多样化的特征，这些主体与科学共同体之间在经费支持、成果转化、政策保障等多个方面保持着紧密的联系，这些因素均使得科学研究的质量控制标准逐渐从单一的同行评议向兼顾多方利益的多样化标准转变。

第三节　融合研究的特征及对农业科技创新的影响

一　融合研究的主要特征

从融合研究的产生和演化过程来看，以生物技术的发展过程为典型代表，从分子生物学阶段的学科分化到基因组学阶段的学科交叉，再到生物技术第三次革命阶段的融合研究，科学研究的组织和管理模式发生了显著的变化（见表3-1）。

表3-1　各个阶段融合研究的特征对比

项目	学科分化	学科交叉	融合研究
所处阶段	分子生物学	基因组学	生物技术第三次革命
研究对象	学科发展问题	学科交叉和领域性问题	产业或社会综合性问题
参与主体	相关学科的科研人员	资助机构、科学界、产业界	政府部门、科学界、产业界、用户、社会相关部门
资助模式	分散且不连续	项目型、平台型竞争性与稳定性资助相结合	整合多方资源在全创新价值链层面给予资助
组织与管理模式	自治、分散	委托代理、指导与合作	网络式协同与合作
整合阶段	学科发展的科学理论研究层面	科学理论研究与产业技术研发层面	推动创新价值链各阶段的衔接与整合
知识整合方式	其他学科为生物技术单向提供工具或方法，推动学科分化与完善	其他学科在理论与方法方面与生物技术相互作用、相互促进，并拓展新的技术领域，推动技术产业化	跨学科、跨主体的知识形成了综合性的分析方法，并推动全价值链层面与社会、经济发展相融合
评价导向	学术价值	学术价值和产业价值	社会和创新价值

（1）从研究对象来看，在分子生物学阶段，由于生物技术的发展处于起步阶段，学科体系尚未成熟，在该阶段主要是相对成熟的物理和化学方法和技术作用于生物技术学科，推动生物技术朝向细化的方向发展，因此该阶段的研究对象主要是学科本身的研究问题，即该阶段以学科为导向开展理论和方法的研究。而在基因组学阶段，生物技术学科体系的发展已经相对成熟，生物技术一方面继续在深化学科研究和完善学科体系方面开展相关研究，形成了一系列新兴交叉学科；另一方面在拓展新的研究领域和技术领域以及解决生物领域的相关问题方面开始发挥重要作用，如人类基因组计划的实施。在生物技术第三次革命阶段，生物技术在学科体系相关研究进一步深化的同时，问题导向更加明显，且其研究对象的范围开始向跨领域和全创新价值链贯通的方向发展，依靠融合的方法和成果解决社会、经济发展过程中的各种重大问题，其中生物技术与农业技术的融合研究快速发展和深化，逐渐成为推动农业科技革命的主导与核心。

（2）从知识整合方式来看，在分子生物学阶段，不同研究领域的科学家将一个学科的工具和方法应用于另一个学科，通过借鉴相对较为成熟学科的知识推动生物技术学科体系的分化，从而逐渐推动生物技术学科形成了较为成熟和完善的学科理论体系，该阶段知识整合方式主要为分散型的单向知识移植。在基因组学阶段，不同学科领域的科学家开始通过成立跨学科研发团队或组织的方式共同开展跨学科合作研究，实现生物技术与其他学科理论、方法和工具等方面的双向互动交叉，形成了一系列的交叉学科。在进一步完善相关学科理论知识的同时，科学研究活动也开始向创新价值链后端延伸，拓展了新的研究和技术领域，跨学科研究的知识整合方式也成为解决相关产业和技术领域问题的重要手段。在生物技术第三次革命阶段，多方主体通过建立广泛的合作网络，不仅科学界的跨学科专业知识加速融入创新价值链的整个过程，政府部门专家的政策制定、产业界专家的技术经验、市场知识和信息均融入融合研究过程中。通过多主体网络化合作、全过程参与实现跨界、跨学科的知识、信息和经验融合成为新的知识整合方式，这种方式进一步加快了从科学研究到科技创新成果转化的进程。

（3）从参与主体、资助模式和组织与管理模式来看，分子生物学阶段的科学研究主要是对生物技术的理论及方法问题开展的探索性研究，参与的主体主要是生物技术相关学科的科研人员，主体较为单一。研究的组织与管理模式主要是科研人员内部进行学术研究、学术交流和实验室的理论验证工作，科学共同体内部主要是采用自治的方式进行管理。在资助模式方面，政府部门和社会组织资助的科研活动较为分散，尚未形成稳定的资助模式。随着学科发展逐渐成熟，在基因组学阶段，政府部门开始加大对生物技术研究的资助力度以将其应用于人类健康等领域，其他学科的科研人员也逐渐介入生物技术的研究，催生了新兴的交叉学科。生物技术开始向工程化方向发展，技术领域与创新机会得到拓展，产业界开始逐渐参与其中。政府部门和产业界资助和支持科学界建立实验室、工程研究中心成为主导的组织与管理模式。政府和产业界主要是通过委托代理的方式对研究平台进行管理，且主要参与制订研发计划，而分析问题及解决问题则由科学界内部完成。在生物技术第三次革命阶段，生物技术的研究价值进一步凸显，政府部门在加大生物技术的基础研究资助力度的同时，更加注重支持多方创新主体建立网络化合作伙伴关系，引导产业界和科学界共同参与生物技术的研发过程。各方主体参与的方式也较为多样化，包括资助高校和科研机构开展研发、成立联合研发中心、签订成果转化协议等，生物技术的产业化进程加快，这也使得政府部门、科学界、产业界及其他利益相关者之间的合作关系日益紧密。各方也共同参与了从研究主题的提出、解决方案的设计、研发活动的组织实施到研发成果的推广与扩散的创新价值链全过程，跨边界的交叉融合进一步加强，跨主体、跨学科的合作网络成为主导的组织与管理模式。

（4）从研究成果的评价导向来看，在分子生物学阶段，主要是科学研究人员在学科范围内根据个人兴趣开展的探索性研究，研究成果主要是理论知识通过发表论文的方式在科学界实现传播和共享，研究成果的评价主要是由科学界的同行根据学术价值贡献以及相关学术研究标准进行的同行评议，该阶段偏向学术研究的理论知识和研究方法的探索也使得相关学科体系建设日益成熟。在基因组学阶段，生物技术与其他学科之间的交互作用加强，一方面催生了一系列新兴交叉学科，另一方面通过跨学科的方法解决学科和产业领域的相关问题，研究成果的评价导向也开始向学术价值与产业价值相结合的方向转变。在生物技术第三次革命阶段，各个创新主体更加注重科技创新的社会价值导向。在价值导向的引导下科学界也更加注重科学研究的社会影响力，这就使得基础研究、应用研究、试验与开发、商业化等创新价值链各个阶段的衔接日益紧密，既拓展了科技创新的机会和领域，也加快了科技创新的速度，提高了科技创新的效率。

二　农业科技革命及其发展趋势

（一）农业科技革命及发展趋势

自工业革命以来，农业产业发展过程中曾经发生过两次农业科技革命。第一次农业科技革命是以现代育种技术和农业化学技术为主导的，其中达尔文的杂种优势理论、孟德尔的遗传学理论和魏伯格的光合作用理论等近代农业科学理论对现代育种技术的发展起到了重要的推动作用，而李比希提出的植物矿物营养学说和谬勒开创的农用化学物质的有机化学合成技术促进了农业化学技术的发展。农业科学理论的发展和相关技术的突破加快了杂交育种、化肥农药在农业中的应用，与此同时，农业机械化水平快速提升，从而大幅提高了全球的农业粮食产量，推动了农业产业的快速发展。从科学技术对产业发展的影响来看，第一次农业科技革命对农业产业发展的贡献是巨大的，但农药化肥的大量投入和使用也对农业生态环境造成了较大损害，单纯依靠要素大量投入的粗放式农业发展方式已难以为继。

20 世纪中期，生物技术研究随着 DNA 的发现开始取得重大突破，以分子生物学为代表的生物技术研究开始逐渐对生物育种、动植物疾病防控、蛋白质工程等农业关键领域产生革命性影响。20 世纪中后期，随着信息技术的发展及其在生物技术研究方面的应用，生物信息学等新兴交叉学科逐渐涌现，极大地推动了基因组工程及相关学科的发展，同时也对农业科技创新产生了重要影响。21 世纪以来，生物技术在农业科技创新领域的作用日益增强，推动着农业科技创新不断拓展深度和广度，对农业产业和经济的发展起到了重要作用。相关学者在生物技术对新的农业科技革命的推动及其发展趋势方面进行了分析和研究，如石元春（2002）认为新的农业科技革命的核心理念是可持续发展，在科学技术方面则由生物技术和信息技术主导。曹定爱（2002）认为，新的农业科技革命是以生物技术和信息技术为主导的，其中生物技术在新物种的培育与改良、病虫害的防治、农产品加工、农业环境的治理等方面发挥了核心作用，而信息技术则使得农业生产更加趋于标准化、精准化和高效化。曾福生和罗峦（2003）分析了新农业科技革命的发展趋势，认为生物技术在农业科技革命中始终占据核心的地位，同时其产业化进程也在逐渐加快，而信息技术则在农业科技革命中发挥着越来越重要的作用，推动农业向精细化和智能化方向发展。杨传喜和张俊飚（2012）指出现代农业所开展的高新技术研究是以生物技术为核心的综合性技术研究，对科研人员的互补性和科研机构之间的协作性有较高的要求。从以上相关研究来看，生物技术将在新的农业科技革命中发挥重要的主导和核心作用，生物技术的研究范式将对未来的农业科技创新产生重要影响。生物技术引领的农业科技创新融合发展趋势如图 3-3 所示。

在生物技术、信息技术等高新技术的推动和影响下，全球正在经历着新的农业科技革命，即第二次农业科技革命。从农业科学研究角度来看，自然科学、社会科学、工程技术等其他相关学科的知识与农业科学技术不断渗透、交叉，尤其是转基因技术、基因编辑技术、生物信息技

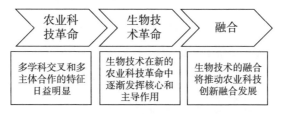

图 3-3　生物技术引领的农业科技创新融合发展趋势

术等相关科学技术与农业科学技术不断融合与集成，形成了新的农业生物育种技术、农业生物抗病虫害技术，推动了农业科学向着更加综合化的方向发展，农业科学技术逐渐形成了较为完整的科学体系。同时在解决农业产业现实问题的过程中，农业科学技术研究与农业产业正在朝基础研究、应用研究和高新技术产业化三个层次协同推进的方向发展（奉公，2001），产前、产中、产后一体化发展的趋势逐渐加强，主要涉及育种与种子种苗繁育、病虫害防治、栽培与土肥、产后处理与储藏加工、机械与装备设计、信息处理与共享等。农业科技创新过程越来越需要整合多方的资源和力量，包括整合生物技术、信息技术、材料科学、工程技术等相关学科的知识与技术，整合科学界、政府部门、产业界及社会其他组织的力量和资源，通过跨学科汇聚的方式解决农业产业问题。在此过程中，通过网络化的方式整合多方资源和开展合作创新也成为农业科技创新的发展趋势，农业科技创新主体越来越注重通过建立网络化的合作关系进行有效的合作与互动，从而加强农业科技创新价值链各个阶段的衔接和贯通。

（二）融合理念对农业科技创新的影响

农业产业发展过程中面临的粮食安全、食品安全、生态环境、可持续发展等问题的综合性和复杂性越来越强，解决这些问题一方面需要依赖多个学科知识和方法的协同与融合，另一方面依赖于政府部门、农业类科研机构、农业类大学、涉农类企业等多个主体之间的有效合作。与此同时，在农业科技革命新的发展趋势下，生物技术、信息技术对农业科技发展的主导作用日益凸显，而随着生物技术第三次革命的到来，融合理念也将对农业科技创新活动产生重要影响（见图3-4）。

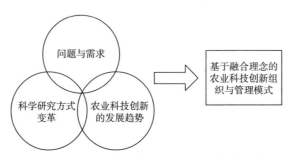

图 3-4 融合理念对农业科技创新活动的影响

目前关于融合理念对农业科技创新影响的相关研究还处于探索和完善阶段，如周国民（2020）对"融合科学"的缘起和特征进行了分析，认为融合范式适用于问题导向的农业科技创新，应当积极探索融合范式在农业科技创新中的应用与实践。而在农业科技创新实践领域，多个国家也开始积极探索和尝试采用融合的理念和范式构建新型农业科技创新组织与管理模式，从而整合多学科、多主体力量解决农业产业问题。美国、英国等国家也进行了相关的实践和探索，如英国在2013年推动实施了"农业技术战略"，通过支持建立跨学科、跨主体的农业创新中心，整合多方创新主体的资源和力量，共同推动农业研发、技术转化和商业化推广过程。美国国家科学院、工程院和医学院在2019年联合发布了题为"Science Breakthroughs to Advance Food and Agricultural Research by 2030"的研究报告，该报告结合农业发展面临的现实问题、农业学科交叉的发展趋势和科学研究范式的演变，将融合这一理念引入农业研发与科技创新活动中。该报告建议通过支持和开展跨学科合作与研究，实现利益相关者共同合作，构建良好的农业科技创新生态，加快推动农业科技成果转化。

虽然国内外已经在融合理念及其在农业科技创新领域的理论与实践方

面进行了探索，但相关研究并不系统和成熟。因此本书尝试在现有理论研究的基础上建立基于融合理念的农业科技创新组织与管理的理论分析框架，并采用该框架分析英国、美国、巴西等国家基于融合理念的农业科技创新组织与管理模式的案例与实践，从而为我国探索基于融合理念的农业科技创新组织与管理模式提供指导和借鉴。

第四章 农业科技创新组织与管理：基于融合理念的理论分析框架

本章主要借鉴美国国家科学院 *Convergence：Facilitating Transdisciplinary Integration of Life Science，Physical Sciences，Engineering，and Beyond* 报告中关于融合的理念，并结合科技创新管理、跨学科研究、合作创新网络、创新价值链等相关理论，基于农业科技创新的特点，从理论的角度分析和构建了基于融合理念的农业科技创新组织与管理模式分析框架。首先，引入和分析了融合的双维度整合理念，即跨学科的知识汇聚和多元主体协同参与的合作网络。其次，从创新价值链的角度对融合的双维度整合理念进行了第三维度的拓展，形成了融合研究的三个核心维度，即多主体协同参与的合作网络、跨学科的知识汇聚以及创新价值链的贯通。再次，从知识生产的产业需求和问题导向、产出评估的创新价值导向分析了外层相关维度。最后，从三个核心维度之间的融合即界面融合的层面，提出了为实现主体、要素、资源等方面的融合而对农业科技创新组织与管理过程中的决策与规划、资助与评价、组织与实施、信息共享与政策制定等方面进行探索或完善的分析要点，以此为案例分析的理论框架与工具。

第一节 融合理念分析框架的核心维度

一 融合理念的双维度整合：跨学科与跨主体

进入 21 世纪以来，解决社会发展面临的能源问题、环境问题和健康问题越来越依赖于多个学科的知识和方法的汇聚，从而推动了以纳米技术、生命科学、信息技术和认知科学的汇聚为特征的"汇聚技术"的快速发展，学科之间的交叉与汇聚程度进一步加深。为推动跨学科研究，2004年，由美国国家科学院、工程院、医学院、研究理事会组成的美国国家科学院协会发布了 *Facilitating Interdisciplinary Research*。该报告认为，一方面解决复杂问题越来越需要依赖于多学科知识的综合运用，另一方面正在发展的新知识和新技术已具备改进原有学科和产生新学科的能力，这就日益要求来自不同学科的学者加强跨学科研究与合作。同时该报告也针对加强跨学科人才的培养提出了相应的建议。该报告有效推动了科学界跨学科研究相关活动的开展，跨学科汇聚成为科学界开展科学研究的重要方式。2010年，美国麻省理工学院成立了科赫研究所，该研究所旨在尝试采用多学科融合的方式针对癌症等重大社会问题开展研究，并在科学研究组织和管理方面探索与学科融合相适应的机制和举措，该研究所的成立也成了融合范式的雏形。基于这一探索和实践，2011年，麻省理工学院发布了"融合科学"白皮书，在该书中首次正式提出了"融合科学"的概念。在此之后，多个国家相关组织和行业领域开始积极探索融合范式的理论与实践。其中融合在2013年美国艺术与科学研究院（AAAS）发布的 *Advancing Research in Science and Engineering：Unleashing America's Research & Innovation Enterprise* 中以整合的理念被提出。融合理念涉及两个目标维度，具体包括跨学科的知识整合和不同利益相关者之间的协同与合作。其中跨学科的知识整合实现形式不仅包括来自不同学科专家的跨学科协同工作，还包括为充分利用不同学科的知识和经验实现学科之间的概念和功能更深层次的整合而进行的有效激励。不同利益相关者之间的协同与合作主要是指推动和促进政府部门、科学界和产业界等利益相关者从科学发现到成果转化及应用过程中的合作与互动。该报告强调，如果没有这两方面的同步整合，融合将难以有效实现（见图 4-1）。由于传统的科技政策和组织架构难以应对新的社会问题带来的挑战，该报告同时也提出了推动跨学科和跨主体融合的相关建议，包括由政府部门和研究机构共同探索新的跨学科研究资助模式、跨学科研究的组织实施模式，建立政府部门、科学界和产业界之间的新型合作伙伴关系，建立广泛的知识网络以整合来自不同利益相关者专家的知识和经验，支持跨学科研究的基础设施建设等。

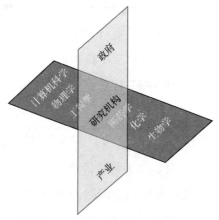

图 4-1　融合的双维度整合

资料来源：Advancing Research in Science and Engineering：Unleashing America's Research & Innovation Enterprise。

2014 年美国国家科学院在向国会提交的 *Convergence：Facilitating Transdisciplinary Integration of Life Science，Physical Sciences，Engineering，and Beyond* 中进一步指出，融合的概念具有两个方面意义相近但又存在区别的含义：一方面是指解决一系列科学或社会问题所需要的来自不同学科专业的知识的融合；另一方面是指支持相关主体之间形成合作网络伙伴关系，以支持相关的科学研究活动并能够将科学研究的成果转化成新的创新形态或新产品的融合。该报告指出，融合研究模式不仅是两个维度自身的融合，同时也是两个维度之间相互的融合，即把来自生命科学、物质科学、工程学及其他相关学科的知识和工具结合起来，整合到多方利益相关者组成的合作网络中，开展创新研究并解决重大社会问题和挑战。同时该报告也提出了推动融合研究的相关建议，包括在国家层面实施不同的协调模式，形成多部门和多方利益相关者共同参与的目标框架，推进跨机构、跨主体协调政策的制定，并对原有的科研组织架构进行重组，建立有效的合作伙伴关系并进行持续的资助等。在此之后，美国国家科学基金会在 2016 年将融合研究列入了未来十大项目计划中，并强调通过融合多学科工具、思想和方法解决复杂的科学与工程问题。美国国家科学院、工程院和医学院在 2020 年联合发布题为《无止境的前沿：科学的未来 75 年》的报告，进一步提出将融合研究列为保持和提升美国在全世界科技领导力的关键性措施之一。

（一）科研组织：跨学科的知识汇聚

传统的以学科为导向的研究主要是为建立完善的学科知识体系而针对学科内部的专业化发展问题进行的研究，深入的研究必然使学科向细分的方向发展，学科的不断分化也使学科体系内部的研究不断深入和完善，从而推动学科建设的整体发展。与以学科为导向的研究不同的是，以问题为导向的融合研究则更多的是由现实需求引发的问题研究，且这些现实需求的满足往往依赖于跨领域、跨学科的知识、工具和方法。在科学知识快速增长的背景下，科研人员等量地掌握不同学科的知识是难以实现的，而在以问题为导向的科学研究过程中，基于问题的综合性和复杂性，其无法单独依靠某一学科领域的知识得到解决，这就需要多个学科的专家开展跨学科的协同与合作（Rafols and Meyer，2006），即采用跨学科汇聚的方法解决问题。

在跨学科组织实施方面，早在二战时期，美国为推进"雷达研制工程"，对麻省理工学院的辐射实验室进行了资助，并调集了美国国内来自不同学科的相关专家和工程技术人员参与雷达研制。在雷达研制的初期阶段，科学家采用的科研方法是多学科研究，即雷达的研制按照雷达电子元件的组成对辐射实验室进行机构和空间划分。该方法强调了来自不同学科专家的共同参与，但由于未重视专家之间的相互沟通和交流，无法将来自不同专业领域的新思想和新方法进行有效的汇聚并实现知识的"发酵"和

"催化"，雷达研制工作进展缓慢（汪凯和刘仲林，2006）。为实现来自不同专业领域的专家之间的有效沟通和交流，辐射实验室开始通过举办分组会议、小组讨论等正式和非正式的方式推动来自不同专业领域的专家就雷达研制过程中出现的问题进行讨论和思想碰撞，在讨论和思想碰撞的过程中，专家和工程技术人员之间逐渐实现了显性知识和隐性知识的交流与共享，形成了跨学科的研究方法，加快了雷达工程的研制速度（文少保，2012）。雷达研制过程中的跨学科合作意味着要在不同专业群体之间建立一个思想、数据和设备能够相互沟通和传递的共同"地带"，即具有不同学科背景的理论专家、实验人员和工程技术人员相互之间能够进行交易的"知识交易区"。正是"知识交易区"的存在，使得来自不同专业领域的科学家和工程技术人员能够通过类似于"洋泾浜语化""克里奥语化"的方式将不同学科的学术语言简化，从而形成一种被具有不同学科背景的专业技术人员共同接受和使用的简化语言表达方式，使得具有不同学科背景的专业技术人员能够有效地沟通思想和相互启发，并最终推动跨学科研究活动的开展。因此，跨学科合作研究需要形成相对稳定的跨学科合作组织方式，以促进跨学科知识、思想的交流与沟通。

从农业科技创新的发展过程和发展趋势来看，从早期化学、遗传学等科学在农业产业发展中的应用到现阶段生物技术、信息技术等先进科学技术与农业科学技术的交叉融合日渐加深，一方面，生物技术、信息技术与农业科学技术的融合为农业科技创新拓展了新的技术领域，如生物信息学、农业物联网等，这些新的技术领域也为产业界提供了新的创新方向和创新机会；另一方面，生物技术、信息技术与农业科学技术的融合也加快了农业科学技术从基础理论研究、应用研究到成果转化的进程，推动了农业科技创新价值链的衔接与融合，同时也为解决农业产业复杂性、综合性问题提供了新的综合性方法和手段。农业发展过程中面临的粮食安全问题、食品安全问题、农业生态环境问题等现实问题越来越突出，这些现实问题具有越来越强的复杂性和综合性，单独依靠某一学科的知识无法得到解决，需要来自不同学科专家的共同参与和合作。因此，农业科技创新需要创新主体内部建立跨学科的研发团队或创新主体之间合作建立跨学科研发组织。尤其是在推动现代农业产业研究的过程中，推动生物技术、信息技术等相关学科的知识与农业科学研究相互渗透和促进，能够使得农业科学研究的水平进一步提高，研究范围进一步拓展，为产业界开展创新活动提供新的技术领域。此外，农业科技创新价值链中的产前、产中和产后各个环节均需要来自不同学科的专业知识的共同协作，包括遗传育种、植物栽培、病虫害防治、农业机械、食品加工、农业遥感、大数据处理、农业经济及政策等多个学科的知识，这不仅需要来自大学、科研机构专家的专业知识，同时也需要融合产业界相关专家在农业新产品商业化方面的知识和经验，以及融合政府部门在农业科技政策、农业产业政策制定方面的专业知识和经验等。

农业科技创新发展和农业产业发展对科技创新需求的满足需要依赖于跨学科知识的汇聚，跨学科知识的汇聚需要通过有效的科学研究组织模式予以实现，因此该维度的分析应当重点关注以下几方面的问题。（1）跨学科知识的汇聚如何实现，即跨学科知识汇聚的组织实现形式。传统的农业科研组织模式主要是以学科发展和学术研究为导向的单一学科组织模式，开展跨学科知识汇聚研究需要依靠跨学科的科研组织模式。农业科技创新具有区域性和分散性的特点，因此需要整合不同区域、不同学科的科研力量，形成跨学科研发组织以支持融合研究活动的开展，这就需要探索和建立新型跨学科农业研发组织对农业产业相关问题开展综合性研究。（2）利益相关者如何参与跨学科研发组织或与跨学科研发组织开展合作？跨学科农业研发组织在开展融合研究的过程中需要通过跨学科知识的汇聚实现知识、方法之间的交叉和融合，为解决农业产业问题提供新的方法，也为产业界提供新的技术机会。同时，跨学科知识的汇聚将贯穿于科学研究、技术研发、成果转化与推广等各个阶段，以加快产品从研发到商业化的实现。在此过程中，跨学科研发组织不仅需要整合科学界的专业知识，同时也需要整合政府部门、产业界、用户等利益相关者的科技政策、技术知识、市场经验和用户需求信息等，因此包括政府部门、产业界、用户在内的利益相关者如何参与跨学科研发组织也是一个重要的方面。（3）如何加强对跨学科农业研发组织的资助和支持？来自不同学科、不同机构的专家在共同开展农业跨学科研究的过程中对研究的主题和目标往往有不同的认识和理解，因此专家需要较长时间的合作与沟通以进行充分的交流，从而建立彼此之间的理解和信任。同时，专家也需要在学科方法论、学科语言等方面进行磨合，以达成相互理解和共识，并通过思想的碰撞产生新的知识（Hinrichs，2008）。因此政府部门需要采取合适的资助方式支持和组织多个创新主体共同开展跨学科研究，并在资助过程中建立配套和完善的组织方式、人员遴选机制以及质量控制与评价机制等。

（二）主体参与：多主体协同参与的合作网络

科技创新的发展趋势和以问题为导向的科学研究推动了科技创新过程逐渐从线性模式向非线性、网络化模式转变。参与科技创新的各个主体之间的关系也逐渐从线性化向网络化转变。各个创新主体依托合作网络开展互动与合作，在非线性交互合作和信息反馈过程中激发创新机会。各利益相关者在科技创新资源配置和科技创新组织与管理活动过程中发挥着不同的功能和作用，而这些功能和作用的实现则依赖于相互之间的信任与有效合作。政府部门支持和引导各个创新主体之间建立有效的合作创新关系将有利于科技创新活动的开展。

以问题为导向的农业科技创新活动需要大量的人才、资金、信息等资源投入，农业科技创新资源具有稀缺性、分散性等特点，单一的创新主体在某一方面或几个方面拥有优势资源，却难以拥有开展创新活动的所有资源。政府部门在国际、国内宏观层面的农业科技、市场信息的获取及政策制定方面具有显著的优势；产业界在微观层面的农业市场信息、新技术和新产品商业化推广以及研发资金方面存在较强的优势；农业类大学和农业类科研机构长期从事农业科学研究工作，具有较强的专业知识积累，具有人才、知识和技术的优势，建立合作网络可以有效发挥各方在农业科技创新方面的优势（姚延婷等，2014）。因此，农业科技创新主体之间需要开展有效合作以整合多方资源，实现优势互补和资源共享。由于农业科技创新过程涉及技术、市场、制度环境等多个方面，具有较高的不确定性，单个创新主体独立开展创新活动往往需要承担较大的风险。一方面，各主体之间的合作可以为农业科技创新活动提供更多的信息和资源获取渠道，降低农业科技创新过程的不确定性；另一方面，各主体对资金、人才等资源的投入也可以实现风险共担。由于农业科技创新过程具有较高的风险性，各个创新主体在开展合作的过程中需要付出大量时间、资金用于搜集对方信息，与对方进行谈判、协调等活动，因此，探索有效的合作创新组织与管理模式，建立相互之间的信任机制也可以有效降低各主体合作开展农业科技创新活动的交易成本（Gebremedhin，2009）。

农业科技创新是一个复杂的过程，包括创新主题和目标的确定、创新过程的实施、创新政策的制定、科技资源的配置、创新过程的质量控制和创新结果的评价等。农业科技创新活动仅依靠单一的创新主体是无法实现的，这一过程需要多个创新主体共同参与，通过共同的沟通与磋商，就农业科技创新的目标、实施方案、效果评估等达成一致，并付诸开展和实施。因此该维度需要重点从以下几个方面进行分析。（1）多方创新主体之间需要建立怎样的合作组织模式？有效的组织模式应当在以下几个方面发挥作用：组织模式能够实现各创新主体在信息、人才、资金等科技创新资源方面的互补，能够实现创新过程中不同创新主体之间的有效合作与互动，能够形成创新主体之间有效的信任机制并降低创新过程中的交易成本，能够形成创新主体之间的风险共担和利益共享机制以降低创新过程的不确定性。（2）如何实现创新主体之间的信息共享并加快创新成果的推广与扩散？农业科技创新具有较强的区域性和分散性，创新主体之间合作的关键是通过建立有效的合作组织模式实现信息获取与共享，通过合作网络实现数据和信息在各个创新主体之间的有效共享和快速传播，并实现科技创新成果的快速推广与扩散。（3）政府部门在支持创新主体合作方面应当如何发挥作用？在相关的制度设计和政策实施方面，政府部门拥有较多推动各方共同参与和实施合作创新的资源和工具。政府部门可以通过制度创新克服或减少不同创新主体之间因利益或信息不一致而产生的摩擦或冲突，减少制度实施过程中的交易成本和摩擦成本（祁春节和苏小姗，2010）。同时政府部门也具有较强的信用和权威，由政府部门资助或引导建立起的有效信任机制，可以降低各方信息不对称造成的信息搜集以及合作中的谈判、协调等方面的交易成本，从而提高农业科技创新的效率。

二　融合理念核心维度的拓展：创新价值链的贯通

自 20 世纪 80 年代迈克尔·波特提出价值链理论之后，国内外学者对该理论进行了进一步的研究和拓展。部分学者将创新理论与价值链理论结合起来，提出了技术价值链、科技价值链、知识价值链等相关概念和理论，其中创新价值链理论于 20 世纪 90 年代被提出并逐渐被学术界认同。在创新价值链的探索和研究方面，Hage 和 Hollingsorth（2000）提出的"概念—创新链"将创新过程分解为三个部分，起始部分包括基础研究、应用研究和发展研究，基于起始部分的成果转化为中间部分，新产品生产与市场化销售为最终部分。Stokes（1997）认为创新价值链主要包括基础研究、应用研究、中试与开发、市场化推广等过程，但从科学研究的知识产出到知识转化为技术再到技术成功地实现商业化这一过程并非简单的线性关系，且这一过程并非自动实现的。在创新逐渐从"线性创新"向"涌现创新"转变的过程中，创新价值链的实现过程更加向非线性的动态交互作用方式转变，即创新价值链各个阶段之间并非简单的单向反馈，而是任何阶段的活动都可能对其他阶段的活动产生不同程度的影响和反馈，因此多元创新主体在创新价值链各个阶段进行有效分工的同时需要更加注重开展互补性协作。同时多个创新主体通过在创新价值链各个环节内部和各个环节之间的交互作用激发创新，在此过程中科学、技术与创新各个阶段之间的界限也日趋模糊（Vernon，2002）。不同主体、不同阶段之间的交互作用也推动和加快了科学技术的研究与开发，技术成果的转化、推广与应用的一体化趋势。

从融合理念的特征和发展趋势来看，将融合理念整合进入创新价值链将有利于融合理念的拓展和完善，主要体现在以下几个方面。（1）融合理念的最终目标是通过融合的方式整合跨学科、跨主体的资源和力量解决社会或产业面临的重大问题与挑战，融合的最终结果是将基础科学发现不断转化为实际应用成果。而创新价值链的整合则是将相关的创新主体连接起来并将各相关创新要素组织和整合起来，通过加强创新主体之间的分工协作与系统的优化和整合，实现创新价值链上下游之间创新活动的有效互动，从而将知识创新转化为社会价值（张晓林和吴育华，2005），因此创新价值链各个阶段的有效衔接与整合是科技创新活动中推动科学研究成果转化的关键，也是融合理念的落脚点。（2）在非线性创新的发展趋势下，处于创新价值链不同阶段的相关主体在创新活动中的交互作用加强。多个创新主体之间围绕创新价值链不仅实现了资源和信息共享，同时也通过合作与互动激发了新的创新机会和需求，为科学研究开辟了新的研究方向和研究领域，因此围绕创新价值链的整个过程激发和寻求研发创新机会也是实现融合理念的重要方面。（3）在科技创新活动中，多方利益相关者开始逐渐参与从科学发现到科学应用的创新价值链全过程，包括科技创新活动的规划、组织实施以及成果转化与扩散等各个阶段。该过程不仅包括从事基础研究和应用研究的大学、科研机构的参与，成果转化阶段产业界的参与，同时也包括资助机构的参与支持以及为推动科技成果的转化和推广而制定政策的相关政府部门、行业协会的参与。政府部门、大学、科研机构和产业界处于创新价值链过程中的不同环节，这些不同利益相关者的共同参与与合作互动能够在创新价值链的各个环节为科技创新活动的开展提供支持并形成良好的创新环境。（4）在多方利益相关者的共同参与与合作的基础之上，创新价值链过程还需要不同学科、不同主体的知识和经验支持。在知识创新阶段依赖于基础学科的研究，在应用与发展研究阶段依赖于工程技术学科的支持，在商业化、产业化阶段则依赖于产业界相关专家的市场经验和政府部门相关政策的支持，因此，跨学科、跨主体的合作逐渐拓展至创新价值链的各个环节，跨学科、跨主体的综合性方法才能有效解决创新价值链中的相关问题，从而推动科技创新活动的顺利开展。

综合以上分析，将融合理念整合进入创新价值链的研究框架有利于融合理念的拓展和完善，即创新价值链的融合既能够实现多元创新主体之间的有效互动，激发创新价值链各个阶段的创新机会，同时跨学科、跨主体的支持也能够进一步推动创新价值链的衔接与畅通，实现科技创新成果的有效转化、应用和推广。

农业科技创新过程中的基础研究和应用研究公益性较强，且研发周期长、研发投入成本高，产业界开展农业研发和成果转化活动需要建立在基础研究和应用研究基础之上（Pardey and Beddow，2016）。农业科技创新价值链前端的基础研究、应用研究基本上由农业类大学和农业类科研机构完成，产业界主要在农业科技创新价值链后端的中试与开发、商业化等环节开展研发创新活动（Huffman and Evenson，2008），因此各创新主体之间协同不足容易导致农业科技创新价值链过程的割裂，而实现农业科技创新价值链各阶段的有效贯通则需要不同创新主体之间开展有效的合作与互动。从非线性创新的角度来看，处于"波尔象限"的科学研究主要是由大学开展的以学科为基础的理论探索研究，知识生产主要是由学术共同体内部提出和解决的，并且知识生产过程不会受到学术共同体之外的利益相关者的干预，知识生产的动力主要来源于知识进步的内在逻辑和研究者个人对知识的追求（王玉丰，2012）。处于"巴斯德象限"的技术研究主要是由科研机构开展的共性技术研发，开展共性技术研发的动力主要来源于国家或行业对战略性技术或共性技术的需求。而处于"爱迪生象限"的技术成果开发与转化主要是由产业界开展的，产业界开展技术成果转化的动力则主要来源于同行业的竞争以及对新产品、新技术超额收益的追求。随着农业科学技术研究领域的不断拓展和技术的不断成熟，农业科技创新价值链也逐渐从"线性创新"向"非线性创新"转变。生物技术、信息技术在农业科学研究中的融合能够加快相关技术研究的进程，使得相关技术领域相对更加成熟，在此基础上使产业界开展后续产品研发的知识外溢性和研发风险逐步降低，产业界开始逐渐向创新价值链前端寻求和拓展技术研发机会。在非线性创新过程中，各个象限之间的界限被打破，象限之间逐渐朝合作与互动方向转变，即大学在"波尔象限"开展的理论探索研究、科研机构在"巴斯德象限"开展的技术研究与产业界在"爱迪生象限"开展的技术成果开发与转化之间的界限逐渐被打破，这也推动了科学界与产业界之间通过建立有效的合作关系实现双方的利益最大化。农业科技创新过程也逐渐呈现非线性特征（见图4-2），农业类大学、农业类科研机构在政府部门和产业界的联合资助下在"波尔象限""巴斯德象限"开展基础和应用研究，在此过程中通过多方合作将风险性较高、外溢性较强的农业科学研究转向"爱迪生象限"中风险较低、独占性较强的关键共性技术成果，为产业界提供更多农业新技术、新产品的研发机会。同时农业类大学、农业类科研机构在与产业界合作的过程中，又能够将产业界在"爱迪生象限"中开展技术成果开发与转化时存在的具体技术问题转向"巴斯德象限"和"波尔象限"以获得科学界的技术或理论支持，从而能够将其扩展为科学界新的研究领域或方向。

虽然科学界和产业界在农业科技创新过程中发挥着越来越重要的作用，但由于农业科技创新具有长周期性、地域性、分散性、社会公益性等特点，单独依靠科学界和产业界的力量难以实现从基础研究到应用研究再到市场化推广这一创新价值链的贯通，因此还需要政府部门发挥有效的作用，通过加强支持、引导和调控来推动创新价值链的贯通。与此同时，创新价值链贯通的实现在很大程度上还受到市场化程度和市场机制的影响，完善的市场机制有利于实现新产品、新技术的商业化，而市场机制作用的

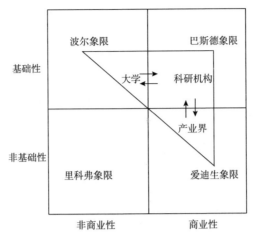

图 4-2　非线性创新

发挥在很大程度上又会受到政府调控的影响，因此在实现创新价值链贯通的过程中还需要实现政府与市场的有机结合。基于上述分析，该维度需要重点从以下几个方面进行分析。（1）政府部门如何支持多种形式的合作关系以推动创新价值链的贯通？政府部门需要通过直接或间接的方式支持和引导各个创新主体将农业科技创新资源合理地配置在创新价值链的不同阶段，同时也需要采取多种措施引导各个创新主体形成有效的合作关系，围绕创新价值链整合不同创新主体的农业科技创新资源，激发农业科技创新过程中新的创新机会和领域，并实现农业科技创新价值链不同环节的有效贯通，加快农业科技成果转化和推广。（2）如何通过政府与市场的有机结合加强和完善创新环境？在该方面政府部门需要与各个创新主体之间建立有效的协同机制，共同完善科技创新金融政策、产业发展政策等相关配套政策，改善外部创新环境。政府与市场的有机结合可以实现创新环境的完善，引导各个创新主体围绕农业科技创新价值链对农业科技创新资源进行配置，同时引导各方建立有效的产学研合作研发体系和网络，整合各个创新主体的人才、经费、信息等科技创新资源，从而推动各方开展农业合作创新活动。

第二节　融合理念分析框架的外层维度

融合理念分析框架以产业需求和问题导向为出发点，通过多主体协同参与的合作网络、跨学科知识汇聚、创新价值链贯通推动和加快科技创新，并最终通过产出评估形成有效的创新价值导向（见图4-3）。因此，在分析了三个核心维度的基础上，本节主要分析知识生产的产业需求与问题导向和产出评估的创新价值导向两个外层维度。

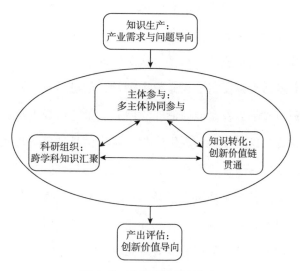

图4-3　融合理念分析框架

一　知识生产：产业需求与问题导向

科学技术在推动农业产业发展和解决农业问题的过程中发挥着越来越重要的作用，国家在推动解决农业产业发展的过程中遇到的重大问题时也日益需要科学技术的支撑。美国经济学家西奥多·W.舒尔茨认为推动传统农业向现代农业转变的关键要素是技术进步，其核心是通过"内涵式"路径推动传统农业向现代农业转变。随着人口增加、环境资源约束等问题日益严峻，只有通过整合现有科技资源推动农业科技创新，农业的可持续发展才能实现。相关研究表明，科技创新能够有效地扩张农业原有的生产可能性边界（朱希刚，2000），替代传统的农业生产要素，提高资源要素的生产使用率，从而为农业产业的可持续发展提供有效的支撑。

从近代农业和现代农业的发展过程和发展趋势来看，农业科技创新和农业技术进步是影响和推动农业产业发展的决定性因素（胡瑞法，1998；信乃诠，2013）。从不同时期农业科技创新解决的农业产业发展问题的演变过程来看，以现代育种技术和农业化学技术为主导的第一次农业科技革命主要解决日益增长的世界人口对粮食需求的增长与可耕种土地资源稀缺之间的矛盾。各个国家通过大力发展和采用杂交育种技术、化肥农药技术和农业机械技术提高农业单产水平，从而实现了粮食的大幅增产。第一次农业科技革命虽然大幅提高了农业粮食产量，但也带来了较为严重的化学物质污染、环境破坏以及高能源消耗等问题。第二次农业科技革命则以可持续发展为目标，综合发展和利用生物技术、信息技术等现代化高新技术解决病虫害防治问题、粮食安全问题、环境生态问题，如采用生物育种技术提高农产品品质，抵御病虫害的影响和减少对水资源、化肥农药的依赖等；结合信息技术、物联网技术与农业技术，发展精准农业技术，在提高对土地、水资源利用效率的同时降低对能源的消耗。

从农业科技创新的发展过程来看，农业发展方式的转变这一现实需求在很大程度上影响和决定着农业科技创新的发展方向，资源环境约束和市场需求对农业科技创新的发展起到了重要的作用。（1）资源和环境约束问题的推动。粗放的农业发展方式依赖于土地、水、能源等资源的大量投入，人口增长及其对农产品需求的增长与资源稀缺性之间的矛盾日益显现，土地、水、能源等资源约束问题更加突出。这些问题引发知识资源对土地、水、能源等资源的替代，而知识资源的创造更加依赖于科技创新活动，这也使得世界各国不断加大对农业科技创新活动的支持力度和资金投入，通过加快农业科技创新实现农业的集约化、可持续发展。（2）国家和社会需求问题的拉动。随着人口的增加、农药化肥对环境造成的污染加剧，各个国家在推动农业产业发展过程中面临着日益严峻的粮食安全问题、农业生态环境问题等社会性问题。经济的发展使得市场对农业的需求除了农产品的产量，越来越注重农产品的高品质、多样化，社会也更加关注食品安全、生态环境保护等问题。这些问题的综合性、复杂性更强，不仅涉及单个利益相关者的行为，同时也依赖于多个学科的知识和不同主体的资源，需要多方主体共同参与实施和实现跨学科知识的整合。

与以学科为导向的科学研究相比，基于融合理念的以问题为导向的科学研究具有明显的综合性和多样性。在农业研究方面，从纵向层面来看，农业产业的需求与问题主要包括国家层面的农业战略性需求、产业层面的共性技术问题和企业层面的技术商业化问题等。从横向层面来看，农业产业的需求与问题包括农业产业发展过程中产前、产中、产后等各环节之间的衔接问题。其中农业科技创新价值链各个环节的需求与问题包括应用研究、试验与发展研究、成果转化与推广研究等环节的问题，同时还包括农业产业发展过程中所产生的社会性问题等，如粮食安全问题、农业生态环境问题、食品安全问题等。这些问题具有较强的综合性和复杂性，需要依靠多学科知识汇聚和多元创新主体共同参与，因此在产业需求与问题形成方面需要从问题与需求的形成、决策与执行等几个角度进行分析。（1）如何建立问题与需求信息的来源渠道？农业产业受区域影响较为明显，不同区域之间的农业产业需求往往存在显著差异。同时与其他产业相比，农业产业价值链较长且涉及较多利益相关者，农业科技创新主体相对较为分散，在非线性创新模式下创新主体之间和创新价值链各阶段之间的交互也会激发新的问题和需求，需要将不同区域、不同层次、不同主体以及创新价值链不同环节的技术、市场等较为分散的问题与需求信息进行整合，并通过有效的方式或渠道将问题与需求信息纳入农业科技计划、科技发展战略等，即需要形成有效的问题与需求信息来源渠道。（2）如何形成多方利益相关者共同参与的农业科技计划决策机制？农业科技创新过程中的产业需求和问题涉及越来越多的利益相关者，包括政府部门、农业类科研机构、农业类大学、涉农类企业、农业协会、农户等，这些利益相关者不仅是农业科技创新活动的推动者，同时也是农业科技创新活动的需求者和受益者。农业科技创新的战略研究任务、优先研究领域等科技计划和决策的制订涉及多学科的专业科学知识、产业技术信息和经验、用户的需求信息和利益诉求等。单个利益相关者所掌握的资源和信息往往会存在偏差或不足，单独依靠科学界关于农业科技创新的专业知识和技能也难以应对，需要多方利益相关者的综合性知识和信息的支持（Pohl，2008），因此需要整合多方面的力量共同参与和形成农业科技计划决策机制，对农业科技计划的相关性、紧迫性进行判断和决策，从而制订有效的农业科技计划。（3）如何形成有效的执行机制？源于农业产业和用户需求的问题导向使得原来高度细化和特定的学术问题研究逐渐向需要跨学科知识汇聚和跨部门协作来共同应对和解决的复杂性、综合性问题研究转变。推动产业和用户需求和问题研究的过程必然涉及多方利益相关者的关系和利益，这些关系和利益往往会对农业科技创新活动的顺利开展产生影响，因此，多方利益相关者的关系和利益协调需要政府部门之间、政府部门与科学界和产业界之间建立有效的协同执行机制，并在此基础上提高农业科技创新活动的执行效率。

二　产出评估：创新价值导向

科技创新产出评估体系是科技创新组织与管理中的重要组成部分，有效的评估体系不仅能够对科技创新成果和科技创新效率进行评价和信息反馈，有利于提升和改进原有的科技创新组织与管理模式，同时也对科技创新活动具有重要的导向和激励作用，能够成为引导和激励科技创新的"指挥棒"。传统基于学科导向的科学研究成果评估主要是针对科学研究成果学术水平的评估，其采用的是常规的考核标准，即基于学术影响力的同行评估。具体来看，科学界开展的基于学科导向的产出评价更加注重研究成果的创新性及其理论价值和学术价值，其目的是提升科学研究的学术质量、学术水平和推动相关学科的发展，同时通过对科学研究质量的评价实现对科学研究经费等资源进行合理有效分配的目标。知识生产方式向"后学院科学"转变的一个重要特征就是更加注重和强调知识的效用和社会价值。在新的知识生产模式下，科学研究活动在开展学术研究的同时，更加注重以问题和需求为导向。政府、产业界对科学界从事科学研究进行资源投入是以解决社会和产业问题为重要目标的，这就要求科学界在开展科学研究的过程中不仅要追求科学研究的学术性和创新性，同时更要注重科学研究能够为解决社会或产业问题带来的效果和实际价值。因此，基于融合理念的科学研究在进行绩效评估时不仅要考虑学术价值标准，同时更要注重科学研究对社会和产业的贡献。

与传统的农业科学研究评价体系相比，基于融合理念的农业科技创新在实施过程中更加注重农业科学技术对农业产业发展产生的实际效果，即更加注重农业科技创新产出对农业产业、经济和社会所产生的价值和积极影响。农业科技创新的发展趋势也对农业科技创新组织与管理的产出评估产生了重要影响，其产出评估更加突出农业科技创新在推动农业产业发展和解决农业实际问题中发挥的作用。同时评估的过程也需要更多创新主体和利益相关者共同制定基于价值导向的综合评估体系，使得农业科技创新的成果能够对社会和经济产生实际价值。因此，基于融合理念的农业科技创新的产出评估需要关注以下几个方面。（1）如何构建基于价值导向的农业科技创新综合评估体系？面向农业产业发展实际问题的农业科技创新产出评价体系的设置应当遵循农业产业发展的特点和规律，以农业产业的生产需求为导向，突出农业科技创新的中长期目标。评价的重点应当从论文、专利导向向高质量的创新对产业、经济的发展所产生的实际价值的评价导向转变，引导科学界面向农业产业发展的实际问题开展研究，以增强农业科技创新对农业产业发展和社会经济发展的贡献。因此，构建基于价值导向的农业科技创新综合评估体系有利于形成对基于融合理念的农业科技创新活动的有效引导。（2）如何构建农业科技创新评估的多方参与机制？以问题为导向的农业科技创新活动涉及多方利益相关者，在具体的产出评估实施过程中需要各方利益相关者形成有效的协同参与机制并开展相互磋商，并在综合多方利益相关者的知识、信息和经验的基础上对农业科技创新成果进行价值评估。在价值取向的引导下，各个利益相关者需要形成统一的价值认同标准，推动各个利益相关者共同采取措施，努力实现农业科技创新的目标。

第三节　农业科技创新组织与管理的界面融合

基于融合理念的农业科技创新组织与管理不仅需要实现各个维度上的融合，同时也需要实现各个维度之间的融合即界面融合（见图4-4），因此本节主要分析了为实现跨主体、跨学科和创新价值链的融合而需要在农业科技创新主题确定、资源配置、组织与实施、信息共享与政策制定、成果评价等方面采取的有效措施。

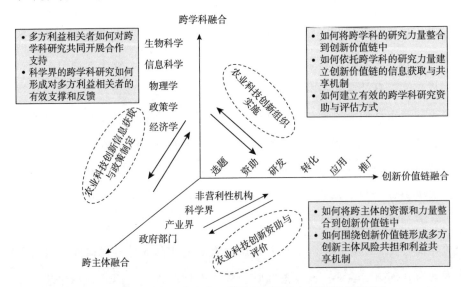

图4-4　基于融合理念的农业科技创新组织与管理的界面融合

一　跨学科—创新价值链界面融合

（1）如何将跨学科的研究力量整合到创新价值链中？跨学科—创新价值链界面的融合需要面向农业产业问题设计有效的组织模式，组织农业类大学、农业类科研机构不同学科的专家，产业界相关专家及政府部门相关政策专家共同参与实施，依靠科学界的跨学科专业知识、产业界相关专家的市场化经验和政府部门相关专家的政策研究与支持，将跨学科知识、经验和信息融入农业科技创新价值链，共同解决农业科技创新价值链中存在的相关问题，实现农业产业产前、产中和产后之间的衔接和畅通，同时加强创新价值链各个层面之间的衔接，加快农业科技成果的转化进程。（2）如何依托跨学科的研究力量建立创新价值链的信息获取与共享机制？需要建立从农业科技创新价值链中获取科学、技术和市场相关信息并实现这些信息在多个创新主体之间共享与交流的机制。通过信息交流与共享在创新价值链各个环节内部以及各个环节之间激发创新机会，使得创新不仅能够发生在创新价值链的某个特定阶段，同时也能够发生在创新价值链不同阶段的衔接处或贯穿整个创新价值链过程，激发创新的需求与供给，形成新的研究领域、主题或构建新的任务生成机制，包括为产业界提供新的产品或技术研发领域，为科学界开拓新的研究领域。（3）如何建立有效的跨学科研究资助与评估方式？围绕农业科技创新价值链提升和强化开展跨学科研究的能力需要建立有效的跨学科研究资助与评估方式，以不断提升解决农业科技创新价值链中出现的综合性和复杂性问题的跨学科研发能力，从而形成问题解决与能力提升的良性循环机制。同时形成对农业科技创新价值链过程中各种问题的综合性认识，为政府部门制定农业科技政策和产业政策提供更加全面和合理的科学依据。

二　跨主体—创新价值链界面融合

（1）如何将跨主体的资源和力量整合到创新价值链中？该层面需要采

取有效的组织与管理模式，整合利用不同创新主体在人才资源、设备资源、专业知识、市场信息等方面的优势，使各创新主体共同参与研究主题的确定、研究过程的实施、研究成果的评价等创新价值链的全过程，通过推动创新价值链融合解决创新价值链的衔接问题，以加快农业科技成果的转化。（2）如何围绕创新价值链形成多方创新主体风险共担和利益共享机制？该层面需要有效激励多方创新主体共同参与合作创新网络并通过"全过程的嵌入式参与与合作"在创新价值链各个环节激发创新主体的创新意识和创新机会，通过合作创新实现创新主体之间的风险共担。依托合作网络实现信息、资金、人才在创新价值链全过程中和不同创新主体之间的有效流动，并加快农业科技成果的转化，为各方创新主体带来相应的收益或回报，实现多方创新主体利益共赢，形成对各方创新主体参与合作创新网络的有效激励，从而进一步强化创新主体之间的合作。

三 跨主体—跨学科界面融合

（1）多方利益相关者如何对跨学科研究共同开展支持？该层面需要由政府部门引导或直接参与，引导多方利益相关者通过新型有效的方式共同支持科学界开展跨学科研究，提高科学界开展跨学科研究的水平和能力，从而有效整合多学科专家的知识围绕农业科技创新价值链中的相关问题进行跨学科研究。（2）科学界的跨学科研究如何形成对多方利益相关者的有效支撑和反馈？科学界在对农业科技创新价值链中的相关问题开展跨学科研究的过程中需要采取有效的方式获取与利益相关者有关的技术、市场、用户信息。基于这些信息，科学界通过开展跨学科研究取得的科技创新成果能够以不同的形式有效反馈给其他利益相关者，以形成对利益相关者的支撑和反馈，实现科学界与其他利益相关者之间的合作共赢。如科学界所取得的部分科研成果需要通过有效的方式及时反馈给政府部门，为政府部门制定农业科技创新和产业发展相关政策提供科学的专业知识、信息和依据。

第四节 农业科技创新组织与管理中政府与市场的结合

上述分析结合农业科技创新组织与管理的特点将融合理念分析框架划分为核心维度和外层维度。其中核心维度包括多主体协同参与的合作网络、跨学科的知识汇聚以及创新价值链的贯通，外层维度包括知识生产的产业需求与问题导向和产出评估的创新价值导向。而从农业科技创新组织与管理的实践过程来看，农业科技创新组织与管理主要包括基于问题导向的农业科研选题或农业科技计划制订、农业科技创新组织与实施、农业科技创新成果评价等。在第二章农业科技创新中政府与市场之间的相互作用机制的基础上，农业科技创新组织与管理中政府与市场有机结合的微观分析框架如表4-1所示。

表4-1　农业科技创新组织与管理中政府与市场有机结合的微观分析框架

政府与市场的结合方式	农业科研选题或农业科技计划制订	农业科技创新组织与实施	农业科技创新成果评价
市场对政府的基础性导向作用			
政府对市场的促进或增进作用			
政府对市场的补缺作用			

第五节 农业科技创新组织与管理模式的机制设计

在运用机制设计理论分析农业科技创新组织与管理模式的过程中，需要遵循一些基本的原则。（1）信息效率。任何机制的运行都需要信息的获取和传递，而信息的获取和传递是需要花费成本的。信息效率低下将会提高机制的运行成本，无法实现组织目标的最优化。（2）激励相容。在理性人假设下，参与者往往优先选择能够使个人利益或效用最大化的行为，而这些个人目标和行为往往会与社会或组织整体目标最优化相冲突。具有激励相容性的制度安排可以解决或缓解个人目标与整体目标不一致的冲突。（3）可操作性。机制设计的实现往往需要依赖于一定的制度条件和技术条件，保证通过机制设计形成的制度或规则具有较强的可操作性，从而实现机制设计的最终目标。（4）公平性。在保证信息效率的前提下，还需要保证参与者参与或竞争的公平性，公平性也是激励相容的保健因素，可以减少参与者对机制的不满或抵触，有利于机制的推动和实施。

　　从机制设计的角度来看，农业科技创新组织与管理涉及多个创新主体，包括政府部门、农业类科研机构、农业类大学、产业界等，在组织与管理模式构建与实施的过程中需要实现跨主体—跨学科—创新价值链等多维度的融合，这就需要进行有效的机制设计，以提高各方在合作过程中信息获取和传递的效率，促进各个创新主体的目标与农业科技创新整体目标均能够实现。因此，基于机制设计理论及其设计原则，结合农业科技创新组织与管理的特点，本书案例研究部分将重点从信息效率和激励相容两个角度分析农业科技创新组织与管理模式设计中的机制设计特点，即各个国家如何通过机制设计实现信息在不同创新主体之间的传递与共享，如何实现各个创新主体之间的激励相容，以提高农业科技创新效率。

第五章　农业科技创新组织与管理模式的国际案例研究

为有效应对农业产业发展面临的问题与挑战，提高农业科技创新资源利用效率和农业科技创新效率，美国、英国等国家均采取有效措施探索基于融合理念的农业科技创新组织与管理模式。本章主要采用基于融合理念的理论分析框架对英国、美国、巴西三个国家的农业科技创新组织与管理模式以及法国和澳大利亚农业科技创新组织与管理的相关举措进行了系统梳理和分析，主要从决策、执行、组织和协调等方面对农业科技创新组织与管理进行了分析和探讨，并在此基础上总结了以上国家农业科技创新组织与管理模式的特点。

第一节　英国的农业科技创新组织与管理模式

18 世纪英国的农业在欧洲居领先地位。到 19 世纪初，英国仍然是一个农业比较发达、食品基本自给的国家。之后由于国家对农业发展的支持力度不足，英国农业发展逐步衰退，在食品供应方面严重依赖于世界市场。二战之后，英国政府采取多种措施逐渐扭转了农业衰退的局面并逐步实现了农业现代化。目前农业与食品产业在英国占有举足轻重的地位，每年产值超过 1000 亿英镑，是英国制造业最大的组成部分，整个农业与食品产业创造了 380 万个就业岗位。

在农业科技创新方面，英国有着较强的科学研究基础。早在 1843 年，英国就建立了世界上第一个农业研究机构——洛桑实验站。目前英国主要依托国家农业类科研机构、农业类大学和涉农类企业开展农业科学研究工作，英国在基础研究尤其是分子生物学、细胞学等方面的研究水平位居世界前列。英国虽然在农业科学研究方面拥有较强的实力，但在将农业科学研究成果进行市场转化方面与美国、日本等国家相比仍然较弱，农业科学研究难以对农业产业和社会经济的发展形成有效的支撑作用，国际上素有"发现在英国，发明在美国，开花结果在日本"的说法（姜桂兴，2012）。同时，英国农业科学研究的力量相对比较分散，从事国家战略性研究的农业类科研机构主要是生物技术与生物科学研究理事会（BBSRC）下属的洛桑实验站、约翰·英纳斯研究中心等相关研究机构，缺少像美国农业研究局、法国农业科学院等的大型中央级农业科研机构。

英国农业发展虽然较为迅速，但英国农业仍然不能自给自足，超过 40% 的食品依赖进口。随着环境资源约束等问题日益突出，进一步加强农业科学研究对农业产业发展的推动作用，实现农业科技与经济的有效结合成为英国政府和社会各界关注的重点。为提高农业科技创新能力，英国政府近年来通过加大科研经费资助力度、制定与农业科技发展相关的战略规划、支持科学界开展跨学科研究、引导科学界与产业界之间互动与合作、完善创新政策和改善创新环境等措施积极推动开展农业科技创新活动，并取得了一定的成效。与此同时，英国通过推动农业科技创新体系的建设，逐步形成了有效的农业科技创新组织与管理模式，政府部门、科学界和产业界建立起了有效的协同合作关系网络。英国依托协同合作网络将现有的农业科技创新资源充分调动和整合起来，从而提升了农业科技创新的效率，增强了农业科技对社会和经济发展的支撑作用。

一　英国农业科技创新管理的相关主体

（一）政府科技决策、管理和资助部门

1. 科技决策部门

英国的最高科技决策部门为议会和内阁。议会是英国主要的科技决策部门，由君主、上议院和下议院构成。议会对国家科技预算具有审议权、决定权和监督权。议会的主要职能是为政府的科技预算、科技政策以及政府职能部门的科技管理等情况提供咨询、监督、审批，同时为提出科技相关提案的两院议员提供交换意见的场所。英国政府由首相领导和负责国家事务，首相与负责各部门的内阁大臣共同组成内阁，政府的政策及其他重要事宜由内阁成员共同决定。科技政策由行政体系提呈议会通过后实施。内阁科技管理机构主要通过广泛咨询科技界、工业界和高等教育界等，制定国家科技创新政策并编制国家科学预算，通过国家研究和创新署（UKRI）等渠道对科学研究及科技基础设施进行投资，并通过独立的监督、评审委员会对政府实施的项目和计划进行监督和评审。

政府首席科学顾问、上议院和下议院的各个相关委员会以及政府科学办公室通过建议、审查和递交研究政策等途径支持与科技相关工作的开展。政府首席科学顾问（GCSA）和科学技术委员会（CST）为首相、议会提供政策建议。议会特别委员会（PSC）负责科技议题的评估和审查。

CST 成立于 1993 年，于 2004 年重组，是英国政府科技政策和战略方面的最高独立咨询机构。其主要职责是向英国首相提供跨部门的战略咨询。CST 成员由科学、工程和技术领域德高望重的专家组成，分别来自学术界、商业界和慈善机构等。CST 成员由首相任命，任期为三年，可以连任。涉及某些具体工作时，CST 也会邀请外部的非成员专家加入分委员会。CST 的工作议题包括科学研究、科学与社会、教育、科学与政府和技术创新 5 个方面。CST 的工作计划由其成员与政府协商制订。政府可以要求

CST 就某些具体问题进行商议，但是 CST 有更重要议题时，可以不接受政府的要求。CST 可根据具体议题挑选相关领域成员组成项目组，通过发表报告、机密信函以及与部长、官员、咨询专家讨论等多种形式向政府提供咨询建议。

英国政府科技决策部门主要通过广泛咨询科技、工业和高等教育等各界专家，制定国家科技创新政策并编制国家科学预算，确保政府对科技基础投入的不断增加，同时注重加强政府部门之间的协调。政府、企业及科研机构通过一系列激励科技开发和创新的计划来加强集成和协作，加速知识转移，提高整体创新能力。政府科技项目和计划由政府、学术界、产业界人士组成专家委员会，通过广泛的社会咨询和调查，确定优先领域和重点研究项目，委托相关研究理事会及中介机构组织实施，并通过独立的监督、评审委员会对项目和计划的实施进行监督和评审。

2. 科技创新管理和资助部门

英国没有单独的科技创新管理与资助部门，其宏观科技创新管理主要由商务、能源与产业战略部（BEIS）负责。商务、能源与产业战略部由原商业、创新和技能部（BIS）与原能源和气候变化部（DECC）合并组建而成，是英国科技创新管理最主要的部门。该部门负责全国科技发展相关的资助和管理，其主要目标是整合利用科学界和产业界的优势，加快科技成果的转化，从而保证英国在世界上的科技领先地位。设置在 BEIS 下的政府科学办公室（GO-Science）具体负责宏观科技政策的制定、实施，科学预算的分配，以及跨部门科技政策的沟通协调。其他政府部门，特别是环境、食品和乡村事务部（DEFRA）、国际贸易部（DIT）等部门也有部分资金，支持下属实验室或研究所开展科学研究活动，进行各自责任领域内的科技资助与管理。

BEIS 作为英国主要的科技管理部门和宏观科技政策的制定部门，是英国公共科研经费的主要来源，掌握了英国大约 3/5 的科研经费（姚洁等，2015）。英国政府并不直接向科研机构拨付科研经费，而是由 BEIS

监管的国家研究和创新署（UKRI）具体负责，即先将科研经费拨付给UKRI，之后再由 UKRI 具体将科研经费分配和拨付给科研机构和大学。作为英国公共科研经费的核心部分，UKRI 的经费预算被纳入 BEIS 的年度预算。

UKRI 是根据 2017 年高等教育和研究法案创建的独立于政府部门的公共机构。该机构由原英国研究理事会（RCUK）下属的七个研究理事会、原英国创新署（Innovate UK）和原英格兰研究署（原英格兰高等教育拨款委员会，HEFC）合并组建。该机构组建的目标是整合英国现有的科研与创新机构的职能，协调和加强英国的研究和创新能力。该机构在 2018 年正式成立运行，每年科研和创新预算经费均超过 60 亿英镑，其中包括原英格兰高等教育拨款委员会负责的高等教育领域的科研资金。UKRI 主要通过下属的研究理事会和大学实现科研和创新投资计划。

RCUK 是英国七个研究理事会的联合会，属于英国政府的非行政机构，负责研究和解决跨理事会的共同问题，具体工作包括科研经费处理、研究评估与影响、科研人员培训和发展、知识转移等。RCUK 与 BEIS 不存在行政隶属关系，但 RCUK 需要在业务工作方面接受 BEIS 的指导和监督。在经费获取方面，RCUK 的经费主要来自 BEIS，同时各个研究理事会自身还通过不同的渠道从政府其他部门、慈善机构和国际组织得到科研经费。在经费支持方面，从 2014 年开始，RCUK 要求由其资助的科研项目的成果相关信息在其网站上公示，一方面便于公众和相关合作者监督，另一方面有利于提高研究的知名度。

生物技术与生物科学研究理事会（BBSRC）是在 1994 年经英国皇家法令批准，在合并原有的农业与食品研究理事会和科学与能源研究理事会中的生物技术和生物科学项目组的基础上组建而成的，是 UKRI 下属的自然科学研究理事会之一，属于非行政公共研究机构（尚智丛，2007）。BBSRC 主要支持英国大学与研究机构（包括 BBSRC 本身资助的研究机构）的科学研究并提供研究训练，促进研究向商业运用的知识转移，完善工业发展与政策制定，促进生物科学中的公众参与。在农业类科研资助项目中，BBSRC 是资助经费最多的公共部门，主要以提供竞争性项目经费的方式对英国的农业类战略性研究和基础研究予以资助。

DEFRA 成立于 2001 年，是一个负责环境保护、粮食生产及其标准制定和农业社区管理的政府部门，成员包括政策制定者、科学家和专业研究人员。该部门的目标是为英国社会提供更清洁、更健康的环境，以促进社会和经济发展，推动发展世界领先的食品和养殖业，繁荣农村经济。该部门是英国资助开展农业相关研究的重要部门之一。

英国农业科技创新资助与管理体系如图 5-1 所示。英国政府部门的农业科技创新经费主要通过以下渠道流向研究机构和大学。一是 UKRI，UKRI 的经费是由 BEIS 下的科学办公室的科学与工程小组具体负责的，研究和创新署把从 BEIS 获得的经费再分配给农业类科研机构和农业类大学。二是其他政府部门，它们将科技经费分配给部门所属的农业类科研机构、农业类大学和产业界其他研究机构，部门研究预算是由部门自己决定的。UKRI 的资金主要来源于 BEIS 负责管理的政府科学预算和高等教育预算。其他政府部门除了对直属实验室和科研机构进行资助，还通过科研计划和项目对大学和其他科研机构进行资助。除了以上两个主要渠道，一些公益性的学会（如皇家学会、不列颠学会等）也选择国内外一些与学会宗旨相符的农业科研项目和科研群体进行支持。此外，欧盟框架计划也为英国的农业科研提供经费资助和支持。

（二）科学共同体

英国农业类科研机构的科研力量相对分散，主要包括隶属于 BBSRC 的洛桑实验站，约翰·英纳斯研究中心，生物、环境与乡村科学研究所等，从事农业相关研究的大学主要包括克兰菲尔德大学、贝尔法斯特女王大学等。其中农业类大学主要从事以个人兴趣为导向的农业基础性理论研究和探索性学术研究，同时也兼顾以国家战略为导向的任务型研究，而农业类

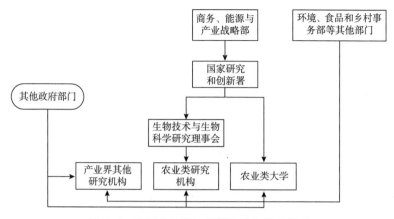

图 5-1　英国农业科技创新资助与管理体系

科研机构则主要面向国家和产业需求，从事以国家战略为导向的任务型研究。近年来在新的大学科研评估体系的影响和引导下，英国的大学和科研机构在开展科学研究的过程中均开始注重同产业界开展多方面的合作，以扩大自身的社会和经济影响力。合作方式包括建立合作研究中心进行科学技术的产业化研究、开展研发人才的联合培养等。

（三）涉农类企业

英国的涉农类企业也较为多样化，基本涵盖了动植物品种研发、植物栽培与动物饲养、食品加工与制造等全价值链，这些企业既包括能够独立开展研发活动的大型集团，也包括部分中小型的创新型企业和家庭农场。

二　英国农业科技创新管理体系

与美国、法国等其他发达国家相比，英国的农业科学研究力量较为分散，农业科技创新资源广泛地分布在农业类科研机构、农业类大学和涉农类企业中（刘娅，2008），因此英国更加注重通过政府部门的支持，引导多方力量共同开展合作研发活动。

（一）构建广泛的问题与需求信息来源机制

英国政府部门及科学研究机构在进行科技决策、制订科技计划和确定科研选题的过程中，均在不同层面建立了广泛的问题与需求信息来源机制。在政府科技决策层面，政府部门主要通过广泛咨询科技界、工业界和高等教育界等，制定国家科技创新政策、制订科技计划并据此编制国家科学预算，涉及社会重大问题或需求的科技问题会被优先列入国家科技计划和科学预算。在科技管理与资助层面，相关机构均通过设置包括产业界代表在内的董事会、咨询委员会或与产业界、社会部门建立合作关系网络等方式，建立稳定的问题与需求信息来源机制。如 UKRI 的董事会由来自大学、科研机构和产业界的代表共同组成，主要负责 UKRI 的战略、政策与计划的制订，在制订科技战略与计划的过程中能够充分整合来自科学界和产业界的问题与需求信息。在科技战略或计划实施层面，研究机构能够保持与产业界以及社会部门的合作与联系，实现各方信息共享。如农业创新中心在建立和实施过程中，依托农业信息技术和指标可持续发展中心构建了全国性农业科技信息沟通与共享网络，有效地实现了问题与需求等相关信息在多方利益相关者之间的交流与共享。

（二）建立多元化的跨主体协同机制

与美国、法国等国家相比，英国农业科研力量、产业界力量均较为分散，因此英国更加注重通过开展跨主体协同，整合多方力量共同开展农业科技创新活动。在政府机构内部，通过问责机制推动各部门之间的有效协同。在农业科学研究的项目资助方面，通过建立战略咨询委员会、理事会等方式，组织政府部门、大学、科研机构、产业界以及社会组织等各界代表共同参与农业科技计划、科研主题的制订，同时在资助和实施科研项目的过程中注重组织和协调多方主体的共同参与。如 UKRI 在资助全球食品安全跨学科研究项目的过程中，由执行委员会先后协调 BEIS、DEFRA、

DIT、惠康基金会等政府机构、社会组织共同支持和参与。在项目实施和平台建设方面，依托农业创新中心建立了农业类大学、农业类科研机构、涉农类企业以及社会组织的协同参与机制，重点在农业科研主题制定、农业科研成果评价方面开展协同参与和支持。

（三）科技成果评价体系的创新价值导向

英国大学科研评估制度自 1986 年开始实施，早期大学科研评估的目的是为大学分配科研经费提供依据，提升英国政府对大学拨款的公平性和透明度，在此基础上提升英国大学科学研究的水平和质量以及在国际上的综合竞争力。从 1986 年到 2008 年英国大学科研评估共实施了 6 次，有效推动了大学科学研究质量的提高，提升了科研经费的配置效率。近年来，大学科研评估的负面效应开始逐渐显现，如评估成本较高、"马太效应"明显等，同时英国在经济发展方面面临着困难，财政经费也面临着较大的压力。为进一步优化科研经费配置，提升科学研究对社会和经济发展的促进作用，英国在 2014 年开始实施新的大学科研评估拨款模式。该模式充分体现了英国政府注重通过影响力评估引导大学积极开展推动社会和经济发展的科学研究工作，即通过评价体系的引导，强调和鼓励大学在开展科学研究过程中实现对社会和经济的影响（胡志宇，2014）。具体来看，该评估体系主要由评估小组对大学完成的科研成果在改善或促进社会、经济、健康、文化或公共政策领域产生的影响或做出的贡献进行评估，影响不仅包括对社会经济发展带来的直接正面影响，还包括自然灾害、社会成本等负面效果的减少，同时影响力也包括在英国国内和国外社会产生的影响力（刘兴凯和左小娟，2015）。在评估过程中，评估小组的专家还会与科技成果使用者进行信息沟通与反馈，以充分考虑和吸收科技成果使用者对科技成果使用情况的意见或建议，从而对科技成果所产生的社会效益进行综合性评估，以此鼓励和引导大学积极将科技成果进行转化，促进社会和经济发展。以价值为导向的大学科研评估体系的转变对包括农业类大学在内的英国大学开展科学研究起到了明显的导向作用，取得了较好的评估结果，不仅有利于大学获得更多的经费支持，同时也有利于提升大学的社会声誉。仅仅依靠大学自身的力量开展单纯的学术研究工作难以获取更多的资源，也难以将科学研究成果转化为能够产生实际价值的新产品或新技术。因此，在以价值为导向的大学科研评估体系的指引下，大学逐渐注重加强与外部科研机构和产业界的合作与交流，通过与科研机构合作实现科学研究力量的优势互补，通过与产业界合作实现经费支持的获取和新产品或新技术的产业化，从而扩大自身的社会影响力。

以农业类大学贝尔法斯特女王大学为例，该大学在影响力评估导向下，在开展科学研究的过程中越来越注重与研究机构、产业界和公共部门的互动与合作。在获取资助经费方面，除了注重吸引产业界资金，同时注重撬动地方政府部门的资金以及国家层面和国际合作资金（Horizon 2020）；在产出导向方面，强调面向产业需求，对北爱尔兰的经济发展起到促进作用；在与外部产业界合作方面，注重通过市场化的方式与主要的合作伙伴建立战略性合作伙伴关系，合作的形式较为多样化，包括合作联盟、商业开发、技术咨询和 KTP 合作团队等，通过建立这些合作网络关系和合作联盟促进科学研究项目的转化。贝尔法斯特女王大学还与德义尼诗公司共同组成合作研发团队，开展联合研究与开发，合作研发的流程包括技术与商业价值的研究与评估、依托大学科研设施开展的中试评估、公司的商业化试用等。通过合作研发，一方面，贝尔法斯特女王大学不仅可以获取商业研发经费的支持，同时也可以扩大自身在当地社会的影响力；另一方面，德文尼诗公司不仅可以将先进的技术及时转化为公司的经济效益，同时还可以使公司的科研人员与贝尔法斯特女王大学的科研人员进行充分的沟通和交流，扩展公司科研人员的专业知识。

英国除了对大学实施基于创新价值导向的大学科研评估制度，UKRI 近年来也逐渐注重科学研究项目的价值导向。UKRI 下属的 BBSRC 在对申请项目进行同行评议的过程中所采用的标准是以项目的研究潜力为基础的。项目评估专家根据自己的专业知识和能力对项目的创新潜力、与国家的科技战略以及产业界的相关性、对经济和社会能够产生的价值、项目的时间安排、项目的成本与效率等方面进行综合评价。整体来看，BBSRC 的评价标准更加注重科研项目的实际产出和社会影响力，同时也注重是否有利于课题组和个人能力的提升（图 5-2）。

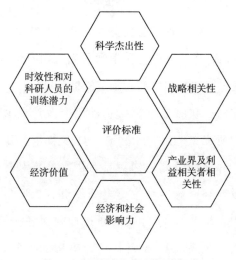

图 5-2　BBSRC 项目评价标准

（四）政府部门之间的执行与协调机制

英国政府通过在体制和机制方面实施改革，在部门之间建立了有效的协同治理模式。其中，体制方面，主要通过设立绩效与创新小组、管理与政策研究中心等直属于首相办公室或内阁办公室的综合性决策与协调机构以及各种特别委员会加强对各个部门的协调；机制方面，注重公共服务的整体性成果，通过实施《公共服务协议》并建立有效的问责机制，实现了各个部门在组织目标方面的有机整合，形成了对各个部门共同合作完成目标任务的激励机制，从而推动了政府内部各部门之间的协调（孙迎春，2014）。

英国农业科技的资助与管理部门之间也形成了有效的协作与分工机制。各个部门在各自的职能方面都有明确的定位，在本部门的职责范围内承担有限的责任，部门之间能保持有效的协调与合作，同时能够做好与产业界的界限划分与有效衔接。BEIS 内部设有政府科学办公室，该办公室由政府首席科学顾问直接领导。在横向的科研经费分配方面，为了加强对科研经费在各个部门之间分配的协调，政府首席科学顾问领导成立了首席科学顾问委员会，共同讨论和协商各个部门提出的科研经费需求，最终形成统一的科研经费分配方案。在纵向的科研经费分配方面，BEIS 下设的科学和研究总司每年对各个研究理事会提交的《实施方案草案》以及上一年预算实施情况进行评估，在此基础上科学和研究总司召集各个研究理事会主席及其他部门代表进行沟通和协商，确定资助预算。

在职责定位方面，政府重点资助基础研究及产业共性技术的研究与推广，具体的应用研究主要由企业完成。具体来看，UKRI 主要资助基础性科学研究项目，并资助研究机构对具有潜在经济和社会价值的项目进行转化，而地方政府和产业界则主要资助能够直接产生经济效益的后期项目。在此过程中，BEIS 等政府部门通过加强对各个资助机构的协调，一方面，发挥机构之间的协同效应，减少机构的重复资助；另一方面，加强各个环节的有效衔接，保证农业科技创新价值链的贯通。

UKRI 下属的 BBSRC 根据自身的定位对开展战略性研究和基础研究工作的农业类科研机构和农业类大学进行资助，在实施资助的过程中注重与地方政府、产业界等开展联合协作，推动农业科技成果的转化。这种资助方式既明确了 BBSRC 的职责范围，避免与其他资助机构之间产生交叉和重复，同时又能够与其他类型的资助机构做好协同与配合，推动科学基础研究最终转化为技术成果。

（五）稳定与竞争结合的经费配置体系

在科技创新经费资助方面，英国目前基本形成了以 BEIS 为主，以其他政府部门为辅，以政府科学办公室为主要咨询和协调机构，依靠首席科学顾问委员会组织协调，由 UKRI 负责具体实施的科技经费资助体系。这种资助体系在很大程度上防止了科研经费资助的碎片化，同时又能够较好地协调经费在不同部门之间的分配，有利于科技创新资源的统筹利用。

以 BBSRC 为例，该机构是英国资助开展农业研究的主要机构，在通过资助相关科研机构和科学研究项目推动英国农业科技创新方面起到了重要作用。BBSRC 对其直属研究机构的资助分为稳定性资助和竞争性项目资助两部分。其中稳定性资助主要用于支持科研机构的长期战略性研究、研究资产购置和基础设施建设等，竞争性项目资助主要用于支持引导性项目和自由探索式项目（贺德方，2007）。BBSRC 对科研机构和大学开展的资助主要是根据其研究定位进行的（见表 5-1），科研机构更多的是从事以国家任务为导向的战略性研究，因此对科研机构给予的资助更多的是稳定性资助（一般在 5 年以上）。大学更多的是根据研究者个人兴趣进行探索性研究，同时也涉及部分战略性研究，因此对大学的资助主要是"部分稳定性资助+竞争性项目资助"，资助周期与研究机构相比较短，一般资助周期在 1~5 年。这种资助体系能够较好地平衡竞争与稳定之间的关系。对于农业类大学和农业类科研机构而言，稳定性资助有利于大学、科研机构的科研人员潜心开展长期的农业研究工作，比较契合农业研究长周期的特点，同时也有利于大学之间以及大学与科研机构、产业界之间建立长期稳定的合作关系；而竞争性项目资助则有利于调动科研人员的积极性，也有利于大学研究质量的提升。

表 5-1　BBSRC 资助对象对比

	科研机构	大学
资助定位	以国家任务的导向的研究	自由探索（一定程度上受大学自身发展战略的影响）
资助重点	战略性研究（整笔拨款）	探索性研究与部分战略性研究（整笔+项目）
资助期间	5 年以上	1~5 年

BBSRC 对科研机构给予的稳定性资助虽然是比较稳定的，但资助过程

是动态调整的，主要在对科研机构的研究能力和社会影响力进行评估的基础上进行动态调整，因此稳定性资助是建立在一定的竞争基础上的。这种经费配置结构不仅能够引导和激励科研机构和大学不断努力提升自身的研究实力和社会影响力，同时也能够将科研经费重点用于高水平的科研机构和大学，提升科研经费的使用效率。BBSRC 给予稳定性资助的农业类科研机构主要包括以下几类：可持续农业和土地利用研究机构，如洛桑实验站，约翰·英纳斯研究中心；生物、环境与乡村科学研究所；动物健康与福利研究机构，如 PirbrightInstitute、罗斯林研究所；生物医学与食品科学研究机构，如 BabrahamInstitute、食品研究所等；基因组学和生物信息学研究机构，如基因组分析研究中心。

BBSRC 对农业科学研究项目的资助主要呈现以下特点。（1）做好自身职责以及与其他资助机构之间的协同与配合。一方面，根据自身的定位对农业类科研机构和农业类大学开展基础研究和战略性研究工作进行资助；另一方面，与地方政府等机构协同开展联合资助，推动农业科技成果的转化。（2）通过多维度的项目评价标准引导农业类科研机构和农业类大学开展具有创新性和价值性的科研活动。在项目资助评估方面，除了注重科学研究本身的创新性，更加注重科学研究对社会、经济和人才训练等方面的影响力，这种评价体系对农业类科研机构和农业类大学开展科学研究起到了重要的导向作用，使得农业类科研机构和农业类大学更加注重通过开展科学研究实现价值创造，同时也推动了农业类科研机构和农业类大学积极与产业界开展合作创新活动。（3）注重科学研究成果的转化应用与社会传播。BBSRC 注重吸收来自产业界和社会其他领域的专家共同参与制定科研项目、研发主题等，一方面，能够有效获取产业界和社会部门对农业新产品、新技术的需求信息，形成有效的问题与需求信息来源机制；另一方面，能够推动科技成果在产业界的快速转化与应用，实现科学知识在社会上的广泛传播。（4）注重成员的多样性及自身开展工作的独立性。BBSRC 采用理事会、研究委员会的形式对不同领域的专家进行管理和咨询，一方面发挥了各个领域专家的优势和特长，提高了机构的管理和运行效率；另一方面保持了自身的独立性，从而保证了 BBSRC 能够较好地为科学研究的开展提供更好的资助和服务。

（六）农业科研机构内部的管理方式与外部合作方式

英国的农业科研机构一般实行所长或中心主任负责制，并设有专门的管理委员会和执行委员会。管理委员会一般会对研究所或中心的发展规划、学术研究、财务管理等进行指导，并审议通过重大决定。具体管理制度的实施则由执行委员会负责，包括科研评议制度、人事管理制度等。

约翰·英纳斯研究中心作为欧洲领先的植物和微生物科学研究中心，通过开展基础研究和战略性研究对英国社会和经济产生了重要的影响，同时在此过程中培养和训练了科学家。该研究中心成立了专门的管理委员会负责中心的管理和运行，执行机构是中心管理董事会。管理董事会成员来自中心的不同部门和不同阶层，具有较强的代表性，具体的研究项目由各个研究系承担（朱增勇和聂凤英，2009）。该研究中心每 4 年开展 1 次绩效评估，评估小组由国际知名的科学家组成，通过与世界范围内其他大学或科研机构的同类成果进行比较，重点评估研究中心成果的质量及其对英国社会和经济产生的影响，研究中心的经费投入与其对英国经济产生的回报比例约为 1∶12。在经费来源方面，主要包括两大部分，一部分是 BBSRC 每 5 年 1 个周期的竞争性项目资助，另一部分是其他的竞争性项目资助。

英国农业类科研机构的经费结构相对来说较为多元化，约 2/3 的科研经费来自英国政府和欧盟，约 1/3 的经费来自私人基金会、产业界和慈善界等。以洛桑实验站 2018 年度和 2019 年度经费为例，60% 左右的经费来自 BBSRC 给予的稳定性资助和竞争性项目资助，20% 左右的经费来自 DE-FRA 和其他政府部门以及欧盟的竞争性项目资助，其余的经费则来自产业界、社会慈善捐助等。目前政府部门资助的经费在洛桑实验站等科研机构的经费来源中占比较高，近年来英国政府开始注重引导科研机构加强与产业界的合作与联系。与产业界开展合作不仅能够吸引产业界的科研经费支持，使得科学技术最终能够实现商业化并带来经济效益，同时与产业界开展技术合作也是科研机构扩大自身影响力的重要途径，因此洛桑实验站等农业科研机构开始逐渐加强与产业界开展多方面的开放式合作。为了获得持续、稳定的研究经费以保证开展长期的农业科学研究，洛桑实验站更加注重同产业界建立长期的合作联盟，并通过举办会议、参观实验站等方式吸引更多的合作伙伴参与，而这些产业界的合作伙伴也能为洛桑实验站开辟新的科学研究机会和领域。

英国的很多农业类研究机构采用了企业化的标准管理模式，如北爱尔兰农业食品与生物科学研究所（AFBI）所有的研究项目均采用ISO9001认证标准，大多数的分析测试结果均采用ISO17025标准。AFBI开展的农业食品研究不仅注重前端的科学基础研究，同时注重从农场到餐桌全产业链的技术研究，且重点关注与当地农业经济发展相关的科学研究活动，注重自身科学研究对经济和社会发展产生的影响。AFBI与产业界、当地政府的政策部门均保持了紧密的合作与联系，针对新产品和新技术及时向政府政策部门提出相关建议，同时积极与产业界开展合作，将新产品和新技术及时转化并获得经济效益。这些措施使得AFBI对当地经济和农业产业发展产生了多方面的影响，如其研发的快速生物检测技术支持了当地红肉类产业的发展，其开发的地理信息系统帮助了当地农民SFP计划的实施。

英国农业类科研机构的内部管理方式和外部合作方式主要有以下特点。（1）管理委员会模式有利于资源的充分利用和效率的提升。管理委员会统一负责和管理，既能够有效地加强各个部门和研究系统之间的管理和协同，又能够充分利用各个部门的资源，提高资源的利用效率。（2）企业化的标准管理模式有利于科研机构与企业开展合作与衔接。英国的科研机构主要是在开展研究和分析测试结果的过程中采用ISO国际认证标准，有利于科研机构与企业的合作与衔接。（3）注重通过与外部部门合作开展价值创造活动以提升自身影响力。在现有科学研究评价体系的引导下，注重自身的科学研究工作与社会经济问题相结合，通过提升自身科研的质量，加强与地方政府、产业界合作以扩大自身对社会和经济的影响。

（七）多种方式加强农业跨学科研究

英国近年来逐渐加强了对跨学科研究的支持，其中 UKRI 在成立之后，积极推动内部各个机构之间或者联合其他政府部门、私人基金会开展跨学科研究资助。在资助过程方面，首先成立跨部门协调小组，对跨学科研究项目进行可行性调研分析，然后向上级部门申请经费预算。预算获批之后，UKRI 相关机构组织大学、科研机构、政府部门和产业界相关领域专家进行广泛的研讨，确定具体的跨学科研究领域，最后发布跨学科研究指南并组织申请和评审工作。在跨学科研究项目的管理方面，UKRI 设立由政府部门、大学、科研机构、非政府组织以及企业界代表组成的战略咨询委员会，以政府政策和产业实际需求为导向指导跨学科研究项目的管理和实施，并据此为跨学科研究项目提供相关建议。在农业跨学科研究平台方面，2013 年实施的《农业技术战略》支持建立了农业信息技术和指标可持续发展中心等四个跨学科研究中心，这些中心围绕农业相关领域的产业问题开展跨学科研究，均以公司的方式运营，并以农业信息技术和指标可持续发展中心为核心，构建了多领域农业跨学科合作创新网络。英国加快推动农业跨学科研究有效促进了农业科技创新和农业产业发展，尤其是在精准农业方面，通过开展跨学科研究，集成遥感科学、卫星成像、自动导航、智能机械等多个领域的科学知识和工程技术，如通过 GPS 应用，确保了耕作、点播、除草、施药、收割的准确性；通过遥感影像提供的土壤和作物营养状况及技术参数，实现了精准操作和变量施肥施药；通过田间交通管理系统，优化田间农机行走路线和作业幅宽，最大限度地减少了农业机械对田间土壤结构的破坏，节约了能源并降低了成本，提高了作业效率；通过将精准农业技术在全国范围内进行大范围的推广应用，提高了农业耕种效率，同时也降低了能源消耗。

（八）加强农业科技创新价值链的贯通

英国政府部门注重通过顶层设计、机构协调、项目实施等多种途径加强农业科技创新价值链的贯通。在顶层设计层面，为有效整合基础研究、应用与转化研究方面的资源，英国政府部门对科技资助机构进行了改革，将原研究理事会、原英格兰高等教育拨款委员会和原英国创新署三个机构合并组建为 UKRI，旨在实现将从基础研究到商业成果转化的整个创新价值链纳入统一的资助框架。被合并的三个资助机构的职责分别定位为支持开展基础研究、应用研究和成果转化，这些机构的独立设置不利于科技计划执行过程中的协同以及创新价值链的贯通。而通过顶层设计改革，将三个机构统一合并，有利于科技资助的统一协调，推动创新价值链的有效贯通。除了顶层设计，在支持农业科技创新的职能定位方面，政府公共部门、地方政府及产业界职能划分较为明确，BBSRC 等公共部门主要支持农业类的战略性研究、应用研究，地方政府和产业界主要支持能够转化为经济效益的科技成果，而由基础研究向应用研究转化的共性技术部分被称为合作研发项目，通常由 UKRI 及地方政府负责。

UKRI 除了资助基础研究工作，还资助科技转化项目（见表 5-2）。UKRI 通过给予政策和配套资金的支持帮助产业界快速实现新产品或新技术的商业化，以降低产业界进行新产品研发的风险，同时在对项目进行资助的过程中注重与地方政府、产业界等部门开展联合研发。如从 2009 年开始实施的可持续农业与食品创新平台项目，该项目由 UKRI、DEFRA 和苏格兰地方政府等部门共同资助，共资助金额 9000 万英镑，主要致力于提升英国的农业生产力并降低大力发展农业而对环境造成的影响。在对项目进行资助的过程中，UKRI 一般要求企业投入相应比例的经费。2007 年以来 UKRI 已经投入了超过 15 亿英镑的资金对科学研究项目成果进行商业化转

表 5-2　UKRI 资助的部分农业类项目

单位：英镑

研发项目名称	产业界合作参与方	研发经费及 UKRI 配套经费	研发产出与影响力
动物电子记录、传输与综合系统	Silent Herdsman Limited, National Milk Records PLC, Well Cow Limited, SRUC, University of Strathclyde, Harbro Limited, WM Morrisons Supermarkets	总经费：110 万 UKRI：60 万	未来两年在美国市场的销售额有望达到 500 万英镑
储粮害虫的生物控制技术	Exosect Ltd, Sylvan Spawn Limited, Santia Pest Prevention Limited, Fera, CABI, Check Services Limited	总经费：50 万 UKRI：25 万	预计 Exosect 公司在 5 年之后在欧盟和美国的销售额会达到 400 万英镑
食品加工过程中副产品、废弃物再利用的调查技术	Nestec York Ltd, Warburtons Limited, Silvery Tweed Cereals Limited, Carr's Flour Mills Limited	总经费：40 万 UKRI：20 万	预计在废弃物利用方面省 75 万英镑
减少除草剂化合物对环境影响的新配方技术	Biopharma Technology Limited, Agform Limited	总经费：72 万 UKRI：35 万	该配方对欧洲出口的销售额有望达到 1500 万英镑

化，在此过程中撬动了产业界约 15 亿英镑的合作资助经费，利用这些经费累计资助了超过 5000 家创新型企业实施成果转化项目，产生了超过 75 亿英镑的经济收益并提供了超过 3.5 万个工作岗位。

从科技战略、科技计划的实施层面来看，英国《农业技术战略》的目标之一是推动农业科技创新价值链的贯通，加快农业科技成果的转化。其中农业技术催化项目主要支持接近市场端的农业科技创新项目，分别对处于产业化早期、中期和后期的相关项目予以有针对性的支持，加快推动农业科技成果的转化。而农业创新中心则通过成立实体化的创新中心，重点对处于成果商业化环节的农业科技成果进行转化和推广，实现农业科技创新价值链的贯通。从农业创新中心的运行情况来看，无论是在吸纳就业还是在产生经济和社会效益等方面均产生了良好的效果，推动了农业科技与经济的有效结合。

三 英国基于融合理念的农业科技创新组织与管理模式探索与实践

(一) 农业科技创新的政策调控和引导

英国政府比较注重在战略层面通过出台相关政策加强对农业科技创新的支持，这种政策支持既体现在英国一般性科技政策与科技计划中，同时也体现在单独针对农业科技创新的相关政策和计划中。

在前瞻技术领域，为支持一流的科学研究，加强英国在科技领域的优势，英国政府对面向未来的新兴技术领域进行投资，在充分吸收了科学界、原研究理事会和原英国创新署相关意见的基础上，在2012年确定了八大前瞻技术领域并决定对前瞻技术领域增加6亿英镑的投入，农业科技成为重点支持的前瞻技术领域之一（刘润生，2014）。投资农业科技领域的目标是实现农业的可持续集约化发展，提高农业生产力，保护土地利用的多样性。在加强对前瞻研究资助的同时，英国政府近年来也越来越重视创新对经济和社会发展的推动作用，通过出台一系列的战略性文件和政策加强建设创新环境和推动产业创新的发展。在创新环境建设方面，英国政府在2011年出台的《以增长为目标的创新与研究战略》中提出了完善创新体系建设的五大措施，通过创造良好的创新环境鼓励和引导社会资金投向创新。在产业创新方面，英国政府在2012年出台了《英国产业战略：行业分析报告》，该报告强调了政府应当与产业界建立长期的战略伙伴关系，推动产业发展，实现经济增长。在此基础上，英国政府陆续发布了11个重点产业的发展战略规划，以支持产业界开展创新活动。

英国政府近年来采取了多项措施推动农业科技创新的实施，其中在2011~2014年委托原英国创新署投资2亿多英镑建设了9个技术与创新中心，以促进研究成果向生产力转化。为有效协调不同部门的资助力量和整合现有科技资源，促进农业科技成果的有效转化，原 BIS、DEFRA 和原国际发展部从 2013 年开始共同实施农业技术战略，该战略通过整合政府部门、科学界和产业界的力量共同开展农业科技创新活动，加大农业科学研究对农业产业发展的支持力度。在具体实施过程中，政府部门通过资助农业技术催化项目和建立农业创新中心的方式加强政府部门、科学界和产业界之间的协同与合作，强化了企业在创新活动中的主体地位，从而加快农业科技成果从研究到实际应用的转化。

英国政府还通过出台相关政策和改善创新环境提高产业界的创新能力，包括实施企业研发税收政策改革、支持各种创新风险投资、实施"企业创新券计划"等措施。其中对产业界的相关支持政策包括创新券及其补充、研发税收减免、知识产权保护、信息平台建设、政府采购倾斜等（胡志宇，2014）。对科学界直接开展技术转移活动或与产业界合作开展创新活动的相关支持政策包括研究伙伴投资基金等引导性投资、资助研发成果转化基地、完善科技评价体系、直接资助科研机构和大学中具有商业头脑的研究者等，这些政策和措施对推动包括农业科技创新在内的创新活动起到了重要作用。

（二）农业技术战略的实施

为加强英国的农业科技创新能力，解决农业科技成果转化过程中存在的问题，英国原 BIS、DEFRA 和原国际发展部于 2013 年 7 月共同宣布实施农业技术战略，这是英国政府部门、科学界和产业界之间的首次合作。英国政府部门期望通过加强农业科技在信息科学、遥感科学、卫星成像学、营养学等学科的突破（张换兆和许建生，2014），在整合多个部门资源的基础上解决政府机构对科学研究的重复资助、科学研究的碎片化、科学研究成果难以有效转化为经济和社会效益等问题（杨艳萍和董瑜，2015）。

农业技术战略在实施过程中涉及农业技术创新领域的多个主体，包括政府部门、资助机构、农业类大学、农业类科研机构和产业界等。为有效协调和处理农业技术战略在实施过程中各个主体之间出现的交叉性问题，英国政府专门成立了农业技术领导委员会。该委员会的成员包括来自原BIS、DEFRA、原研究理事会等政府部门和资助机构的专家代表，同时也包括全国农业植物学会等研究机构和部分涉农类企业的专家代表等。

1. 农业技术催化项目

农业技术战略中的农业技术催化项目由原 BIS、BBSRC 和原国际发展部共同予以资助，由原英国创新署和 BBSRC 共同负责实施。农业技术催化项目主要支持接近市场端的农业技术创新项目，在实施的过程中注重吸引和撬动产业界的合作资金。项目主要针对英国的中小企业，同时也吸收大型公司的参与。具体内容包括：早期工业化前的调研论证、中期产业化研究以及后期的预试验和试验论证研究等；早期阶段主要资助可行性研究，以探索评价早期科学理念的商业化潜力；中期工业研究阶段资助创新方法的开发，如现场试验、基于实验室的原型设计、产品发展规划和市场测试等；后期阶段资助具有商业潜力的科学应用项目，包括通过预试验的可行性研究或通过基于田间的原型、生产试验和测试的试验发展项目（见表5-3）。农业技术催化项目先后共投入 7000 万英镑，其中 BBSRC 资助 3000 万英镑。

表 5-3　农业技术催化项目资助情况

单位：万英镑，%

资助阶段		主导单位及作用	资助期限	资助金额	研究人员参与情况	企业经费占比	
						中小型企业	大型企业
早期	可行性研究	企业或研究机构，调研论证	18个月	15~50	约50%的研究人员参与	≤75	≤65
中期	工业研究	企业，创新方法的开发	3~5年	300		≤60	50

资助阶段		主导单位及作用	资助期限	资助金额	研究人员参与情况	企业经费占比	
						中小型企业	大型企业
后期	可行性研究	企业，商业潜力评估，现场试验等	12个月	15~50	项目参与者主要为研究人员	≤50	≤40
	试验发展	企业，生产试验和测试	12个月	100		≤35	≤25

2. 农业创新中心

除了农业技术催化项目，农业技术战略在五年之内共投资 9000 万英镑用于建设农业创新中心，通过建立农业创新中心，支持农业可持续集约化发展（见表5-4）。各农业创新中心没有单一的模式，但均从企业、高等及继续教育和研究中获取经费支持，同时最大限度地发挥私营部门参与投资的作用。英国政府部门共投入 1180 万英镑建立了农业信息技术和指标可持续发展中心，以支持英国农业可持续集约化发展。该中心由洛桑实验站、雷丁大学、苏格兰农业学院和全国农业植物学会合作组建，先后吸引了全国 190 多家科研机构和企业参与。目前该中心已作为一家独立的公司运营，且该中心在英国政府停止资金投入之前已经实现独立运营。

表 5-4　英国成立的农业创新中心

创新中心名称	研究领域	主要运营单位
农业信息技术和指标可持续发展中心	优势学科技术	洛桑实验站、雷丁大学、苏格兰农业学院和全国农业植物学会等
畜牧业卓越创新中心	动物健康	洛桑实验站、苏格兰农业学院、北爱尔兰农业食品与生物科学研究所等
作物健康与保护创新中心	植物健康与保护	洛桑实验站、纽斯卡尔大学、陶氏益农科技公司等
农业工程精准化创新中心	精准工程	苏格兰农业学院、爱科农业机械公司和克兰菲尔德大学等

农业信息技术和指标可持续发展中心整合了来自不同科研机构、大学和企业的优势学科技术，包括空间地理技术、传感技术、信息技术、大数据技术等。其中洛桑实验站主要负责数据建模与统计，雷丁大学负责主管该中心的数据科学基础设施，苏格兰农业学院和全国植物学会负责为全国范围内的农业协会提供知识交流和对外服务。该中心借助这些技术将农业生产价值链中农场、农业企业、农产品销售商、消费者等主体在生产、流通、销售等过程中产生的数据和信息进行整合，之后通过统计分析、模型模拟和可视化分析等方法对数据和信息进行处理，为政府部门制定农业科技政策和农业产业政策提供决策依据。同时英国政府制定开放中心数据和信息的政策，使得参与该中心合作的涉农类企业、农业协会等主体能够实现数据与信息的共享以及成果利用。对于该中心的科研机构来说，整合来自不同主体的数据并进行分析可以帮助各主体获取大量有用的市场需求信息，立足于这些信息可以为各主体确定新的农业科技创新研究主题、研究领域或研究方向提供决策依据。

2016年英国政府共投入6800万英镑建立了3个农业创新中心，即畜牧业卓越创新中心、作物健康与保护创新中心和农业工程精准化创新中心。

畜牧业卓越创新中心由洛桑实验站、苏格兰农业学院、北爱尔兰农业食品与生物科学研究所等12个研究机构组建和运营，主要通过研发新的畜牧技术和产品提高畜牧业的盈利能力和生产效率。该中心吸引了跨国公司、国内中小企业和机构等80多家企业和机构参与，并面向各种类型的企业开放，通过与科研机构、产业界、农业协会等机构的合作形成了知识交换的合作创新网络。

作物健康与保护创新中心由洛桑实验站、纽斯卡尔大学、陶氏益农科技公司等16家单位合作组建和运营，主要通过开展国内和国际合作，致力于革新农田耕作与保护技术，减少害虫、病菌和杂草对农作物的威胁，提升农业生产的可持续性。来自全世界的500多位科学家组成的世界级合作网络为作物健康与保护创新中心提供了多样化的专业知识和经验，该中心利用合作网络快速地将新产品和新技术进行广泛的推广和应用。

农业工程精准化创新中心由苏格兰农业学院、克兰菲尔德大学、爱科农业机械公司等 8 家单位合作组建和运营，主要采用空间技术、卫星技术、自动化技术以及先进传感器技术提升农业生产力和可持续性。该中心通过与研究机构、产业界、风险基金合作，整合各方在研发和创新方面的专业知识、经验和资源，建立不同规模的孵化设施，并通过孵化设施对新的农业科技成果予以转化，同时在协同产业界开展农业食品链研发方面发挥"智库"的作用。农业工程精准化创新中心已经与 60 多家企业建立了商业合作伙伴关系，包括机械工程公司、大型超市等，在合作的过程中能够将最新的技术成果应用于农业生产实践。

每个农业创新中心自身均构成了一个全国性合作创新网络，同时畜牧业卓越创新中心、作物健康与保护创新中心和农业工程精准化创新中心又以农业信息技术和指标可持续发展中心为载体构建了全国性农业科技信息沟通与共享网络（见图 5-3），有效地实现了知识和信息在多方利益相关者之间的交流与共享，从而形成了一个跨主体、跨学科的全国性合作创新网络。

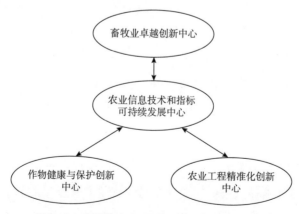

图 5-3　全国性农业科技信息沟通与共享网络

在农业技术战略的效果评估方面，为对农业技术战略的实施效果进行评估，原 BIS 在 2016 年 6 月发布了 *Agri-tech Industrial Strategy：Evaluation Scoping Study and Baseline*，该报告针对农业技术战略实施的特点提出了相应的评估方法，包括开展案例研究、产业界受益情况调查等，并基于此形成了包括技术战略的影响力和协调性、战略整体效果等五个方面在内的综合性评估框架，同时该报告也针对农业技术战略实施过程中应当收集的监测信息类型提出了相关建议。除此之外，该报告还充分考虑了农业技术创新的长周期特点，将农业技术战略效果评估的周期扩展至 2030 年，从而能够对战略实施带来的后期效应进行充分评估。从农业创新中心的运行情况来看，其对英国的社会经济发展和就业产生了显著的影响。截至 2021 年 12 月，农业创新中心为英国农业、生物技术行业带来的直接和间接经济价值达到了 2200 亿英镑，同时直接和间接提供就业岗位 520 万个。

（三）农业技术战略的融合特征分析

英国政府主导和实施农业技术战略的主要目的是有效地解决科学研究碎片化、科学研究成果难以实现商业化等问题。该战略的实施体现了英国政府通过改革和完善农业科技创新组织与管理模式推动农业科技创新的策略与思路。（1）该战略通过整合多个政府部门的资源和力量资助和实施农业技术战略以推动农业科技创新活动。由于农业技术战略涉及科学研究、技术转化和国际市场推广等多个方面，为整合现有的科技资源和加强战略实施过程中的有效协同，该战略由多个政府部门共同资助和协同开展实施，确保各个环节能够有效运行。同时由于参与实施该战略的机构涉及政府部门、农业类科研机构、农业类大学和产业界，涉及主体较多，英国政府专门成立了农业技术领导委员会以解决主体多样性可能造成的交叉协调问题。（2）该战略通过吸引产业界参与实现研发资金来源的多元化。为保证企业在农业技术战略实施中的主体地位，英国政府部门在实施农业技术战略的过程中明确规定了必须有涉农类企业的参与，并要求企业投入配套的研发资金。同时农业技术战略注重通过加大对农业技术研究和转化领域的资金投入，吸引和撬动产业界对农业科技研发的资金投入，在实施的过程中按照公共部门和产业界1：1的资金投入比例，实现了研发资金来源的多元化，同时也降低了企业独立开展农业研发活动的风险。（3）该战略有效整合政府部门、科学界和产业界的力量，推动农业类科研机构、农业类大学与产业界建立合作关系，尤其是推动中小企业的参与，通过合作研发解决研究力量分散和碎片化，科学研究与产业化、商业化难以有效衔接等问题，推动农业科技创新价值链的贯通。（4）多维度的评价考核体系更加注重价值导向。农业技术战略的选题来自产业界和社会的实际需求，绩效评价体系从短期、中期和长期三个维度进行考核，评价标准更加注重战略实施带来的经济价值和社会影响力，即更加注重价值导向。该战略实施通过价值导向引导农业类科研机构、农业类大学和产业界面向农业产业实际需求开展合作，确保了科研投入能够转化为社会和经济效益。（5）农业创新中心建立的跨主体、跨学科合作创新网络既能整合全国的创新资源，又能将创新成果推广到全国。农业创新中心采用的是开放式合作创新模式，在运营过程中注重发挥农业类科研机构和农业类大学在跨学科研究方面的优势，同时利用创新中心建立的全国性合作创新网络吸引了全国范围内的产业界力量和社会部门共同参与创新，既能够获取产业界和社会部门的农业技术需求信息，又能够有效提高创新中心的影响力，将创新中心的研究成果及时向全国推广。（6）农业创新中心按照公司制的方式运营，能够有效提高运行效率。虽然农业创新中心是由政府部门提供经费资助的，但政府部门只参与制定农业创新中心的发展战略，不参与具体的运营和管理工作。农业创新中心按照公司制的方式组建和运营，公司层面决定创新中心的研究方向，日常管理方面采用职业经理人的方式来运作，这有利于农业创新中心面向市场开展农业科技创新活动，提高资源配置效率和运营效率。

四　英国农业创新中心机制设计的特点

在信息效率方面，虽然农业创新中心是依托已有的农业类科研机构或农业类大学的科研资源或平台构建的，但农业创新中心是以公司制的方式运营的，农业创新中心的研发委员会也主要是由产业界所主导的，这就保证了农业创新中心以市场问题为导向，能够高效地获取农业市场需求信息，并对农业产业问题开展跨主体、跨学科研究。除此之外，各个农业创新中心还依托农业信息技术和指标可持续发展中心构建了全国性农业科技信息沟通与共享网络，提高了信息在各个主体之间的传递和共享效率。

在激励相容方面，政府部门与产业界在支持建立农业创新中心过程中按照1∶1的比例共同投入初始资金，在分担风险的同时实现了"利益绑定"，激励各方共同围绕农业产业问题开展技术创新活动。农业创新中心发展成熟之后以公司制的方式运营，这种运营方式一方面要以实现盈利为目标，自负盈亏，另一方面要通过持续开展农业技术创新扩大创新中心的社会和行业影响力，两方面相辅相成、相互促进。这种运营方式既有利于解决农业产业发展中的实际问题，又能够为创新中心和产业界带来经济效益，同时也能提高农业类大学、农业类科研机构等参与主体的社会影响力和知名度，并为其开展农业科学研究提供新的领域和方向。因此，英国农业创新中心的机制设计既能够实现农业类大学、农业类科研机构的科研目标和产业界的效益目标，同时也能够推动农业科技创新活动的有效开展和农业产业的发展，即能够较好地实现激励相容。

五　英国农业科技创新组织与管理中政府与市场的有机结合

英国政府部门在早期的科技创新管理方面呈现较为明显的市场自由主义特征。在2008年国际金融危机之后，英国科技能力较强而创新能力较弱的特征更加凸显，这一特征不利于科技与经济的结合。因此，英国政府部门在科技创新管理方面开始逐渐改变原有完全市场自由主义的做法，注重通过直接或间接的方式影响和引导市场创新活动，加快科技与经济的有效结合。

（1）在农业科技计划与政策制订方面，英国政府部门遵循市场规律，呈现了自下而上和自上而下相结合的特征。在国家层面的农业科技计划、科技战略制订中，中央政府部门根据国家战略需求自上而下地确定农业科技计划和农业发展战略，同时也注重面向社会和市场，自下而上地征集各方在农业科技计划制订方面的意见和建议，包括征集社会各界尤其是产业界代表的意见。在农业科研机构层面，通过成立包括产业界代表在内的理事会，面向市场需求设置科研计划和研究主题。因此，英国政府部门日益注重政府与市场相结合，使得国家层面的农业科技计划与政策、农业科研机构层面的科研选题都能够较好地反映社会以及产业界的市场需求问题。

（2）在农业科技创新活动组织与实施过程中，顶层体制机制设计、创新环境建设、新型农业科技创新组织与管理模式探索等方面均体现了政府与市场的有机结合。其中在顶层体制机制设计方面，为提升政府部门在创新方面的推动作用，将原研究理事会、原英格兰高等教育拨款委员会和原英国创新署合并组建为国家研究和创新署，整合了全创新价值链层面的资助资源，有利于实现创新价值链的贯通。在创新环境建设方面，政府部门结合市场的特点，面向市场制定和完善相关政策，完善创新环境。在新型农业科技创新组织与管理模式探索方面，英国农业科技创新力量相对分散，而市场自身在农业科技创新资源整合与组织协调方面存在不足。英国政府部门则发挥自身在整合农业科技创新资源和组织协调方面的作用，弥补市场在该方面的缺陷和不足。政府部门通过部分资金资助和政策支持的方式联合农业类科研机构、农业类大学和产业界共同实施农业技术催化项目并组建农业创新中心，并以市场化的方式运作，面向市场开展农业科技创新活动，定位于创新价值链的后端环节，致力于促进农业科技成果的市场转化，通过政府与市场的有机结合实现农业科技创新效率的提升。

（3）农业科技创新资源配置方面也呈现了政府与市场有机结合的特征。英国政府部门委托第三方科技管理部门对农业科技创新项目和经费进行管理和配置，能够有效减少政府部门对农业科技创新活动的影响和干预。政府部门以制度化的方式有效界定了农业类科研机构和农业类大学的研究定位，减少了重复性研究和资助。在资助实施方面采取稳定性资助和竞争性资助结合的方式，对农业类科研机构的资助以稳定性资助和委托研究资助为主，对农业类大学基础研究的资助则采用稳定性资助与竞争性资助相结合的方式。农业创新中心以政府部分资金投入撬动更多产业界资金投入的方式开展市场化合作，在此过程中政府部门更加注重引导产业界的资源投入与合作，并积极推动农业创新中心以市场化的方式运营，从而有效提高农业科技创新资源的配置效率。

（4）在农业科技创新成果产出评估方面，政府部门资助开展的农业科技创新活动在成果评估方面以市场需求为导向，注重社会影响力和市场经济效益评估，评估过程中注重社会各界尤其是产业界的共同参与，并将评估结果向全社会公开，以扩大农业科技创新成果的社会影响力，进而引导更多的市场力量参与农业科技创新活动。

六　英国农业科技创新组织与管理模式的融合特征分析

英国农业科技创新组织与管理模式主要呈现以下特点：外层维度方面，问题导向维度注重面向农业产业发展问题开展跨主体、跨学科研究，科技产出评估维度强化了社会影响力评估的重要性，有效引导农业类大学和农业类科研机构积极与产业界开展合作；核心维度层面，构建了以农业创新中心为核心的全国性跨主体、跨学科合作创新网络，整合了科学界、产业界等多方资源和力量共同开展跨主体、跨学科的农业研发与创新活动，加快了农业科技成果的推广和商业化。具体来看，主要表现在以下几个方面。

（一）农业科技创新的需求和问题导向

英国在农业科学基础研究方面拥有较强的实力，但在农业科技成果转化方面的能力相对较弱。为形成对社会和经济发展的支撑作用，英国政府和社会越来越注重农业科技创新的需求和问题导向，一方面，注重面向农业产业发展过程中的重点问题开展跨主体、跨学科研究，形成对农业产业发展的有效支撑；另一方面，注重农业科技创新价值链的贯通，积极推动农业科学研究成果转化为经济效益，使得农业科技创新能够成为推动经济和社会发展的重要动力。在需求和问题的信息来源渠道方面，在政府层面形成了产业界和社会部门参与农业科技计划制订的相关机制，在资助机构层面建立了产业界和社会其他领域专家共同参与科研选题的相关机制，在农业创新中心层面则构建了全国性市场需求信息来源机制。因此，从整体上来看，英国在农业科技创新组织与管理过程中构建了多层次的需求和问题信息来源渠道。

（二）政府部门注重发挥引导和协调作用

英国政府部门在农业科技创新组织与管理过程中注重发挥政府部门的引导作用和协调作用。在政府内部运作层面，贯彻和实施协同政府的理念，明确各个部门之间的职责和定位，强化议会对政府部门的质询与问责机制，从而加强各个部门之间的协同与合作（孙新峰和宋雄伟，2011）。在经费配置层面，政府部门通过有效的制度和政策引导资助机构、农业类大学、农业类科研机构和产业界共同开展合作，建立了有效的产学研合作网络，推动了农业科技创新活动的实施。同时各个政府部门通过明确自身的定位并在资助实施过程中做好衔接和协调，减少了机构重复资助，提升了农业科技资助的效率，同时也保证了农业科技创新价值链各个环节的畅通。在农业科技创新组织与实施层面，政府部门在引导各方共同实施农业技术催化项目和构建农业创新中心中起到了重要的组织和协调作用，通过经费资助和政策支持，推动农业类大学、农业类科研机构和产业界各方共同开展农业科技创新活动。

（三）依托农业创新中心建立了跨学科、跨主体的合作创新网络

英国的农业科学研究力量较为分散，涉农类企业也以中小型企业为主，这一现实条件决定了英国的农业科研机构或企业难以独立地开展农业科技创新活动。为解决研究力量碎片化以及科学研究与成果商业化难以有效衔接的问题，英国政府部门及资助机构除了采用以价值为导向的科技评价体系引导各方开展合作，同时还通过直接予以资助的方式支持全国范围内的农业科技创新主体合作开展科技创新活动。具体的资助方式包括支持各方合作实施农业技术催化项目和合作建立农业创新中心，重点支持私营部门参与和合作投资，以发挥产业界在农业科技创新中的作用。其中农业技术战略中的农业技术催化项目主要定位于农业科技成果转化的瓶颈问题，以加快农业科技成果快速实现市场化。农业创新中心以农业信息技术和指标可持续发展中心为核心，形成了跨主体、跨学科研究的合作创新网络，该网络整合的市场信息、技术信息不仅能够为科研机构开展研究活动、产业界开展创新活动提供新的方向或领域，同时也为政府部门进行科学决策、制定农业科技政策和农业产业发展政策提供依据支持和信息来源。这种实体化的农业创新中心通过网络化的方式整合了英国现有的农业科技创新资源，既有利于充分利用多方资源共同开展农业科技创新活动，又有利于将农业创新成果快速推广到全国。

（四）农业类科研机构内部的企业化治理模式

约翰·英纳斯研究中心、洛桑实验站等农业类科研机构均面向市场实施了机构治理方式的市场化改革。通过市场化改革，农业类科研机构建立了企业化的管理体系。农业类科研机构企业化的管理和运作模式既有利于

其面向市场开展农业科技创新活动，并提升农业科技创新资源的利用效率，同时也有利于农业类科研机构与产业界在农业科技成果转化方面进行有效的衔接，从而推动农业类科研机构与产业界开展合作创新，加快农业科技创新成果的商业化。

（五）基于创新价值导向的科技成果评价体系

在资助机构层面，注重采用以价值为导向的科技成果评价体系引导农业类大学和农业类科研机构积极与产业界合作开展价值创造活动，以扩大经济和社会影响力。在农业科技创新的执行层面，农业类大学、农业类科研机构在以价值为导向的评价体系的引导下能够主动与产业界开展合作，且合作形式较为多样化。农业类大学和农业类科研机构通过开展多种形式的合作创新活动既扩大了自身影响力，同时也提高了农业科技创新效率。

第二节　美国的农业科技创新组织与管理模式

美国是世界上农业生产力最发达的国家。作为世界上最大的粮食生产国和出口国，美国从事农业生产的人口占比不到1%，农业产值占美国经济的1.2%左右，其粮食产量约占世界粮食产量的20%，出口量约占世界粮食出口量的40%。美国能够以较少的农业劳动力产生较高的农业产值，其原因除了美国有着较好的耕地资源和自然资源，主要得益于美国政府对农业科技研发的大量投入、有效的农业科技创新管理体系以及持续性农业科技创新活动对农业产业发展的推动。

一　美国农业科技创新管理的相关主体

从美国的科技决策与管理体系来看，基于美国独特的政府行政管理体制，美国联邦政府没有设立专门统一管理科技发展的职能部门，其科技创新活动的管理职能分散在不同的联邦政府部门。因此，美国联邦政府从体制和机制两方面入手加强对各个部门的组织与协调。在体制方面，在顶层设计层面设置了高级别的总统办事机构和跨部门委员会，包括科技政策办公室、国家科学技术委员会、总统科技顾问委员会等机构，这些机构在共同协商参与联邦研发预算、制定重大科技创新政策和协调实施重大科技计划等方面发挥了重要作用。在机制方面，设计有效的财政控制和绩效管理工具，建立具有强约束力的部门协调配合机制，如《政府绩效和结果法案》从立法上对美国政府部门的行政管理绩效进行了规范，其评估方式从原来的"投入—产出"转变为"目标—结果"。联邦政府根据各个部门的任务目标和实际完成情况进行绩效评估，同时也强调跨部门的目标和指标，包括跨部门关系的确认、跨部门合作的领导协调机制、跨部门信息共享机制、跨部门合作的激励机制四个要素（张义芳，2014），该法案的实施对执行部门形成了"倒逼"压力，因此，这一目标考核导向也推动了政府部门之间为共同完成目标而开展的合作与协调。

美国农业科技创新资助与管理体系如图5-4所示。美国直接负责农业科学研究和农业产业发展的部门是农业部。美国农业部成立于1862年，1977年美国国会通过的《全国农业研究、推广和教育政策法》确定将美国农业部作为负责全国农业科学研究工作的联邦级主要机构，同时也是农业科学研究的主要资助部门。2008年美国国会通过的《食品、环保与能源法案》对原有的农业科研管理体系进行了调整，农业部重组并成立了研究、教育与经济办公室，下设农业研究局、食品与农业研究所、农业经济研究局和农业数据统计研究所，统一负责全国的农业、食品安全、农业经济等领域的研究、教育和推广等工作。其中农业研究局成立于1953年，是直接隶属于农业部的农业类科研机构，也是农业部下设的最大的科研机构，拥有研发人员2000多人。在机构设置方面，农业研究局依据美国不同区域的生态环境和自然条件，将全国划分为五个研究区域，在每个区域设置了隶属于农业研究局的科研机构，各科研机构根据所在区域的具体情况设置相应的研究中心和试验站，这些研究中心和试验站主要结合当地农业产业的特点开展相关的农业研究，并将地方的相关信息及时反馈至农业研究局，从而形成了覆盖全国的农业科研网络。按照《食品、环保与能源法案》的相关要求，新成立的食品与农业研究所替代了原州际合作研究教育与推广局。食品与农业研究所本身并不直接从事农业教育、科研和推广工作，其职责主要是对赠地大学体系及其合作机构在农业教育、科研与推广领域进行协调和资助，以推动农业、环境、健康等方面知识的研究与推广，在此过程中协同各州开展农业科研和技术推广工作，同时还在国家农业科技政策制定方面发挥着重要的作用。农业经济研究局主要负责汇集全国农业经济方面的相关信息和资料，在农业经济发展方面开展相关的政策研究，并为农业部制定农业、农村经济发展方面的政策和决策提供依据。农业数据统计研究所主要负责收集、整理和发布各州及全国的农业统计信息，并对农产品生产和价格等进行预测。美国的农业科技管理与资助由农业部统一主导，即由农业部对全国农业类科研机构和农业类大学进行管理、协调和资助，联邦政府通过农业部为各州地方政府提供农业科研经费。

除了农业部，对农业科技进行资助的部门还包括国家科学基金会、能源部等相关部门。其中国家科学基金会主要支持科学技术各领域的基础研究，是美国仅次于国立卫生研究院的第二大科学研究资助机构，其资助的研究项目主要以同行评议的方式进行评审，除了以项目的形式资助科学研究，还设立了人才培养和科学设施计划。在农业科学研究方面主要资助植物基因组计划、生命科学和物质科学交叉领域等方面的基础研究。能源部主要负责资助和管理与能源相关的研发工作，在农业相关的科学研究方面主要支持能源作物和耕作系统，生物能源技术，相关生态系统及地球观测，系统生物学与水、能源、土地和农业相关的科学技术研究。

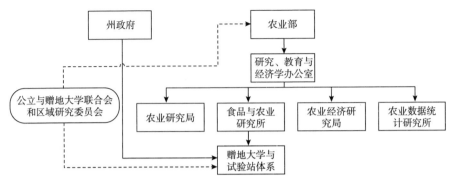

图 5-4　美国农业科技创新资助与管理体系

除了上述政府部门，美国农业科技创新的重要参与主体还包括国家科学院、国家工程院等非政府组织机构。其中国家科学院是由知名科学家组成的非营利性自治科学组织，也是美国联邦政府部门的重要咨询机构。国家科学院主要通过国会向联邦政府部门提出政策咨询建议，且提出的建议往往会对政府部门制定相关政策产生重要影响。

美国农业科技创新的执行主体主要包括公立农业科研机构和私立农业科研机构两大部分。其中公立农业科研机构包括联邦层面和州层面两大体系，联邦层面是以农业部下属的农业研究局为主的联邦农业研究体系，州层面是由食品与农业研究所统一协调的赠地大学及其附属的农业试验站体系。私立农业科研机构主要是大型种子公司、农业机械公司、食品加工公司等涉农类企业下属的研究机构或试验站、民间基金会或协会兴办的农业研究机构等，其中具有代表性的涉农类企业包括孟山都、杜邦先锋、陶氏益农等大型集团，这些企业是美国产业界开展农业科技创新活动的代表。

二　美国的农业科技创新管理体系

（一）农业科技计划的制订与问题导向

在中央层面农业科技计划制订的需求信息来源方面，美国形成了有效的协调与沟通机制。从机构层面的角度来看，首席科学家办公室统一负责农业部内部各个机构之间以及农业部与其他联邦研究机构之间在农业研究相关问题的协调与沟通。如早在 2012 年首席科学家办公室就联合农业部及其他联邦研究机构共同确定了全球粮食供应与安全、营养与儿童肥胖、自然资源的可持续利用等七个与农业相关的优先研究课题（郑小玉和刘冬梅，2020）。从自下而上的角度来看，美国在农业科技计划制订方面形成了广泛的需求信息来源机制。利益相关者可以通过正式和非正式机制影响农业科技计划的制订，其中正式机制主要是利益相关者通过国家农业研究、推广、教育和经济咨询委员会提出针对农业科技计划制订的相关意见和建议。非正式机制则主要是利益相关者通过游说等非正式方式提出针对农业科技计划制订的相关建议。农业科技计划的制订也注重问题导向，如农业部在 2020 年发布的《美国农业部科学蓝图——2020 年至 2025 年科研方向》中明确强调要进一步面向农业产业需求开展技术研发，并进一步加强基础研究与应用研究、成果转化之间的衔接。

在农业科技计划制订方面，农业研究局主要以国家研究计划的形式实施，每个国家计划下面又包含多个研究项目。如在 2016~2018 财年，农业研究局共实施了 17 个国家计划，包含大约 750 个研究项目。农业研究局在制订国家研究计划的过程中遵循着"相关性、高质量、影响力"三个原则，即国家研究计划必须与优先级别最高的问题研究相关，科学研究的过程必须实施高质量的严格控制标准，研究成果应当对相关问题的解决产生显著的影响。为加强对国家研究计划制订和实施过程的管理和指导，农业研究局成立了国家研究计划办公室，国家研究计划办公室包括 24 名来自不同学科并具有专业经验的项目专家，负责保证国家研究计划战略的有效执行，解决影响美国农业产业发展中的关键问题，同时办公室采用跨学科合作的方式开展工作，以实现项目实施过程中的学科融合（张昭和杨礼胜，2011）。

为推进农业跨学科研究，国家研究计划办公室组织成立了国家研究计划跨学科项目小组，由国家研究计划跨学科项目小组负责组织召开国家研究计划项目研讨会，以获取和征求来自各方代表的信息和观点。参加研讨会的成员具有较强的代表性，包括客户、利益相关者、合作伙伴、农业研究局的科学家和管理人员等。研讨会通过协商与讨论的形式共同确定国家研究计划项目的研究主题，之后再由国家研究计划跨学科项目小组与各个研究领域的科研人员共同确定项目的详细研究计划。为了保证计划项目的完成质量，科学质量评价办公室统一负责对国家研究计划项目的整个实施过程进行严格的监督和考核。国家研究计划项目的执行者每年需要完成一份年度报告并将报告提交给国家研究计划跨学科项目小组。

(二) 农业科技创新的资助方式

美国农业科研经费来源相对较为多元化，主要包括政府公共经费和私营部门经费两大类，其中政府公共经费包括联邦政府经费投入和州政府经费投入，私营部门经费包括产业界经费投入和风险投资。目前私营部门经费投入约占农业科研经费总投入的60%以上，是美国农业科研经费投入的主体。

美国联邦政府对农业科研经费的投入主要分为四个部分，第一部分是国家对农业部下属的相关科研机构和农业研究局的经费投入，该部分约占农业科研经费总投入的一半；第二部分是对各州地方研究机构、试验站的经费投入，主要用于地方应用型农业研究；第三部分是竞争性项目拨款，主要用于资助国家研究计划或小型的独立项目；第四部分是特别计划或项目拨款。为保障农业科研经费的投入，美国国会在农业立法中规定，各个州政府应当提供与联邦政府拨款数额相等的资金用于该州的农业科研，这就从法律方面有效保障了州政府对农业科研的经费支持（路亚州，2012）。

具体来看，作为美国联邦政府实施农业科学研究的中央级研究机构，农业研究局每年从联邦政府获取的科研经费大约为11亿美元，占联邦政府农业科研经费总投入的一半左右，其所承担的农业科学研究项目约占美国农业公共研究任务的40%。农业研究局获取的这些经费属于稳定性经费支持，除了这些稳定性经费，农业研究局还通过向国家科学基金会、能源部、交通部等部门申请获取竞争性项目经费，以及通过签订协议的方式与产业界开展合作并获取相应的资助。

在对赠地大学的资助方面，食品与农业研究所采用的资助管理方式主要包括竞争性资助、按照法定程序拨付的能力建设资助、非竞争性资助等。其中竞争性资助机制主要资助农业研究、推广和教育领域的基础性或应用研究项目，竞争性资助机制可以在全国范围内吸引相关科研机构、组织或个人参与竞争，之后通过严格的同行评议选出质量较高的机构、组织或个人开展科学研究。能力建设资助机制也被称为公式化资助机制，依据各州的农村人口、农业人口和贫困率等指标计算和分配经费，主要是给予赠地大学体系及其合作机构的稳定性经费支持，以提升其在开展农业研究和推广活动方面的能力和水平。这部分经费拨付给赠地大学之后，由农业试验站的主管自主支配。非竞争性资助机制也称为专项经费资助机制，是由国会对指定的州立或区域科研机构某些重要的研究主题直接提供资助的方式。

除了政府部门对农业科技创新的资助投入，产业界也是美国开展农业科技创新的重要资助主体。产业界对农业科技研发的投入在 20 世纪 80 年代超过了公共研发部门的投入。在投入结构方面，随着公共研发部门对农业相关新兴学科基础研究的不断完善，这些公共研发投入为产业界创造了新的商业机会。如近年来公共部门对基因组学、蛋白质生物学以及生物信息学等学科的研究不断深入，学科体系逐渐成熟，产业界在这些新兴领域的应用研究与开发投入也在不断增加（王世群，2013）。产业界的经费主要分为三部分，第一部分主要投入企业内部设立的科研机构，第二部分由企业直接支持地方的赠地大学、综合性大学以及农业试验站，第三部分则由企业界或农业行业协会共同设立研究基金，通过研究基金资助大学或地方试验站共同开展合作研究。

（三）农业技术研发定位与组织协调

公共部门和私营部门在农业技术研发方面有着不同的定位。在国家层面，联邦政府直属的农业类科研机构（主要是农业部下属的农业研究局）主要负责难以直接产生经济效益但关系未来国家农业科技发展的以战略性、产业共性技术研究为主的研究项目。同时根据全国不同区域的生态特点设立了区域性研究中心，这些区域性研究中心主要负责地区性农业研究工作以及农业高新技术相关的开发与推广工作。在州一级层面，州立大学一般设有农业试验站，同时州立大学与州政府合作建立了农业技术推广中心，试验站和推广中心主要负责基础研究、服务于地方农业发展的应用研究和农业技术的推广工作。在产业界层面，美国大型的涉农类企业一般建有研究中心或试验站，在新型农产品和农业技术研发方面投入的力量较大。企业主要投资于具有较大市场潜力、利润较高、能有效实现转化、能在短期内获得经济效益并最终实现新技术和新产品商业化的农业类研发项目，如动植物的育种、农业化工、农业机械等相关项目的研发。

美国的科技创新资助与管理职能分散在多个部门，因此推动农业科技创新活动需要加强各个部门之间的组织与协调。在政府部门的协调方面，美国联邦政府除了在顶层设计层面建立了高级别的协调机构以发挥高端协调指导作用，同时还注重在具体执行层面建立和设置专门的协调机构开展日常协调工作。其中农业研究局下设的科研管理委员会在农业部所属研究机构、联邦政府部门和各个州政府部门之间发挥着重要的沟通和协调作用，从而能够有效避免政府部门的重复立项和研究机构的重复研究。与此同时，政府部门还明确了联邦政府和州政府在进行农业科研与推广方面的职责与定位，全国战略性和紧迫性农业研发项目通常由联邦政府承担，州政府主要承担应用研究和技术推广（王安国等，2003）。

除了政府部门、资助机构之间的组织与协调，为加强对不同农业科技创新主体之间的组织与协调，尤其是实现赠地大学体系与政府部门、科研机构、产业界之间的协调，食品与农业研究所采用了"三位一体"的资助和管理模式（见图5-5），即整合和协调研究、教育和推广三方面的资源和力量，保证科学研究成果能够走出实验室，最终得到有效推广并应用于实践。广泛的合作伙伴关系是食品与农业研究所"三位一体"的资助和管理模式的核心，合作伙伴包括联邦政府机构、大学、非营利机构、商业组织、民间基金会、农业协会等，其中赠地大学体系是食品与农业研究所主要的合作伙伴。在政府部门合作层面，食品与农业研究所与联邦政府其他部门之间的合作可以有效提升其在项目资助方面的能力、经验和专业水平，也能够将农业领域的相关信息及时反馈和扩散到联邦政府层面，在联邦政府制定农业科技政策的过程中发挥重要作用。在大学合作层面，食品与农业研究所专门建立了区域联络员制度以加强与各地赠地大学之间的沟通与合作，正是通过这些分布在全国各地的赠地大学，食品与农业研究所才能够将农业科技创新资源和成果配置和推广到全国。在产业界合作层面，食品与农业研究所与产业界的合作可以撬动涉农类企业的研发资源以共同开展农业研发与技术创新活动，共同解决农业产业发展过程中遇到的问题与挑战，同时也能够使农业类科研机构、赠地大学的研究成果实现商业化。

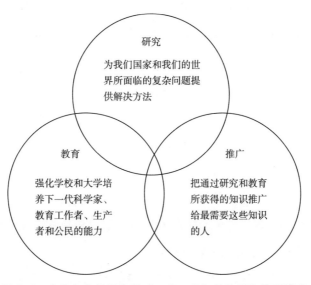

图5-5　食品与农业研究所"三位一体"的资助和管理模式

（四）农业科技创新价值链的贯通机制

（1）合作创新促进农业科技创新价值链贯通。美国非常注重科学界与产业界之间的相互合作，形成了推动农业科技创新的合作网络，使农业科技成果及时得到有效转化，有效推动了农业产业和经济的发展（Wang et al.，2013）。在明确公共部门和私营部门职责定位的基础上，公共部门和私营部门形成了良好的产学研合作网络关系，新产品或新技术的基础研究由赠地大学或农业研究局完成之后，交由地方研究机构或试验站进行进一步的应用研发和中试，之后交付涉农类企业进行商业化，或者由推广机构向农业协会或农户进行推广。同时，涉农类企业或农业协会在生产或销售产品的过程中遇到技术或者产品需求问题时，能够将这些问题或需求反馈给赠地大学和农业试验站，并通过涉农类企业或农业协会设立的研究基金与赠地大学、农业试验站开展合作。赠地大学和农业试验站的研究人员也会根据这些问题或需求的反馈确定新的研究方向或探索新的研究领域，并向农业部、国家科学基金会等部门提交新的研究课题申请，形成新的研究项目，从而推动农业科学研究的发展，在此基础上形成"农业科学研究—产品与技术研发—成果转化与推广"这一农业科技创新的良性循环机制。

（2）技术转移与技术推广促进农业科技创新价值链贯通。美国国会在1980年通过《大学和小企业专利程序法》《技术创新法》，在1986年通过《联邦技术转移法》，有效调整了产业界和科学界之间的关系，引导产业界与赠地大学、农业类科研机构开展形式多样的合作研发与创新活动。大型涉农类企业一般设有单独的研究中心或实验室，在开展研究工作的同时及时跟踪和了解大学、科研机构在农业科学研究方面的最新进展情况，并建立技术转移办公室，通过购买大学或科研机构的专利开发农业新产品或新技术。除此之外，产业界也会联合大学、科研机构成立合作联盟或者研发中心，共同开发农业新产品或新技术。

农业研究局在各区域的研究中心都设有专门的科技成果转化办公室，

负责科技成果在各个地区的推广和转化工作。除此之外，《联邦技术转移法》建立的合作研发协议机制对促进农业研究局与产业界合作发挥了重要作用。在加强与产业界的合作方面，农业研究局与产业界通过签订合作研发协议形成了有效的合作机制，这种制度安排使得农业研究局与产业界之间形成了紧密的商业化合作关系。以 2012 年为例，农业研究局与产业界签订了 257 份合作研发协议，共向产业界授权有效专利 384 项，这些商业化合作项目主要涉及气候变化、生物能源、食品安全、病虫害防治等方面。在具体的实施过程中，农业研究局可以从产业界获取研发经费的支持，同时农业研究局的科研人员也能够与产业界的研发人员共同开展研究，这一方面能够使农业研究局的科研人员更加了解产业界对农业技术的需求，另一方面能够使农业研究局的相关技术和研发成果快速地进入市场并产生经济效益。

（五）农业科技创新成果绩效评估

在农业科技创新绩效评估方面，国家研究计划项目结束时，国家研究计划跨学科项目小组将对各个计划项目的实施情况进行回溯性整体评估。评估的目的包括两个方面，一方面根据外部相关专家和代表的反馈意见检验项目是否按照原有的计划予以实施，如学术机构的专家、政府机构的管理人员和其他利益相关者的反馈意见；另一方面根据各方专家和利益相关者的反馈意见为下一轮研究项目的设计和实施提供改进借鉴。具体来看，评估主要包括年度项目进展报告和回溯性评议，其中，年度项目进展报告主要包括科研项目的研究进展情况、项目研究进展所产生的社会影响力以及研究的成果发布与出版情况等。回溯性评议是对 5 年期的研究计划进行总结性的评价，回溯评议小组主要从验证科学研究项目成果的影响和需求相关性两个方面进行评议，一方面将实际研究成果与原研究计划进行对比，对原研究计划的完成情况进行综合评议；另一方面为未来进一步改进和完善农业科学研究计划提出相关建议。

三 美国基于融合理念的农业科技创新组织与管理模式探索与实践

（一）赠地大学与试验站组织与管理模式

美国各州的农业类科研机构以赠地大学及依托赠地大学建立的农业试验站为主。1862 年《莫里尔法案》规定由联邦政府向各州赠拨公有土地，要求各州政府利用这些赠拨的公有土地及依靠土地获取的收入在各州建立至少 1 所以讲授农业知识为主的学院。根据这一法案，美国在当时共建立了 57 所赠地大学（刘晓光和董维春，2012）。1887 年联邦政府颁布了《哈奇法案》，该法案要求由联邦政府资助各州依托赠地大学建立农业试验站，同时该法案也明确规定了农业试验站的主要职责。农业试验站在赠地学院的管理和指导下主要从事与各州地方农业生产相关的研究，在此基础上为农民开展农业生产活动提供服务，同时农业试验站在研究方向上接受农业部的指导（廖成东和李建军，2015）。为加快农业科研成果在农业生产领域的推广和应用，联邦政府于 1914 年颁布了《史密斯－利弗法案》，该法案规定联邦政府资助各州依托赠地大学建立农业技术推广中心，同时与每个县合作建立一个农业技术推广站，各州赠地大学与农业部、州政府合作共同开展农业技术的推广工作。在农业技术推广站设置方面，各州的农业技术推广站隶属于赠地大学，这种设置方式有利于加强农业科技研发与农业科技推广之间的衔接，提高农业科学技术成果转化的速度和效率（邵小通，2013）。基于以上法案，美国形成了由联邦政府、州政府共同资助，以赠地大学为中心开展农业教育、科研和技术推广"三位一体"的农业科教推广体系。

在经费来源方面，赠地大学及农业试验站体系的经费主要来自联邦政府、州政府和产业界三个层面。在联邦政府层面，除了从食品与农业研究所获取的竞争性资助、按照法定程序拨付的能力建设经费、非竞争性资助等，同时赠地大学还可以向国家科学基金会、能源部、环保署等其他联邦机构申请竞争性经费。在州一级层面，州政府对农业试验站的预算拨款在试验站经费来源中占比最高，比例为 55%~60%，主要用于支持与本地区农业生产活动相关的科研、教育及推广活动。赠地大学及农业试验站体系承担的农业科学研究约占美国农业公共研究任务的 60%（庞辉，2012）。

在组织与协调方面，各州的赠地大学及农业试验站除了由农业部下属的食品与农业研究所统一资助、协调和管理，美国公立与赠地大学联合会和区域研究委员会等社会中介机构在组织与协调方面日益发挥着重要的作用。其中农业试验站站长可以通过公立与赠地大学联合会这一渠道向农业部提出农业研究项目、农业科技计划预算等方面的相关意见或建议，部分意见和建议在经过农业部和预算与管理办公室的审议和修改之后会提交国会审议。区域研究委员会按照地理位置将全国划分为东北、中北、西部和南部四个区域，每个区域成立一个区域研究委员会。区域研究委员会的参与人员主要是农业试验站的相关人员，主要负责区域内的信息统计、项目评估和区域间的工作联系与协调。包括公立与赠地大学联合会和区域研究委员会等在内的社会中介机构的组织和协调一方面减少了政府对农业科学研究的行政干预，保持了赠地大学和农业试验站的科研独立性；另一方面有利于发挥赠地大学和农业试验站的积极性和创造性。

在内部管理与运作方面，大多数情况下赠地大学的院长同时也兼任各州农业试验站的站长和农业技术推广站的站长，这有利于保证各州在农业科研、教育和推广方面的协调运作。这一模式使得赠地大学集科研、教育、服务推广三种职能于一体，避免了组织部门之间职能分散而造成的沟通不畅和低效运行，同时也消除了科研、教育、服务推广各个职能之间的隔阂，较好地解决了农业科学研究与农业产业发展难以有效结合的问题。依托赠地大学及农业试验站实施的农业科研、教育、服务推广"三位一体"的农业科教推广体系要求赠地大学的教职人员同时承担科研、教育、服务推广三方面的任务，否则将难以获得晋升机会，同时也对教职人员在科研、教育、服务推广三方面工作时间的比例进行了设定（赖作莲，

2010)。在具体的实施过程中，"三位一体"的农业科教推广体系一方面有利于农业科研人员将最新的农业科研成果及时地推广到农业生产过程中，加快农业科技成果的转化和推广速度；另一方面有利于科研人员及时发现和收集农业技术推广过程中存在的共性问题以及农业生产过程中的实际需求，并及时将相关信息反馈至农业科研及相关管理部门，从而有利于申请和设置新的研究课题或修改和完善既有的研究议程，加强农业科技创新价值链各个环节的衔接，形成农业科研、教育与推广的良性循环。

在科研组织模式方面，随着农业产业发展朝向复杂性和综合性的趋势日益明显，赠地大学及农业试验站逐渐开始向跨学科、多元化和综合性的方向发展，许多赠地大学及农业试验站成立了跨学科的研究部门。赠地大学的科学研究也逐渐朝着跨学科融合的方向发展，如康奈尔大学为解决目前的环境和能源问题，集合了包括生物和环境工程、植物科学、应用和工程物理学、分子生物学等多个学科的科研人员，共同成立了生物能源实验室，来自不同学科的科研人员通过开展跨学科研究将农作物和木本植物转化为可再生能源，该项目也获得了农业部和能源部的共同资助。

（二）面向未来问题与挑战的农业科技创新组织与管理模式探索

为应对未来农业发展面临的新问题与挑战，保持美国在农业科技创新领域的世界领先地位，美国总统科技顾问委员会在 2012 年发布了题为"Report to the Presidenton Agricultural Preparednessand the Agriculture Research Enterprise"的报告。该报告分析了农业科学研究在病虫害防治、水资源利用、气候环境变化、粮食及食品安全等方面所面临的问题与挑战，同时也指出了美国农业科研现有的两大缺陷，即通过竞争机制分配的农业科研经费占比过低和公共研发部门与私营部门开展的农业研发活动存在较多的重叠部分。基于此，该报告建议建立新的农业科技创新生态系统，提出联邦政府应提供更具竞争性的农业科学研究基金，同时提出由政府部门主导，整合政府部门、农业类科研机构或农业类大学、产业界的相关资源和力量，创建由公共部门和私营部门合作共同经营的跨学科农业合作创新机构，以应对农业科研领域的新挑战，并建议农业部加强与国家科学基金会、能源部等相关部门之间的沟通与协调，共同支持和监督跨学科农业科研机构的建设和运行。

依据该报告，美国在《2014 年农业法案》《农业部 2015 财年预算》《农业部 2016 财年预算》中均提出了加强竞争性农业公共研发支持和建立跨学科农业研发机构的计划和措施。其中《2014 年农业法案》授权成立了食品与农业研究基金会，该基金会是独立于农业部的农业研究资助机构，以非营利团体的形式独立运作。在经费来源方面，国会为该基金会拨款 2 亿美元作为启动经费，同时通过公共部门和产业界的募集以及接受私人捐赠等方式获取外部资金的支持，在具体资助的过程中要求参与项目的相关机构必须提供配套的经费。美国联邦层面已有的农业类资助主要是政府部门针对农业基础研究和应用研究活动提供的资助，而该基金会主要采用公私合作的资助方式支持农业科技创新活动，以促进联邦政府、州政府、农业类大学、农业类科研机构、产业界及非营利机构之间的合作，是对联邦层面已有农业类资助方式的有益补充。在具体的运营过程中，基金会实行理事会管理模式，理事会成员包括政府部门、科学界和产业界的多方代表，这些代表在农业科技资助、农业科学研究、成果转化及市场化推广等方面拥有较强的专业知识，从而保证了农业研发成果能够及时、顺利地实现商业化推广。

2014 年 5 月，美国国会批准了《农业部 2015 财年预算》中关于成立 3 个跨学科农业类科研机构的相关预算，计划成立由公共部门和私营部门合作资助的跨学科农业科研机构，以应对和解决农业发展过程中面临的新问题和新挑战，利用杠杆融资的方式吸引和撬动私营部门的资金参与，从而加快农业产业开发和农业技术转移转化，其中联邦政府将在 5 年内至少每年为每个机构投入 2500 万美元的研发启动经费。首批建设的 3 个跨学科农业类科研机构主要围绕授粉和授粉动物健康、生物制造和生物产品开发、抗微生物药物耐药性研究 3 个领域开展研究。在具体的建设过程中将依托现有的科研机构、大学或企业创新平台组建跨学科研发团队，整合政府部门、农业类科研机构或农业类大学、产业界的相关资源和力量共同参与开展合作研发与创新活动。参与该跨学科研发平台建设的机构需通过竞争的方式进入，依托已有的设施和平台建设跨学科研发机构可以减少对研发硬件、平台设施的重复投入，从而能够将更多的资金和资源投入项目研究和研发能力建设方面。

为进一步提升美国农业科技创新能力，2018 年美国政府在《2018 年农业提升法案》中提出要设立农业高级研究和开发试点，针对农业产业发展中的现实问题建立跨学科研究团队，并建议在未来建立农业高级研究开发局，针对农业先进技术进行综合性、跨学科研发。2019 年，美国国家科学院、工程院和医学院联合发布了题为 "Science Breakthroughs to Advance Food and Agricultural Research by 2030" 的报告，该报告认为，农业属于复杂巨系统，农业面临的问题也日益复杂和综合，依靠传统的科学研究方法难以有效应对未来的农业问题和挑战。结合农业发展趋势和科学研究范式的演变，该报告将融合理念引入农业科技创新活动中，认为农业产业发展一方面需要依赖生物技术、数据科学、信息技术、工程技术、基因组学等多个学科的知识进行跨学科合作与研究；另一方面需要推动农业科技创新领域的利益相关者合作，形成良好的农业科技创新生态，加快农业科技创新成果转化。针对融合理念的引入，该报告认为美国相关部门已经开展并支持相关跨学科研究项目，包括国家科学基金会部分创新项目、农业部可持续农业系统竞争性项目等，但这些支持项目存在周期较短、跨学科支持力度不足等问题。该报告提出，应当进一步加大对面向具体问题的农业跨学科、跨主体协作创新项目的支持力度，将不同学科、不同主体以及农业科技创新过程均融入农业活动中，从而将科学发现、技术创新和激励措施结合起来，加快推动农业产业发展。同时基于以往旨在解决特定问题并采用跨学科协作方式建立研究中心的相关经验，该报告建议建立大型的、长期支持的（如10年以上）深度跨学科研究中心，并依托跨学科研究中心针对特定的农业问题开展综合性融合研究。在具体实施的过程中，需要对知识基础设施等方面进行持续性投资，以发展一支能够基于跨学科团队开展融合研究的研发队伍。同时还需要建立相应的合作机制，以促进建立多方参与的公私合作伙伴关系，并使公众能够参与粮食和农业研究过程。

四 美国赠地大学与试验站体系的机制设计特点

在信息效率方面，以赠地大学为核心的"三位一体"的农业科教推广体系形成了"自上而下"、"自下而上"和"横向联合"相结合的信息传递和共享机制。从"自上而下"的角度来看，农业部根据国家战略需求制订农业科技计划或战略，并对各州的赠地大学及农业试验站的研究方向进行指导，具体的资助、协调和管理则由农业部下属的食品与农业研究所统一负责，从而有利于农业科技计划或战略的统一协调、组织与实现。从"自下而上"的角度来看，赠地大学及农业试验站面向当地农业生产问题开展研究，并能够及时发现和收集农业技术推广过程中存在的共性问题以及农业生产过程中的实际需求问题，这些问题和需求信息可以通过公立与赠地大学联合会这一渠道"自下而上"地向农业部提出关于农业科技计划等的意见或建议，其中部分意见和建议经过农业部和预算与管理办公室的审议和修改之后提交国会审议，最终被纳入全国性农业科技计划或战略。从"横向联合"的角度来看，各个区域之间的赠地大学及农业试验站通过区域研究委员会实现信息沟通和共享，有利于各州的赠地大学及农业试验站之间以及赠地大学及农业试验站与产业界之间开展合作研发。除此之外，从体系内部的角度来看，赠地大学及农业试验站体系将科研、教育、服务推广三种职能整合为一体，使得农业科研、教育、服务推广各个职能之间的信息隔阂被打破，提高了农业科技创新价值链各个环节之间的信息效率，推动了农业科学研究与农业产业发展的有效结合。

在激励相容方面，从宏观层面来看，美国科技创新的机制设计主要包括《拜杜法案》等，《拜杜法案》赋予科研机构、大学以及科研人员对发明创造拥有专利权，这种制度设计有效提高了科研机构、大学以及科研人员开展科学研究并将科学研究成果进行转化的积极性，同时也促进了政府、科研机构、大学、产业界之间的合作，并推动了"企业缴纳税款——政府资助科学研究——政府委托科研机构、大学开展科学研究——多方合作开展成果转化——政府收税并进一步资助科学研究"的良性循环。从微观层面来看，赠地大学及农业试验站体系面向当地的农业生产开展科学研究工作，在实施过程中要求教职人员应同时承担科研、教育、服务推广三方面的任务，同时也对教职人员在科研、教育、服务推广三方面工作时间的比例进行了设定，并且这三方面的工作均与职称晋升挂钩，这一做法有效提高了赠地大学及农业试验站体系的教职人员面向当地农业生产开展科研、教育、服务推广工作的积极性，从而能够有效实现激励相容。

五　美国农业科技创新组织与管理中政府与市场的有机结合

美国政府部门历来强调和重视市场在经济发展中的重要作用，但政府部门在推动经济发展尤其是实施经济调控方面的作用不可或缺。在科技创新方面，美国形成了与其三权分立的政治体制相适应的科技体制，美国政府科技创新管理的职能虽然分散在多个部门，但是行政、立法、司法三个相对独立的系统均根据其自身的职责要求不同程度地影响和参与了科技政策制定和相关科技管理工作。美国政府部门在实施科技创新管理的过程中主要通过市场机制、法律制度等对科技创新活动进行引导和规范，同时政府部门通过科技政策制定、科技经费分配、科技项目咨询、科技创新平台构建等多种方式支持科技创新活动的开展（王宏杰，2018）。其中行政部门对科技创新管理的影响最大，主要通过科技创新政策制定，组织实施科技创新项目，支持大学、科研机构和产业界开展研发与合作，政府采购等方式推动科技创新。立法机构则主要通过对科技创新活动的立法权、科技创新项目的拨款权以及行政部门科技经费的审批权保障科技创新活动的顺利开展，同时其内部设立的负责科技事务的专业委员会有权对科技创新项目的实施进行质询。

在农业科技创新方面，基于农业科技创新的公共性、外溢性等特点，美国政府部门长期以来一直注重对农业科技创新的支持，同时注重通过政府与市场有机结合的方式推动和开展农业科技创新。美国农业科技创新相关制度体系在不断的发展和完善，农业科技创新过程中政府与市场之间的关系也呈现动态的发展变化特征。如在知识产权制度完善之前，私人投资的农业技术研发成果的部分收益会外溢到社会层面，社会从农业科技研发中获取的福利较高，而私人投资获取的收益则相对较低，导致美国产业界在农业科技研发投入方面的动力不足。而随着知识产权制度体系的逐步完善，私人投资的农业研发成果受到专利制度的保护，技术研发成果外溢到社会层面的收益减少，私人研发投资获得的收益提高，产业界投入农业科技研发的动力得到激励和提升，市场在农业科技创新方面发挥的作用也逐渐加强。除此之外，美国政府部门也会根据不同时期农业科技创新发展的特点制定差异化农业科技政策，同时在制定农业科技创新政策过程中，注重引导产业界参与农业科技创新活动，并避免公共科研部门介入农业技术应用研发和商业化等环节，有效实现了政府与市场的有机结合。

（1）在农业科技创新的问题导向方面，美国政府部门在农业科技发展趋势评估、农业科技信息获取方面建立了完善的体制和机制，定期或不定期发布农业科技发展报告、战略规划或科技政策，充分发挥政府部门在该方面的优势。在制订农业科技计划、农业科技战略的过程中，美国政府部门一方面根据国家战略需求"自上而下"地确定农业科技战略、农业科技计划的研究方向和任务；另一方面注重以市场为导向，发挥市场的基础性导向作用，"自下而上"地通过多种渠道和方式吸纳社会各界尤其是产业界的需求和意见。同时赠地大学和试验站体系也以市场需求为导向，积极获取市场需求信息，并将相关需求信息反馈至中央层面，中央层面相关部门在整合科研需求信息的基础上，将需求信息纳入农业科技计划、农业科技战略。

（2）在农业科技创新组织与实施方面，美国主要是在宏观政策设计、科研机构资助、公私合作创新模式等方面实现了政府与市场的有机结合。在宏观层面的政策或制度设计方面，美国既有通用型科技创新政策或制度设计，同时也有针对农业科技创新的政策或机制设计。20世纪80年代以来，美国政府部门在支持开展农业科技创新活动中注重以市场为导向，基于市场机制的特点，在遵循市场规律的基础上制定并形成了较为健全的通用型科技创新政策或制度，包括有效界定产权并促进科技成果转化的《史蒂文森-怀德勒技术创新法案》《拜杜法案》《联邦技术转移法案》等（见表5-5），这些科技创新政策或制度有效激发了市场活力，加快了公共研究的科技成果转化，尤其是原创性科技成果的转移转化，为产业界开展后续创新活动提供了更多的商业开发机会和领域，刺激和带动了更多的企业投入研发经费开展新产品、新工艺的研发，拓宽或延长了创新价值链，并最终促进经济增长。具体来看，1980年颁布和实施的《拜杜法案》允许私人组织（公司）获取和保留由联邦政府资助开展研发获得的专利而产生的收益，并且联邦政府向私人组织颁发专利的独家许可。美国农业部向涉农类企业颁发专利的独家许可也是在遵循《拜杜法案》的基础上实施的。1986年实施的《联邦技术转移法案》规定联邦实验室可以直接与私营公司开展合作研发活动，并明确了合作的相关条件，其中重要的合作方式就是签订合作研究与开发协议，通过协议的方式明确合作双方的权利和义务。在农业合作研发活动的具体实施过程中，政府部门针对农业研发的特点，设计合理的知识产权法规，解决了知识外溢而导致的私人研发投资回报过低的问题，在不损害知识共享和进一步创新的情况下为私人研发创新投资提供激励。OECD（2011b）通过研究也证实了知识产权保护的加强与私营企业对农业相关研发投资的增加以及创新的激增有关，而市场中私营企业对农业研发资源和力量投入的增加则加快了农业植物品种、化学品和生产技术的改进。

表 5-5　美国政府部门鼓励公私合作研究和技术转让的主要相关立法

年份	法案名称	主要内容
1980	《史蒂文森-怀德勒技术创新法案》	鼓励政府实验室加强与私营部门的合作。要求每个主要的政府实验室都创建研究和技术应用办公室，以促进技术研发成果向私营公司的转移转化
1980	《拜杜法案》	联邦政府向私人组织颁发专利的独家许可，并允许私人组织拥有由联邦政府资助开展研发获得的专利而产生的收益
1981	《经济复苏税法》	对大学基础研究的研发补助金实施税收抵免
1982	《小企业创新发展法案》	该计划要求每个联邦机构的机构外研发预算按照要求的最低百分比分配给小企业
1986	《联邦技术转移法案》	授权政府部门资助的实验室与私营公司通过签订合作研究与开发协议的方式开展合作
2014	《2014 年农业法案》	该法案支持成立食品与农业研究基金会，这是一个非营利、非政府组织，主要支持和资助食品和农业研究领域的公私部门开展合作研究
2015	《2016 年合并拨款法案》（2016 财年综合支出法案）	该法案为慈善农业研究组织实施免税政策

在农业科技创新的经费资助方面，美国也在积极探索政府与市场的有机结合。在农业科研资助方式方面，根据农业类科研机构、赠地大学和其他农业类大学研究定位的不同，政府部门对农业类科研机构的支持以提供相对稳定的经费支持和委托研究为主，以支持其开展国家战略性研究和产业共性技术研究等，而在支持赠地大学和其他农业类大学方面则引入适度的市场竞争机制，以激励赠地大学和其他农业类大学不断提升自身在基础研究和应用研究方面的水平和能力。政府部门除了通过国家科学基金会、农业部等部门资助农业类科研机构、赠地大学和其他农业类大学开展农业科学研究，还面向市场投入大量资金直接支持产业界开展农业研发创新活动，主要以市场化的商业合同形式予以支持，包括合作建设实验室、实施研发项目等。与此同时，美国政府部门也在不断探索促进型政府、"第三

条道路"的科技资助与管理模式，表现为通过不同的方式支持和促进农业类科研机构、赠地大学和其他农业类大学与产业界开展合作创新活动。同时也支持和引导农业类科研机构、赠地大学和其他农业类大学与产业界共同参与农业科技政策制定、创新环境建设等。在政府部门资助公共科研机构开展农业科学研究的过程中，美国注重支持政府与市场在农业不同细分领域研发定位的有机结合，实现了农业公共研发与私人研发之间的有效互补。美国相关学者也对美国农业公共研发与私人研发之间的互补关系进行了广泛的研究，从研究结果来看，美国的农业公共研发与私人研发在不同的农业细分领域之间呈明显的互补性特点。在技术研发相对成熟和拥有较多商业机会的种子、农药、化肥、机械、食品等农业细分领域，私人研发占据主导地位；而在商业机会相对较少但公益性相对较强的农业环境、农业生态、食品安全等领域，私人研发投资难以获得足额的经济收益，往往由公共研发部门主导开展相关研发活动。同时，公共研发部门在农业相关领域的基础研究往往能够给私人研发部门开展后续的技术研发提供新的机会，从而带动更多的市场资金投入农业科技创新活动。如美国政府部门资助公共科研机构开展的分子遗传学和生物技术研究先后持续了几十年时间，公共科研机构的研究成果使私营公司能够在此基础上开发具有商业潜力的新技术，并进一步引发了产业界研发投资的持续增长。以农业品种研发为例，美国的公共研发部门主要关注和开展基础性和共性品种问题研究，包括通用植物育种工具、培育商业品种的亲本系等，而私人研发部门则关注具体的新型品种研发，美国农业公共研发部门 1 美元的研发投入能够带动农业私人研发部门 0.7 美元的研发投入。

在公私合作创新方面，美国政府部门注重通过市场化的"商业合同契约"或"共同利益机制"明确公共机构和产业界的权利和义务，引导公共机构和产业界开展资源共享和研发合作（高芸和赵芝俊，2019）。在微观层面公私合作研发模式方面，相关学者对美国现有的公私合作研发机制进行了梳理和分析，认为美国社会一直在积极探索多种形式的公私合作研发模式，现有的主流公私合作研发模式主要包括四种类型，即研究资助模式、专利授权模式、合资研发模式和研发联合体模式。除了以上合作研发模式，赠地大学还面向市场与产业界建立了稳定的合作关系。无论是哪种模式，政府部门均通过法律的形式予以保障，极大地推动了农业科技创新成果的转移转化，实现了农业科技创新价值链的贯通。

（3）在农业科技成果产出评估方面，从科学研究质量的角度进行评估的同时也更加注重以市场为导向，评估农业科技成果带来的社会影响以及产生的社会价值。尤其是以赠地大学为核心的"三位一体"的农业科教推广体系注重面向农业产业需求开展农业技术研发活动，并对其科研教职人员承担的科研、教育、服务推广任务及其效果进行综合评估，形成对科研教职人员有效的激励导向，从而能够有效激励科研人员面向产业和市场开展技术研发和服务。

六　美国农业科技创新融合管理模式的特征分析

美国农业科技创新组织与管理模式主要呈现以下特点。在外层维度方面，问题导向维度注重面向农业产业的实际需求开展农业研发活动，农业科技产出评估维度注重农业科技成果所产生的实际价值，尤其注重产出成果的社会影响力和价值评估。在核心维度方面，形成了以赠地大学和试验站体系为核心、农业研究局和产业界协同合作的"三位一体"合作创新网络，依托该网络整合了科学界、产业界等多方资源和力量开展跨主体、跨学科的农业研发与创新活动，同时合作创新网络定位于创新价值链过程中的应用研究和农业科技成果转化，加快了农业科技成果的推广和商业化。除此之外，农业与食品研究所在资助、管理方面发挥着重要的组织和协调作用，包括对赠地大学体系及其合作机构进行协调和资助、协同各州开展农业科研和技术推广工作、与产业界建立广泛的合作伙伴关系网络等，以加快农业科技成果的转化和推广。具体来看，主要表现在以下几个方面。

（一）农业科技创新的需求和问题导向

美国政府部门在支持农业科技创新的过程中注重以市场为导向，强调农业科技创新为农业产业和社会经济发展服务。在具体实施过程中，在农业科技创新管理层面，农业部等农业科研主管部门根据社会经济和农业产业发展需要适时调整农业科学研究的方向和主题，支持和引导赠地大学及试验站体系、农业类科研机构与产业界共同开展项目研发或建立合作研发机构，并注重发挥和引导农业企业在农业科技创新中的主体作用。在农业科技创新活动执行层面，赠地大学及试验站体系也以市场需求为导向，积极获取市场需求信息，并将相关需求信息反馈至农业部等中央部门层面，再由农业部等中央部门层面机构统一纳入农业科技计划。

（二）决策与执行过程中政府部门之间的有效合作与协同

美国政府建立了有效的科技管理体制和机制，在农业科技创新经费配置过程中发挥了引导、促进和协调作用。从联邦政府部门顶层设计方面来看，美国政府部门的农业科技资金主要由农业部统一分配和管理，农业科技计划的执行也主要由农业部负责统一协调，这一方面避免了重复资助，提高了农业科技经费的配置效率，另一方面避免了多头管理，提高了农业科技创新效率。从政府部门和资助机构的执行与协调方面来看，政府部门通过机制设计等方式实现了对农业科技创新资源的有效配置和整合，包括农业部内部各个机构之间的协同以及农业部门与其他部门之间的协同。具体实施过程中农业研究局主要负责资助和开展联邦政府层面的农业研发活动，农业与食品研究所主要负责资助和管理州一级层面的赠地大学及试验站体系开展非联邦政府层面的农业科研、教育和推广活动，研究、教育与经济办公室统一负责管理和协调。

（三）构建了多层次、跨主体的"三位一体"合作创新网络

美国的农业科技创新组织与管理结构由中央层面的农业部农业研究局、分布在各州的赠地大学及试验站体系、私营企业三个层次共同组成。其中，农业研究局重点资助全国农业战略性技术研究和共性技术研究，农业与食品研究所和州政府重点资助各州的赠地大学及试验站体系开展基础研究及地方特色性应用研究，私营企业主要资助能够获取较高收益的应用研究与成果转化。在具体的研究过程中，私营企业通过建立技术转移办公室，购买专利或与大学、科研机构建立联合体等方式开展合作研究，形成了职责分工互补且相互密切合作的合作创新网络体系。依托于试验站区域协会，各州的农业试验站之间也建立了紧密的联系，一方面将最新的农业技术成果快速推广到全国各个区域，形成快速有效的成果扩散机制；另一方面在与生产实践中的创新用户和先行用户进行合作与交流的过程中获取和识别市场和技术需求信息，并通过试验站区域协会这一渠道传递给农业部，从而形成全国范围内的产业需求信息来源网络。

（四）推动农业科技创新价值链的贯通

美国在推动农业科技创新的过程中除加大农业科技投入力度外，更加注重通过多种方式引导包括产业界、社会组织在内的多方力量共同参与。在农业科技创新过程中形成了科研、教育与推广"三位一体"的衔接体系，缩短了研发部门与应用者之间的距离。农业类科研机构、农业类大学、农业用户等各个主体可以在科研、教育、推广过程中形成良好的互动，尤其是赠地大学及试验站体系对教职员工在科研、教育、推广方面的职责要求，既能够加快农业科技成果的快速推广，又能够在成果推广和应用的过程中形成有效的反馈，在交互的过程中激发新的农业科技创新机会。从项目资助、合作研发实施到技术推广，政府部门通过多种方式激励公共部门和私人部门的共同参与，如成立公共部门和私人部门共同运营的

食品与农业研究基金会，共同推动农业与食品科学研究及成果推广。除此之外，政府部门还通过颁布和实施相关政策和法律等手段引导和激励科学界与产业界开展农业合作研发与创新活动，推动和加快农业科技成果的转移转化。

（五）探索跨主体、跨学科的研发模式

面对未来农业产业发展过程中面临的挑战，美国农业部已经开始尝试资助农业科研机构和产业界共同建立合作运营的跨学科研究平台开展农业技术研究。国家科学院等相关机构也通过联合发布报告的方式探讨了采用融合的方式应对未来的农业问题与挑战，并建议通过构建新型跨学科合作创新研发平台应对单一主体和单一学科无法解决的问题和挑战。

（六）注重宏观创新环境的建设

美国通过制定法律法规的方式规范联邦政府和州政府对赠地大学及试验站体系的资助和管理机制，同时通过完善知识产权保护政策和技术转移政策，包括农业类相关法律法规《莫里尔法案》《哈奇法案》《史密斯-利弗法》以及与知识产权保护、科技成果转化相关的法律法规《拜杜法案》《联邦技术转移法案》等，推动农业科技创新环境的建设。

第三节　巴西的农业科技创新组织与管理模式

巴西作为一个农牧业大国，农业在其经济发展中占有重要地位。在过去几十年里，持续不断的农业科技创新提升了巴西农业的国际竞争力，帮助其发展成为全球重要的粮食出口国。通过多年的改革和建设，巴西基本形成了联邦和州两级农业科技创新体系，主要由农业类科研机构、农业类大学、农业推广机构、私营企业、中介组织等组成。其中联邦层面的农业科技创新主体是巴西农牧业研究公司（Embrapa）和涉及农业科研的联邦农业大学，州层面的农业科技创新主体主要是农业类州立大学和农业类科研机构，在巴西的 26 个州中共有 16 个州设有专门的农业科研机构（王晶等，2015）。

一 巴西农业科技创新管理的相关主体

（一）政府管理和资助部门

在巴西的农业科技创新体系中，政府占主导地位，联邦政府在农业科技方面的投入约占联邦政府科技总投入的 15%（庞建刚和张贯之，2013）。政府机构设置方面，巴西科学技术部成立于 1985 年，其主要任务是制订全国的科技政策和科技发展计划，管理和协调全国的科学研究部门以及高级科技人才的培养工作，在支持农业科技创新方面也发挥着重要的作用。为加强创新在科学技术应用方面的地位，巴西科学技术部在 2011 年更名为科学技术与创新部。科学技术与创新部的下属机构是国家科技发展理事会，该理事会是为总统就全国重大科技问题提供决策咨询的机构，对重大科技项目进行监督并对成果进行评估，同时也是联邦政府促进科学技术发展和培养高层次科技人才的执行机构。在支持开展特定主题研究的过程中，不同的资助部门将相关资助经费统一交付于国家科技发展理事会，再由国家科技发展理事会通过统一设立竞争性项目的方式为相关研究主题提供资助。国家科技发展理事会在农业研究领域资助研究的资金除了来自科学技术与创新部，同时也有来自农业、畜牧业和食品供应部等部门的资助经费，全国层面的农业优先研究则是在科学技术与创新部的主导下由多个部门共同参与协商完成的（见图 5-6）。

科学技术与创新部另一个下属资助机构是国家科技基金会，巴西联邦层面大学的主要研究经费是由国家科技基金会资助的。在农业科学研究方面，国家科技基金会主要通过"促进农业产业发展的部门基金"重点支持农业科学研究的优先领域，部门基金由科学技术与创新部负责统筹和协

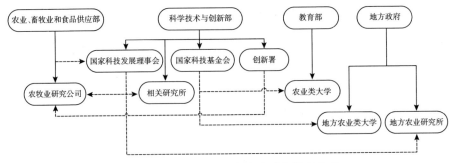

图 5-6　巴西农业科技创新资助与管理体系

调。农业、畜牧业和食品供应部是巴西主管农业的部门，主要负责制定和实施农业科技创新的相关政策，该部门共设有 30 多个部门委员会。部门委员会的成员主要包括来自公共部门和私营机构的相关人员代表，部门委员会主要负责识别巴西农业发展过程中的技术和基础社会需求，并对未来的农业技术需求进行预估，将这些需求设立为农业研发项目并交由以 Embra-pa 为主导的相关农业科研机构实施，并加强对 Embrapa 在农业研究方面的指导和协调。除此之外，联邦大学的主管部门教育部和环境问题的主管部门环境部也在组织大学开展农业科学研究和与环境相关的农业研究方面发挥着重要作用。在农业科技创新方面，巴西创新资助署和国家经济与社会发展银行主要合作采取低利率贷款、折扣联邦税率和州税费的方式支持和激励私营企业开展农业科技研发和创新活动。2013 年创新资助署和国家经济与社会发展银行共同发起了一项新的农业科技创新项目 Inova-Agro，该项目主要资助私营企业在食品供应链、农业机械设备等领域开展创新研发活动。

（二）农业科技创新实施主体

巴西农业科技创新体系中的研发力量主要集中在联邦政府和州政府下属的公立研究机构中，主要包括联邦层面的 Embrapa、农业类大学，州层面的农业类大学和农业类科研机构，这些公立研究机构每年获取的研发经费约占巴西农业科研总经费的 80%。Embrapa 的研究领域主要侧重于初级农业研究及相关共性技术研究，农业类大学主要在营养、健康和环境等领域开展高水平基础研究和公益性研究，与 Embrapa 研究领域形成了有效的互补，同时农业类大学也是巴西农业研究和农业教育之间的重要纽带。巴西涉农类的私营部门整体实力相对较弱，私营部门农业研发经费支出约占巴西农业科研总经费的 10%。私营部门主要在为农民提供农业投入品和技术服务方面发挥作用，部分实力相对较强的私营部门主要在种子、饲料、农用化学品、农业设备与机械等领域开展研发活动，这些农业细分领域技术创新水平已经较为成熟，且具有较多的商业机会，因而能够吸引私营部门开展持续的技术研发和商业化推广。

二　巴西的农业科技创新管理体系

（一）农业科研机构管理与运作方式的公司化改革

作为巴西农业科研机构的核心力量，Embrapa 在成立之后的 40 多年时间里，职能和定位随着社会经济和产业需求的发展发生了重要的变化。在该公司成立之初，其职责以提高巴西的农业产量为主。20 世纪 90 年代中期以后，随着巴西政府开始逐渐重视科技研发对经济的促进作用，Embrapa 的职能开始逐渐由以市场为导向的研究向应用型研究转变。为了减少官僚主义和行政干预的影响，增强农牧业研究公司管理的自主权和灵活性，提高研究公司的运作效率，巴西联邦政府对 Embrapa 进行了改制，使得 Embrapa 脱离了行政管理体制，成了拥有较强独立性的国有公司。改制之后的 Embrapa 在资源管理、人事管理、计划制定和绩效评估等方面拥有了更大的自主权和灵活性，主要面向市场定位于与农业和牧业相关的应用型研究、开发和创新活动。同时 Embrapa 注重在农业技术研发和商业化过程中加强与社会各界的密切合作，包括与农业类大学开展合作研发、与私营企业部门建立商业化合作伙伴关系。Embrapa 开展应用型研究的具体定位不仅是向社会发布研发成果或是初级的研发成果市场化，而且通过下属公司或与私营企业合作最终实现产品或技术的商业化。

（二）多种方式推动跨主体合作创新

为充分利用多方资源共同加快推动农业科技创新，巴西政府部门和农业类科研机构积极探索多种形式的合作创新方式，实现跨主体的协同与合作。作为巴西农业科技创新的核心研究力量，Embrapa越来越注重采用开放创新的模式加强与公共部门和私营部门的跨主体协同与合作，使得农业研发成果真正实现商业化并产生经济和社会效益。如在"72育种计划"的实施过程中，前期的育种研究和胚胎开发由Embrapa的试验农场负责实施和开展，最终新品种的试制和交付则由私人基金会和种子企业共同完成，这一合作创新模式有效地提高了农业科技成果转化的成功率，也缩短了从开展研发到成功实现商业化推广的周期。

Embrapa除了通过开放创新模式加强与公共和私营部门的跨主体协同与合作，还注重依托巴西国家农业研究系统与全国的农业类大学、地方的农业类科研机构以及私营企业之间建立跨主体的合作网络，并且在该合作网络中清晰定位各方职责，其中联邦农业类大学、州立农业类大学承担农业类基础研究，Embrapa主要承担应用研究，私营企业则专注于科技成果的商业化，明确的分工和有效的合作加快了农业科技成果的研发与转化。

（三）多举措推动农业科技创新价值链的贯通

近年来巴西逐渐重视通过立法的方式加强政府、科研机构和企业之间的合作，鼓励各主体合作共同开展创新活动，推动创新价值链的贯通，提升科技成果转化率。如2004年巴西政府通过颁布《创新法》规范了政府部门在科技管理方面的职能，完善了科研机构与企业在合作过程中关于专利应用和专利谈判的相关规定，鼓励科研机构和企业开展产学研合作，缩短科技成果转化周期，从而提升企业创新能力，有利于推动技术的开发和市场化，这也为农业科技创新资源配置的市场化改革提供了法律保障。

《创新法》实施之后，巴西政府还制定了一系列配套政策和措施，并对企业开展的研发创新活动进行财政补贴，在一定程度上降低了企业开展创新活动的风险，提高了企业开展研发活动的积极性（胡红亮等，2014）。同时巴西也注重通过法律保障农业科技创新的经费投入，如《科技进步法》规定国家科研经费投入须保持5%的年增长率，在2010年农业科技投入已占到了全国农业生产总值的1.61%。巴西正是依靠政府主导的农业科技创新体系和对农业科技经费的大力投入有效地提高了农业科技创新效率。

为进一步推动和加快科技成果转化，2014年巴西政府出台了"国家知识平台计划"，该计划主要支持农业、卫生、能源等领域的科技成果转化，政府计划每年投入20亿美元建立创新生态系统，通过建设一流的科学研究基础设施，将大学、科研机构拥有的科学知识与政府、产业界及社会相关部门的需求有效结合，支持和促进科学研究成果向产业界转移转化（封颖，2014）。在具体的实施过程中，在资金筹措和成果转化方面，该计划采用公私合作机制；在计划的管理方面，设置监督管理委员会，其成员来自科学技术与创新部、教育部等部门；在计划的遴选和评估方面，则邀请国内外专家按照国际流程予以实施。

三　巴西基于融合理念的农业科技创新组织与管理模式探索与实践

Embrapa的前身是巴西农牧业研究院，成立于1973年，隶属于巴西农业、畜牧业和食品供应部，是一个半自治化国有公司，拥有超过9000名职工，其中包括2000多名研发工作者，其中3/4的研发工作者拥有博士学位。无论是在公司员工的规模还是研发经费总量上，Embrapa既是巴西最大的农业研发机构，也是拉丁美洲最大的农业研发机构，其构成了巴西农业研发体系最大的组成部分。Embrapa是一个全国性机构，研究范围较为广泛，包括遗传育种、疾病防控、生态环境、食品加工、农业机械设备等，其结构为"中央研究中心+区域研究中心"，即采用"集中+分散"的组织模式，总部设在巴西利亚。截至 2021 年底，Embrapa 根据农产品种类、区域和自然条件的不同，在全国范围内建成了 42 个研究中心、3000多个技术推广站，形成了一个全国性农业研发和推广网络。除了开展农业科学研究，Embrapa 还比较注重在中央层面保持与国会、各个联邦政府部门等政策制定者以及其他研究机构之间的紧密联系，在农业科技计划和农业科技政策制定方面发挥着重要作用。同时在开展研发活动的过程中保证自身的公开性和透明度，通过与媒体之间的良好合作不断扩大自身在社会上的影响力。Embrapa 在利用总部的研发资源对全国的产业共性技术进行集中研发的同时，为了使公司能够与社会相关部门、产业界及农民进行有效的互动与合作，并根据区域情况开展特色研究，在全国各地设有地方或区域研究中心，有利于其将研发技术成果较快地在全国各地进行推广和扩散。

（一）研发经费来源

根据 Embrapa 的估算，巴西联邦政府对 Embrapa 每投入 1 雷亚尔的研发经费，Embrapa 对巴西社会的经济回报将达到 13.2 雷亚尔。Embrapa 在巴西的农业科技研发活动中占据重要的核心地位，Embrapa 的研发人员数量约占全国农业科技研发人员总数的 40%，其每年从公共部门获取的研发经费约占巴西全国农业类公共科研经费支出的 80%。Embrapa 的研究经费大部分来自巴西联邦政府，同时也接受来自产业界的部分资助。根据 CGIAR/ASTI 的调查报告，2000~2007 年 Embrapa 约 90% 的资助经费来自联邦政府，5% 的经费来自自身出售研发产品和服务获得的收入，2% 来自产业界等其他部门。虽然 Embrapa 主要定位于应用型研究，但其并不局限于发布研究成果或者只对其进行初级的市场化，而是通过自身或开展公私合作实现产品或技术的商业化。

（二）研究战略与规划制定

Embrapa 十分重视在广泛获取各方需求信息的基础上通过专业的分析

和研究制定自身的研究战略与规划，其研究战略与规划的制定统一由战略管理秘书处负责。目前 Embrapa 逐渐开始采用一种开放的网络式方法获取各个利益相关者在技术和需求方面的信息，并在综合分析这些信息的基础上制定研发规划。这些利益相关者范围广泛，既包括国内政府部门的专家、科研机构、大学、产业界以及自身在全国各地设立的研究中心，也包括国外的合作科研机构及相关专家。这些机构和专家为 Embrapa 获取国内和国际农业产业的技术和市场需求信息提供了重要的支持。Embrapa 分布在各地的研究中心在研究战略与规划制定过程中采用的是面向用户的分权决策模式，因此在研究战略与规划制定过程中为了避免各个研究中心出现重复研究的情况，Embrapa 总部负责统一对各个研究中心的研究战略与规划的制定进行组织和协调，同时 Embrapa 在此过程中需要接受由科研机构、大学、产业界等利益相关者代表组成的代理人与执行董事委员会的监督。

（三）跨主体协同与合作

20 世纪 90 年代，巴西借助世界银行贷款资金建立了国家农业研究系统。该系统以 Embrapa 为核心并由 Embrapa 和州立农业研究机构理事会共同协调和管理，参与该系统的相关机构包括全国的农业类大学、各州农业类科研机构以及涉农类私营企业。其中各州农业类科研机构统一由州立农业研究机构理事会负责协调和组织，农业类大学则主要由农业高等教育协会负责组织和协调。在系统的资金来源方面，50% 的资金来源于世界银行贷款，另外 50% 的资金则由巴西联邦政府、Embrapa、各州农业类科研机构、农业类大学共同承担。在资金的使用方面，60% 的资金用于设置竞争性研发项目，37% 的资金用于参与该系统的农业类科研机构和农业类大学的自身研究能力建设，3% 的资金用于系统的组织管理、信息系统建设以及项目的监督与评估。在系统的具体日常运作与管理方面，由 Embrapa 牵头成立执行委员会，其成员一半来自 Embrapa，另一半来自其他研究机构、农业类大学等。

在巴西农业研究系统中，农业类基础研究主要由联邦农业类大学、州立农业类大学和科学技术与创新部下属的部分农业类科研机构承担，各州的农业类科研机构主要负责区域或地方的特色农业研究，Embrapa 主要定位于应用研究。依托国家农业研究系统，Embrapa 与全国的农业类大学、地方的农业类大学和农业类科研机构以及私营企业之间建立了有效的合作创新网络（见图 5-7），同时 Embrapa 依托该系统主导建立了农业研发信息系统，实现了农业研发信息在不同研发与创新主体之间的传递和共享，有利于各个研发与创新主体有针对性地开展科技创新活动。Embrapa 也依托该系统，通过建立多用户联合实验室的方式实现研发资源的共享，同时也通过与农业类大学合作成立跨学科联合研发团队，共同开展农业领域的相关研究。在 Embrapa 的主导下，国家农业研究系统内多个主体之间建立了合作创新伙伴关系，利用各自的研发优势共同开展研发活动，实现了农业研发力量的优势互补和农业科技创新资源的优化配置。国家农业研究系统这一组织体系的建立实现了农业研究战略的一致性和兼容性，促进了全国统一的研发、监督和评估体系的形成，减少了重复研究和资源的浪费，并实现从中央到地方在技术研发、成果转化与推广方面的有效协同，加快了农业科技成果的转移转化，以及农业产业的发展和农业问题的有效解决。

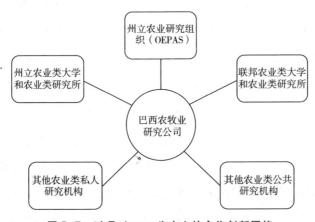

图 5-7　以 Embrapa 为中心的合作创新网络

（四）科学研究的影响力评估

Embrapa 主要定位于应用型研究，因此比较注重采用系统的绩效评估体系对其研发的各项技术进行影响力评估。参与评估的人员既包括外部的相关专家，也包括研究成果的用户代表，评估内容主要是科技成果对经济、环境和社会的影响，尤其是新产品、新技术的采用带来的经济价值及影响，评估过程主要关注研究目标的完成程度、投入与产出效率、研究成果及其影响力等方面。评估结果主要以年度报告的形式呈交给政府部门，也通过机构网站向社会公开发布，同时这些评估结果也会为未来制订新的研发计划提供依据。Embrapa 非常注重通过媒体将其开展的研究以及相关研究成果向社会进行宣传，以扩大其在社会上的影响力。Embrapa 专门培养了一批能够与媒体机构进行有效沟通的专业人员，这些专业人员既拥有高水平的专业知识，对 Embrapa 进行的科学研究和取得的科研成果有充分的了解，又具有与媒体机构进行合作的专业能力，能够将这些专业化的知识和术语转化为普通公众能够接受和理解的语言，从而获得社会各界对 Embrapa 开展研究活动的支持。

（五）广泛的国际合作网络

Embrapa 非常注重通过国际合作的方式开展知识和技术转移活动，与发达国家和发展中国家建立了广泛的合作网络关系。Embrapa 在成立之初，研究实力和知识基础比较薄弱，为快速提升和优化自身的研发力量，Embrapa 在招聘了上千名应届毕业生之后资助他们到美国、英国、法国、澳大利亚等国家的高等院校学习深造，这些学生学成回国之后对 Embrapa 研发实力的提升和对巴西农业科学研究事业的发展起到了十分重要的作用，同时 Embrapa 也通过这些毕业生与国外的高校和研究机构建立和保持了良好的合作关系。除此之外，Embrapa 先后与世界上知名的研究机构开展合作，通过双边协议的方式建立了研究伙伴关系并推动了技术转移。具体来看，

Embrapa 主要从三个层面展开开放式国际合作。一是科学研究层面。为瞄准国际农业科技前沿，学习和借鉴不同国家在农业科技方面的优势，提高自身农业科研水平，从 20 世纪 90 年代后期开始，由 Embrapa 发起，巴西先后同美国、欧洲和亚洲的一些国家共同开展和实施了全球农业科技战略合作计划，主要通过与发达国家共同建立虚拟实验室的方式开展联合研究与开发，Embrapa 的科研人员通过参与国际合作团队进行专业知识交流并开展合作研发活动，在此过程中不断提升科研人员的科学研究水平。Embrapa 在多个国家设立了办公室，包括美国、法国、荷兰、英国、韩国以及加纳，并利用办公室与美国在遗传育种、食品安全方面开展研发合作，与法国在农业经济和自然资源方面开展研发合作等。二是技术合作层面。Embrapa 与莫桑比克、马里等发展中国家开展技术合作，通过建立技术培训中心及电子平台的方式与来自亚洲和非洲发展中国家的科研人员、技术人员及管理人员进行专业的技术交流，并对其进行培训，通过交流与培训将 Embrapa 的科技成果在这些国家进行转移和转化。三是商业推广合作层面，包括为发展中国家的私营企业提供技术支持等。Embrapa 依托与发达国家联合实施全球农业科技战略合作计划、派遣海外留学生、与发展中国家合作实施技术转移项目、建立海外联络办事处等方式建立了覆盖多个国家和农业类科研机构的国际合作网络。通过将农业科技创新资源配置于国际合作网络，Embrapa 利用全球农业科技创新资源，及时地跟踪和开展国际前沿研究，培养了一大批农业科研人才，提升了现有科研人员的研究水平，同时也将其农业研发成果转移推广至发展中国家，扩大了其农业研发成果对经济和社会的影响。

整体来看，巴西政府部门主要通过支持和引导 Embrapa、构建国家农业研究系统等方式积极探索农业科技创新的组织与管理模式。（1）支持 Embrapa 在农业科技创新中发挥核心作用，将其研发活动定位于产业共性技术的研发和应用型研究，以弥补基础研究与商业化之间的缺失。在问题导向方面，Embrapa 面向产业实际需求采用开放的网络式方法获取各利益相关者的技术需求信息，在此基础上制订研究计划。在产出评估方面，Embrapa 注重新技术、新成果带来的经济价值及其社会影响力。（2）构建国家农业研究系统，依托该系统形成了以 Embrapa 为核心，Embrapa 与州立农业研究机构理事会共同协调和管理，农业类大学、地方农业类科研机构和涉农类企业共同参与的农业合作创新网络。Embrapa 和其他主体通过该合作创新网络构建跨学科联合研发团队并开展跨学科研究，建立多用户联合实验室实现研发资源的共享，同时通过国家农业研究系统形成全国统一的研发、监督和评估体系，加快了农业科技成果的转移转化、农业产业的发展以及农业产业问题的有效解决。

四　巴西农业科技创新组织与管理模式的机制设计特点

在信息效率方面，Embrapa 采用开放的网络式方法建立了农业技术需求信息的来源渠道，该方式能够以较低的成本快速获取包括政府部门专家、研究机构、大学、产业界代表所提供的关于国内和国际农业产业的相关技术和市场需求信息。在整合来自各方需求信息的基础上，Embrapa 将其纳入研究战略与规划制定过程，从而形成农业研发计划的优先领域。除此之外，Embrapa 还依托国家农业研究系统建立了农业研发信息系统，农业研发信息能够通过该信息系统在全国范围内的大学、科研机构等研发与创新主体之间实现流通和共享，提高了信息传递效率。

在激励相容方面，在宏观层面，巴西政府部门主要通过颁布包括《创新法》在内的相关法律激励 Embrapa 等科研机构、大学与产业界开展合作创新活动，推动科技成果的转化，实现科技与经济的有效结合；在微观层面，政府部门通过对 Embrapa 实施企业化改革，减少了政府部门对 Embrapa 开展研发活动的行政干预，使得 Embrapa 能够独立地面向市场开展应用研究，并激励 Embrapa 与产业界合作推动科技成果商业化，从而实现各方合作的激励相容。

五 巴西农业科技创新组织与管理中政府与市场机制的有机结合

20 世纪 90 年代之前，巴西市场机制建设比较滞后，政府在推动科技创新方面发挥主导作用，而市场发挥的作用有限，且科学界与产业界联系相对较少。20 世纪 90 年代之后，随着巴西市场机制建设的逐步完善，政府部门开始注重市场机制在科技创新方面发挥的作用，通过政府与市场的有机结合加快了农业科技创新。

（1）在农业科技计划的问题导向方面，从政府的角度来看，Embrapa 主要由政府部门资助，Embrapa 在研究战略与计划制订过程中与国会、各个联邦政府部门等政策制定者保持紧密的联系，接受政府部门在农业科技计划方面的指导。从市场的角度来看，在进行企业化改革之后，Embrapa 的研究方向逐渐注重以市场为导向，采用开放的网络式方法面向市场主动获取各个利益相关者在技术和需求方面的信息，并将市场需求信息纳入农业科技计划或农业研究主题，从而在农业科技计划的问题导向方面形成政府与市场的有机结合。

（2）在农业科技创新组织与实施方面，政府部门通过颁布《创新法》等相关法律制度的方式，鼓励科研机构面向市场与企业开展产学研合作，对创新活动的开展起到了有效的促进作用。除了采用法律制度的方式，政府部门还通过直接资助的方式促进市场作用的发挥，如通过资助实施"国家知识平台计划"，建立创新生态系统，完善市场的创新环境，推动科技成果的转移转化。除了政府对市场的促进作用，市场对政府部门也起到了重要的导向作用。在农业科研机构的管理和运作方面，政府部门以市场为导向，对 Embrapa 实施了企业化改革。通过企业化改革，Embrapa 面向市场开展农业研发活动，并积极与产业界开展合作，提高了农业科技成果的转化效率，与此同时，企业化的管理方式也提升了 Embrapa 内部的研发效率。

（3）在农业科技创新成果评估方面，实施企业化改革之后，Embrapa

在农业科技创新成果评估方面更加注重面向市场，重点评估农业新产品、新技术的采用带来的社会经济价值及其影响力，同时将评估结果及时反馈给政府部门，为政府部门进一步面向市场指导 Embrapa 制订农业科技计划或进行农业科研选题提供重要参考。

六　巴西农业科技创新组织与管理模式的融合特征分析

巴西农业科技创新组织与管理模式主要呈现以下特点。在外层维度层面，问题导向方面注重面向农业产业实际需求开展农业研发与创新活动，同时注重构建完善的科技创新成果评估体系，尤其注重科技创新成果的影响力评估和社会宣传。在核心维度层面，形成了以 Embrapa 为核心的国家农业研究系统，基于该系统形成了全国性开放式合作创新网络，依托该网络整合了多方资源和力量开展跨主体、跨学科的农业研发与创新活动，同时合作创新网络定位于农业科技创新价值链中的应用研究和科技成果转化研究，加快了农业科技成果的推广和商业化。具体来看，主要表现在以下几个方面。

（一）农业科技创新的问题导向和创新成果评估的价值导向

巴西的农业科技创新突出了问题导向与市场导向的相互结合，重点资助 Embrapa 开展应用研究，Embrapa 通过开放的网络式方法面向市场整合各个利益相关者的需求和技术方面的信息，并将这些信息纳入研究计划，通过自主研发或者同产业界合作等方式开展技术研发，从而实现农业科技与农业产业发展的有效结合。在农业科技创新成果评估方面，Embrapa 注重农业科技创新活动对经济与社会综合影响力的评估，并积极通过网络、媒体向社会进行广泛宣传，有利于自身的农业科技创新成果在社会上推广和扩散。

（二）科研机构企业化的运作方式

Embrapa 的企业化改革较大程度地提高了管理和运作的自主性和灵活性，减少了官僚主义和行政干预对 Embrapa 科技创新活动的影响，提高了 Embrapa 内部的管理与运营效率，更加突出了创新和应用导向，同时也有利于 Embrapa 与产业界开展合作研发活动和建立合作伙伴关系，从而有利于实现科技与经济的有效结合。

（三）面向市场的需求信息来源渠道

在研究战略与规划制定过程中，Embrapa 采用了开放的网络式方法，建立了广泛的利益相关者合作网络和需求信息来源渠道。Embrapa 通过这一合作网络能够快速全面地获取政府部门、研究机构、大学、产业界等多方利益相关者在技术和需求方面的信息，同时在开展研究的过程中采用面向用户的分权决策模式，使得研究主题始终以市场为导向，满足各方的实际需求。

（四）中心化、开放式的合作创新网络

巴西在进行农业科技经费配置和农业科技创新活动的过程中采用的是中心化、开放式的合作创新模式。Embrapa 主导建立了国家农业研究系统，形成了以 Embrapa 为中心的经费配置和农业科技创新体系。在具体实施的过程中，Embrapa 主导和协调各方开展农业科技创新活动，采用"中央+地方"的组织模式，既有利于产业共性技术的研发，也有利于地方特色研究，同时还有利于技术的快速应用和推广。在国际合作方面，建立了科学研究、技术合作和商业化推广三个层次的国际化合作网络，采用国际化的方式进行人才培养，充分利用国际化合作网络提升自身的科学研究水平，同时利用国际化合作网络将国内的农业技术在国际范围内进行市场化、商业化推广，这一方面有助于 Embrapa 与农业生产部门、农户之间形成有效的互动合作关系，使得 Embrapa 能够更好地根据不同地区的农业实际需求

开展技术研发；另一方面能够较好地把科学研究和技术转化有效地结合起来，提高农业科技成果的转化效率。

（五）政府部门的组织、协调和推动作用

各个政府部门在规划制定、资金支持、政策激励等方面有效协作，共同推动农业科技创新活动的开展；在经费配置方面注重不同部门之间的协调与沟通；在创新价值链贯通方面通过实施《创新法》等相关政策激励产学研各方开展合作，加快农业科技成果的转移转化。同时在政府部门的支持和引导下，Embrapa通过国内和国际两条路径整合国内外农业科技创新资源和力量，通过开放的网络式方法开展农业科技创新活动，提高了农业科技创新的执行效率。

第四节　其他国家的农业科技创新组织与管理模式

一　法国农业科技创新组织与管理的相关举措

法国农业发展在欧洲占据举足轻重的地位，是欧洲第一农业生产大国，也是仅次于美国的全球农产品第二大出口国（杨艳丽等，2019）。法国农业的发展主要得益于其重视农业科技创新在推动农业发展中的作用，每年投入农业科技研发的资金占全国研发总支出的10%以上。

（一）法国农业科技创新管理和执行主体

法国的农业科技创新管理和政策制定主要是由高等教育、研究与创新部和农业、食品与渔业部共同负责开展和实施的，同时两部门对本国的公立农业科研机构开展的科学研究活动实施监督和管理。其监督和管理主要以签订合约的方式实施，每四年一个执行周期，同时安排代表定期参加农业科研机构的理事会会议，参与拟订科研机构的科研活动计划以及年度经费预算。在科技经费管理方面，2005 年成立的法国国家科研署负责全国科学研究项目资金的管理和分配，经费分配主要以竞争性方式进行。

法国农业科学研究院是法国中央层面的农业科学研究机构，由高等教育、研究与创新部和农业、食品与渔业部共同负责监管。农业科学研究院内部采用理事会的方式进行管理，主要对研究院的长期研究与发展战略、资金与项目、财务与人事等进行审议。机构方面，农业科学研究院根据学科特点共设置了 13 个研究部，由研究院直接领导，各个研究部还设置了多个研究单位，研究单位的设置方式比较灵活，包括自主设置、合作共建以及合同制等方式。同时还在全国范围内根据地域特点设置了多个区域研究中心。

法国农业科学研究院和法国国家环境与农业科技研究院在 2020 年 1 月合并组建成新的法国国家农业、食品与环境研究院。新组建的国家农业、食品与环境研究院拥有上万名农业科研人员，研究领域更加广泛，基本覆盖了农业学科全领域。同时该研究院通过合并实现了大量研究基础设施和资源的有效汇聚和整合。该研究院更加注重社会问题导向，积极与领域内的农户、企业、非政府组织、地方政府部门等多方利益相关者建立广泛的合作伙伴关系，共同开展跨主体、跨学科和前瞻性研究，并积极将自身的专业知识和研究成果服务于农业产业发展，为政府公共政策的制定提供专业支持。

（二）法国农业科技创新组织与管理的主要措施

农业科学研究面临的问题日益综合和复杂，包括农业资源短缺问题、农业环境变化问题等。为应对这些问题和挑战，法国农业科学研究院于 2011 年启动了 meta 计划，该计划尝试突破原有各个研究部门、学科和研究中心之间的藩篱，通过对各个研究部门的资源整合和统筹管理，动员来自不同学科的力量组建跨学科研究团队，通过跨学科、跨部门的资源和力量整合联合攻关大型项目。从 2011 年开始到 2018 年，法国农业科学研究院共启动和实施了八项 meta 计划。meta 计划在实施的过程中注重跨学科研究人员、多方利益相关者的共同参与，包括研究主题的立项、研究的实施和绩效评估。从绩效评估来看，meta 计划主要从两方面进行，一方面注重科研成果的质量，即科研成果的科学价值及其对科学界的贡献；另一方面注重科研成果的社会经济价值，即科研成果是否给经济或社会发展带来效益。

除了通过实施 meta 计划开展跨学科农业科技创新活动，法国还于 2009 年在国家层面成立了农业、食品、动物健康及环境研究与教育联合体，参与的相关主体主要有国家农业、食品与环境研究院，法国农业国际合作研究发展中心和 6 所大学。组建联合体的目的在于通过构建全国性乃至世界范围内的农业合作创新网络，实现农业科技创新资源与设施共享，推动农业科技创新及成果的推广扩散。联合体服务的对象相对较为广泛，包括农业生产者、工业企业、国家和地方公共机构、普通公民和消费者等。联合体的成员在自愿参与合作的基础上保持自身原有的职责，通过灵活的协作方式使不同成员在农业研发、技能培训和成果转化与扩散方面的优势得以有效发挥，共同推动农业科技创新活动的开展。

2015 年，为提高法国农业竞争力，推动法国国家战略的实施，法国农业、食品与渔业部和高等教育、研究与创新部共同制定和发布了《农业创新 2025 计划》，该计划是在政府部门与 300 多个利益相关者代表广泛磋商的基础上形成的，利益相关者涵盖了农业研究部门、农业生产部门、教育部门、企业界、社会民间组织等。《农业创新 2025 计划》提出了未来十年法国农业科技创新的重点发展方向（见表 5-6），指出当前农业发展需要依靠多方的共同努力，多方利益相关者共同支持和开展农业科技创新以应对和统筹解决农业发展、环境与社会影响等方面的问题。该计划建议实施 30 个农业科技创新项目，在项目实施过程中积极推动大学、科研机构和企业协同开展跨主体、跨学科的合作创新活动。

表 5-6　法国《农业创新 2025 计划》重点领域、方向与项目

重点领域	主题方向	实施项目
充分开展农业新技术	推动数字农业创新	建设创新型开放式农业数据平台
		组织实施数字化农业研发项目
	开发快速、精准型农业机器人	加快农业机器人研发
		为农业机器人的推广应用提供产业和政策支持
		建立农业机器人使用效果的评估标准体系
	利用遗传与生物技术提高农业产出	研究作物和畜禽的全基因组选择
		掌握新型生物技术
		对植物次生代谢产物的工业应用进行开发
		促进欧盟基因研究相关协议的完善
	开展生物防治，保障作物与畜禽健康	对农业外来入侵生物进行防治
		对畜禽养殖进行生物防治
		对生物防治进行评估
联合农业领域内所有研究、试验与开发的利益相关主体开展跨主体、跨学科研究	促进领域内开放创新	建立农业创新合作与经验交流机制
		鼓励开展农业科技创新，应对社会挑战
		在区域或地方建立以用户为中心的生态农业应用创新试验室
		推动农业创新试验与监测数据的应用
	多角度发展农业经济	开发农产品质量的多元评估体系
		拓展农业创新资助来源
		监测国际农业发展与农产品的竞争力
	开展农业领域的技能培训	进行有针对性的从业人员技能培训
		根据农业领域发展趋势扩展人员技能培训范围
发展应对气候变化与失衡的生态农业	促进传统农业向生态农业转型	推进土壤生物学研究
		提高土壤肥力，降低气候变化的影响
		完善农业用水资源管理
		建设区域农业与气候信息集成平台
		建设应对外来生物入侵的快速诊断平台
	发展生态农业经济	实现法国与欧洲的食用蛋白质自足
		加强生物技术与工艺的研发
		建立系统生物学、合成生物学研究中心
		建立生物经济研究与培训中心

二　澳大利亚农业科技创新组织与管理的相关举措

澳大利亚农牧业发达，是全球第六大粮食生产国和第四大农产品出口国。澳大利亚农牧业较好的发展除了受益于良好的农业生产资源和条件，还得益于农业科技的进步。澳大利亚政府部门通过支持农业科技创新、推动农业产学研合作，加快了农业科技进步，促进了农牧业产业的发展。

（一）澳大利亚农业科技创新管理和执行主体

在科技管理机构的设置方面，澳大利亚工业、科学、能源与资源部主要负责工业、能源、资源、科学和技能等领域，以推动经济增长、提高本国生产力和竞争力。工业、科学、能源与资源部成立了多个专业理事会以推动跨领域合作，并为工业、科学、能源与资源部制定政策提供建议。农业、水资源和环境部主要负责土地、水资源和生态环境保护，并致力于推动农业产业的可持续发展。农业、水资源和环境部下设农业和资源经济与科学局，主要针对土地、水资源和生态环境保护等相关问题开展研究，并为政府部门决策提供信息。在科技资助机构设置方面，澳大利亚研究理事会是根据2001年的澳大利亚研究委员会法案成立的独立机构，主要负责管理国家竞争性资助计划，并就研究事宜向澳大利亚政府部门提供相关建议。

政府部门在科技创新管理中注重加强部门之间的组织与协调，确保政府部门在科技创新方面的优先事项得到清晰协调和沟通，例如为增强整个国家创新体系组织与协调的一致性，澳大利亚通过制定《创新计划原则框架》为全国的科技创新活动提供指导，进而提高整个澳大利亚科技创新计划的可及性和实施效率。

澳大利亚联邦政府和各州政府部门均比较重视对农业科技创新活动的支持。农业科学研究和技术开发资助的提供方主要包括联邦政府部门、地方州政府、大学、科研机构和产业界。其中联邦政府部门资助金额约占

1/4；地方州政府资助金额占比最高，约占一半；大学、科研机构和产业界研发投入约占 1/4。澳大利亚具体开展农业科学研究的组织和机构主要包括联邦科学与工业研究组织、各个联邦政府部门下属的农业类科研机构、大学农业研究中心、产业界协会下属研究机构等。通过长期的实践与探索，澳大利亚依托现有的农业科技创新平台和资源形成了包括合作研究中心计划在内的具有自身特色的农业科技创新组织模式。

（二）合作研究中心计划

合作研究中心计划实施于 1990 年，是澳大利亚构建国家创新体系的重要组成部分，也是澳大利亚采用中长期的方式为支持用户需求而开展的多方合作研发的主要机制，在实施过程中通过整合来自不同专业背景的研究伙伴共同开展合作以应对产业发展面临的问题与挑战，有效解决基础研究与应用转化脱节的问题。该计划由工业、科学、能源与资源部负责管理，在实施过程中不同的研究资助部门、研究机构、供应商和最终用户依托于合作研究中心建立了稳定的产学研合作伙伴关系。合作研究中心较为侧重应用研究与开发活动，通过产学研合作的方式支持相关产业的发展。

在研究选题方面，农业类合作研究中心开展研究的选题均来自产业界在农业生产和服务过程中面临的实际问题，农业类合作研究中心围绕产业问题开展综合性跨学科研究，将科学研究成果应用于农业生产和服务活动，并及时转化为农业生产力。大学、科研机构通过合作研究中心与产业界开展合作，既能够充分调动企业投资农业科技创新活动的积极性，同时也能够有效解决大学和研究机构的部分研究经费不足的问题。

在内部运作方面，合作研究中心采用的是公司制的方式，以非营利性独立法人的资格运营，不隶属于政府部门或相关参与主体。为有效推动产学研合作，澳大利亚政府部门规定，组建合作研究中心的主体必须包括大学和最终用户，其他可能的合作伙伴则包括联邦科学与工业研究组织、行业代表或政府机构等。

在资金来源方面，政府部门通过政策引导和部分资助的方式，激励和撬动多方主体投入匹配资金进行研发、中试和成果转化。在具体实施过程中，政府部门要求各个参与主体必须匹配不低于政府资助金额的资金或其他相关资源。合作研究中心计划的实施周期相对较长，该计划实施过程中初次支持周期为 7 年，2010 年之后调整为 10 年，在特殊情况下可以向合作研究中心计划委员会申请延期，并且最终需要由工业、科学、能源与资源部部长批准同意。申请延期的合作研究中心最长可以运行 15 年，运行到期的合作研究中心将退出合作研究中心计划。退出之后的合作研究中心可以成为独立的运营实体，也可以申请成为研究理事会卓越中心或者成为公立研究机构的组成部分（刘艳，2013）。从成立之初至今，合作研究中心计划先后共支持 200 余家合作研究中心，主要集中在制造业技术、IT 技术、矿产与能源、农业与农产品加工、环境、医药科技等领域。农业与农产品加工领域的合作研究中心计划包括绵羊产业创新合作研究中心、棉花合作研究中心、水产业合作研究中心、奶业合作研究中心等。

在管理和评估方面，政府部门不对合作研究中心的日常管理活动进行干预，而是主要通过监督评估机制确保合作研究中心能够高质量地开展研发活动。合作研究中心在建设和实施过程中，重点从资源、研究方案和成果三个层面，围绕合作研究项目实施的整个过程构建了一个通用的绩效评估体系。其中资源层面主要关注合作研究中心满足用户需求的研发能力、成员组成、资源投入等，研究方案层面主要关注合作研究中心所开展研究项目的创新性、先进性、商业化潜力等，成果层面则重点关注合作研究中心的研发活动所产生的社会、经济效益预期与潜力。该评估体系成为推进计划项目实施的重要依据，并被广泛用于各个合作研究中心计划项目申请评选、过程审查和成果验收等各个阶段。在过程评估方面，采用首次评估和绩效评估相结合的方式。首次评估一般是在合作研究中心成立满一年时由合作研究中心计划委员会组织实施的，主要对合作研究中心运行过程中可能存在的问题进行评估。之后合作研究中心计划委员会会对合作研究中心后续的运行绩效进行评估，主要针对研究成果转化、经济、环境和社会效益等方面进行综合评估。

除了过程评估，合作研究中心计划还有专门的年报机制和交流机制。年报机制要求每个合作研究中心在每个财政年度向政府提交年度报告，内容涉及中心年度开展的研发创新活动、收支情况以及阶段性成果等。交流机制则要求合作研究中心协会积极推动各个合作研究中心进行年度信息共享和互相学习。这一机制主要通过举办合作研究中心协会年会的方式实施，在年会上各个合作研究中心参与方之间可以进行广泛的经验交流，同时还会评选出卓越创新奖，对有效满足用户需求的优秀研究成果进行奖励。

从政府资助的角度来看，合作研究中心计划整合了澳大利亚联邦政府相关科技计划的资源，避免了资源碎片化和重复资助的问题。该计划以平台化的方式吸引了社会多方主体共同开展合作，将产业链上中下游的研究机构、大学、企业以及用户等多方主体结合在一起，有利于解决基础研究与应用成果转化分割的问题，同时通过汇聚多方资源共同开展研发活动，实现了政府与企业共同分担市场风险。政府部门在资助农业科技创新活动的过程中注重加强有效监督，并根据创新目标评估农业科技创新政策的影响力和效果，同时将农业创新系统整合到一般性创新活动的治理中，确保更好地利用公共研发资金，并通过汇集跨学科、跨主体的专业知识来提高农业创新的效率。

在运行效果方面，从合作研究中心计划的整体运行成效来看，澳大利亚政府部门先后组织澳大利亚工程院、Insight Economics 公司以及 Allen 咨询集团等第三方机构对合作研究中心计划的实施效果进行了评估，评估结果均表明合作研究中心计划的实施对澳大利亚的经济、社会和环境产生了不同程度的正向影响。从具体运行成效来看，以绵羊产业合作研究中心为例，该中心在 2010~2011 年度报告中的评估结果显示，其成本效益比达到了 252%；而棉花产业合作研究中心改进的棉花育种和开发的作物管理系统对澳大利亚棉花产业的发展起到了重要的推动作用。

整体来看，澳大利亚农业类合作研究中心以市场为导向，通过开展跨主体、跨学科的协同合作，形成了科学研究、生产、加工、营销一体化的农业科学研究、技术创新和市场推广合作网络。

三　法国和澳大利亚农业科技创新组织与管理模式的融合特征分析

法国和澳大利亚农业科技创新组织与管理模式主要呈现以下特点。在外层维度方面，法国和澳大利亚在农业科技创新组织与管理方面均积极探索面向解决农业实际问题的研究选题，通过与涉农类企业、农户建立合作网络关系获取农业技术和需求信息并将其纳入农业研发计划。在农业科技成果评价方面，在注重科研成果科学价值的同时，更加注重农业科技成果能够带来的经济和社会价值。在核心维度方面，两国采用不同的方式均围绕农业产业问题开展跨主体、跨学科研发创新活动，其中法国通过实施meta 计划和成立联合体的方式推动各方开展跨主体、跨学科协同合作，澳大利亚则通过成立实体化的合作研究中心的方式开展跨主体、跨学科的农业合作研发。在创新价值链层面，澳大利亚合作研究中心通过建立大学、科研机构与产业界之间的产学研合作伙伴关系，推动和加快农业科技成果的转化，实现了农业科技创新价值链的贯通。

第六章 中国的农业科技创新组织与管理模式

中国作为世界上最大的发展中国家，农业在其经济和社会发展中具有举足轻重的地位。随着近年来中国工业化和城镇化建设不断加快，城镇人口快速增长，耕地面积不断减少，为增加粮食产量而大量使用的农药和化肥对生态环境造成了破坏性影响。由此引发的粮食安全问题、食品安全问题、生态保护问题使得中国政府部门越来越重视农业科技在推动农业产业发展方面的作用。农业科技创新较强的公益性、中国农业产业的小农户特点和涉农类企业整体实力较弱的特征决定了中国政府部门需要在推动农业科技创新方面发挥重要的作用。为加快农业科技创新的发展并加大农业科技创新对农业产业发展的支撑力度，中国政府部门在不断加大农业科技创新资源投入的同时，也通过改革农业科技体制、调整农业科技创新资源配置结构和方式、建设和完善农业科技创新体系等方式改进农业科技创新组织与管理模式。同时，面对农业科技创新过程中多学科知识不断融合、科技创新价值链的结合不断加强以及多主体之间的合作程度不断加深的趋势，中国通过建立现代农业产业技术体系和国家农业科技创新联盟等方式探索新的农业科技创新组织与管理模式。

第一节 中国农业科技创新管理的相关主体

中国农业科技创新资助与管理体系如图 6-1 所示。中国的农业科技创新管理相关主体包括决策层、管理与协调层、执行层三个层面，其中决策层、管理与协调层主要包括政府相关管理及资助部门，执行层主要包括农业类科研机构、农业类大学、涉农类企业等主体。

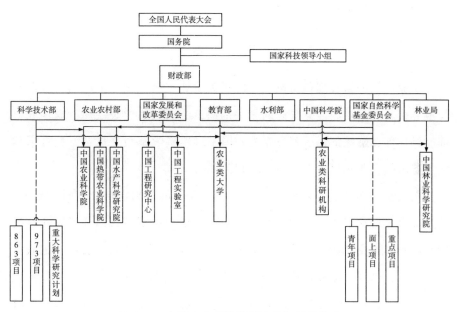

图 6-1 中国农业科技创新资助与管理体系

一 政府科技决策与管理部门

（一）农业科技决策部门

农业科技决策层面的主体包括全国人民代表大会和国务院，其中全国人民代表大会是中国科技决策的最高权力机关，主要负责国家层面的重大科技事务决策，同时全国人民代表大会对整体的科技经费预算具有最高决策权。国务院是国家最高权力机关的执行机关，是最高国家行政机关，主要负责日常科技事务的相关决策。为了加强对科技、教育工作的宏观指导和对科技重大事项的协调，国务院于 1998 年成立了国家科技教育领导小组，2018 年根据有关安排和工作需要，国务院将其调整为国家科技领导小组。国家科技领导小组的主要职责是研究和审议国家科技发展战略与重大政策，协调中央各部委之间及部委与地方政府部门之间关于科技的重大事项。国家科技领导小组下设办公室，办公室设在国务院办公厅，负责处理国家科技领导小组日常的事务性工作。

（二）农业科技管理与协调部门

农业科技创新管理与协调层面的相关主体主要包括中央层面与农业科技事务相关的部委和地方政府的相关部门，主要包括中央层面的农业农村部、科技部、财政部、国家发改委、国家自然科学基金委员会、教育部和地方层面的农业农村厅、科技厅等相关部门。

农业农村部是农业领域的主管部门，主要负责制定与农业科学研究、技术推广规划和计划相关的政策，与中央其他相关部门共同开展农业科技创新体系和农业产业技术体系的建设，并与其他部门共同开展和实施农业科技专项，包括公益性行业（农业）专项、引进国际先进农业科学技术计划项目、现代农业产业技术体系专项、农业综合开发农业部专项等。同时也对其下属的中国农业科学院、中国热带农业科学院、中国水产科学研究院等农业科研机构进行管理和指导。

科技部是国务院主管国家科学技术工作的部门，在农业科技方面主要通过制定和实施国家科技计划以及相关政策法规的形式资助和支持农业科技创新活动。如科技部和农业农村部共同牵头，联合财政部、国家发改委等部门于 2007 年共同制定了《国家农业科技创新体系建设方案》。科技部下设农村科技司，主要负责制定农业科技发展战略，提出农业优先发展领域与关键技术，组织实施国家重大农业专项科技攻关计划和高技术研究计划中的农业领域研究计划，同时也负责管理农业科技成果转化资金及相关工作。

国家发改委主要负责管理基本建设项目和高技术产业化项目，其内设机构中与农业科技相关的部门主要是农村经济司和高技术产业司。国家发改委主要与科技部、农业农村部、财政部等部门共同协商和拟定与农业科技相关的政策。在农业科技项目管理方面，国家发改委主要支持农业类科技基建项目和重大科技项目。除此之外，国家发改委组织了部分具有较强研究开发和综合实力的高校、科研机构和企业等建设了国家工程研究中心、国家工程实验室等研究实体，以搭建产业与科研之间的"桥梁"，推动科技成果的转化。农业科技领域的研究中心和实验室包括棉花转基因育种国家工程实验室、农业生物多样性应用技术国家工程研究中心等。

国家自然科学基金委员会是中央层面支持基础研究的主要部门之一，在农业科技创新方面，主要为农业基础性科学研究工作提供经费资助，包括农业基础研究的竞争性项目支持、农业类人才计划支持、农业类研究基地支持等。在资助方式方面，主要采用竞争性项目对农业科学研究进行资助。近年来国家自然科学基金对科学研究的资助力度不断加大，对农业科技的资助占比约为15%。

教育部主要为农业类大学提供相对稳定的经费支持，包括中央高校基本科研业务费专项资金、"双一流"建设经费等，同时也与科技部等部门协同实施国家科技重大专项等。教育部作为高等院校的主管部门，在优化科技力量布局和科技资源配置方面发挥着重要作用，尤其是其主管的农业类研究型大学在开展农业重大基础与应用研究和战略性农业高技术研究开发方面发挥了重要作用，同时也为国家的农业科学研究与推广工作培养了大量科技人才。

地方省级政府与农业科技相关的部门包括农业农村厅、科技厅、财政厅，地方省级政府一般按照中央相关部门的文件或规划要求，主要依托省级农业科学院、省属农业类大学，结合地方的农业特色开展农业科技研发活动，市、县一级地方政府则主要开展农业科技的推广示范活动。

中国的农业科技资助与管理体系总体上遵循统一规划、分工管理的原则。在科技经费预算方面，全国人民代表大会对整体的科技经费预算具有决策权，财政部具有审批权，其他各部委对相关领域的科技经费行使管理权。中央各部门根据各自需求和直属单位提交的计划制定预算，科技部根据各行业管理部门和地方政府提交的需求计划制定科技计划项目经费预算。各部委科技计划和项目经费预算统一提交给财政部，由财政部汇总编制中央预算草案，编制完成的中央预算草案提交全国人民代表大会批准，之后再由财政部批复各部委予以实施。在科技规划与重大决策方面，全国人民代表大会和国务院统一制定科技规划和政策，农业农村部、科技部、教育部、国家林业局等部门是农业科技的主要资助和管理实施主体，财政部统一负责对各资助和管理实施主体的拨款及经费进行协调和管理。

二　农业科技创新的执行主体

在农业科技创新的执行层面，中国基本形成了中央与地方两个层面的执行体系。中央层面的执行主体包括以中国农业科学院、中国热带农业科学院、中国水产科学研究院、中国林业科学研究院、中国科学院部分农业类研究所等农业类科研机构和中国农业大学等中央农业类大学为主体的研究力量。地方层面主要包括省、市两级的农业类科研机构和地方农业类大学等。其中省级层面的农业类科研机构主要包括省级农业科学院和省属农业类科研院所，地市级农业类科研机构主要是指地市级农业科学院或市属农业类科研院所等。涉农类企业也是农业科技创新执行主体的重要组成部分，目前中国的涉农类企业主要集中在生物育种、化肥农药、农业机械、食品加工等领域。与发达国家的涉农类企业相比，中国的涉农类企业规模较小、研发能力较弱，主要与科研机构、大学通过产学研合作的方式开展研发活动，相关政府部门也对涉农类企业开展的自主研发或合作研发活动给予一定的资助补贴或优惠政策。

从体系建设和职责定位来看，中国主要形成了中央、省、市三级农业科研体系，其中中央层面的农业类科研机构和农业类大学主要负责基础研究、前沿技术研究、关键技术研究、重大共性技术研究以及事关全局的长期战略性研究；省级农业类科研机构和农业类大学主要开展区域性产业关键技术和共性技术研究，有优势和特色的应用基础与高新技术研究；市级农业类科研机构则主要负责农业科技成果的集成创新、试验示范和技术传播扩散活动。

第二节　中国的农业科技创新管理体系

一　农业科技计划的制定

中国在现有的科技体制下主要通过科技计划和规划对科技发展方向进行指导和管理（曹聪等，2015）。在社会主义市场经济体制的背景下，中国经济建设的快速发展使得社会对科技的需求日益增加。为发挥科学技术在经济建设中的作用，促进科技与经济的有效结合，国家科技管理部门开始逐渐注重面向经济建设开展科学技术的研究工作，主要通过国家政策引导和提供财政资金等方式委托大学、科研机构和企业开展科技研究计划（李丽亚和李莹，2008）。改革开放之后的国家重大科技任务开始向为国家的经济和社会发展等目标服务转变，参与科技规划制定的主体更加多元化（冯身洪和刘瑞同，2011），除了来自科研机构和大学的专家以及政府部门的官员，同时开始逐渐吸纳更多的产业界人士、社会公众等利益相关者参与。《国家中长期科学和技术发展规划纲要（2006—2020年）》（以下简称《规划纲要》）是我国第一个中长期科技发展规划。为加强对《规划纲要》制定过程的组织和协调，中央专门成立了国家中长期科学和技术发展规划领导小组，由总理担任组长，同时建立了部际联络员制度，有效地加强了各个部委之间的协调和沟通。《规划纲要》的制定吸收了来自政府部门、大学、科研机构、大中型企业的 2000 多名专家和代表参与。

国家层面农业科技的主要研究方向和研究主题是通过制定农业科技战略规划的方式确定的。国家农业科技的相关战略规划按照内容一般涵盖包括农业科技在内的综合性战略规划和针对农业科技的专项战略规划。按照规划周期一般分为中期规划和长期规划，其中中期规划与经济发展规划相同步，以 5 年为一个周期，规划的内容主要依据未来 5 年国家层面对农业科技的发展需求而制定；长期规划是对未来长期的农业科技活动和农业科技资源进行布局的长期战略性规划，基本以 15~20 年为一个规划周期，长期规划也是科技计划制定与执行的重要指导性文件。

《规划纲要》以国家战略目标需求和重大任务为导向，从战略层面对包括关系国家农业产业长远发展的科技创新在内的活动进行布局。在农业科技规划方面，《规划纲要》将农业科技创新资源优先配置于种质资源发掘、保存和创新与新品种定向培育，农林生物质综合开发利用，农林生态安全与现代林业，农业精准作业与信息化，现代奶业等 9 个研究领域。在设定优先研究领域时，《规划纲要》强调了农业科技要服务于农业生产，保障粮食和食物安全，以农业科技的发展带动农业产业链的整合与升级，从而推动农业产业的发展。

二　农业科技创新活动的实施

受原有计划体制的影响，中国政府部门主要通过直接和间接的方式推动开展和实施农业科技创新活动，其中直接方式主要包括两个方面：一方面，建设和支持农业类大学和农业类科研机构，并依托农业类大学和农业类科研机构建设国家重点实验室、工程实验室、工程研究中心等，开展基础研究、国家战略性研究及共性技术研究；另一方面，通过各类项目支持相关主题型研究，包括一般性研究项目、研发专项、人才类项目等，主要支持基础型、应用型研究等。间接方式主要是通过制定相关农业科技计划、政策等方式支持和引导多方主体共同参与农业科技创新活动，同时也包括构建和完善农业科技创新环境。

（一）机构类稳定性经费配置方式

机构类科研经费主要是由政府的相关资助部门直接拨付给科研机构、大学等的稳定性研究经费，主要包括基本科研业务费、科研设施修购专项经费、基础建设项目经费等相关经费，这类经费主要用于支持机构的日常运营、基本科研支出等。中央层面的农业机构类科研经费经过财政部审批之后，拨付相关部委，再由各个部委分配至所属科研机构，如财政部每年将稳定性运行经费拨付给农业农村部，农业农村部负责将经费分配和拨付给中国农业科学院、中国热带农业科学院和中国水产科学研究院。教育部直属的农业类大学由教育部统一拨付"双一流"建设经费和基本科研业务费等。

（二）竞争类项目经费配置方式——农业科技计划

科技计划是政府部门根据社会和经济发展的需求对科技资源进行配置的重要手段之一，也是落实和执行国家科技战略规划的具体举措。科技计划的实施可以有效地组织相关主体开展科技创新活动，提高科技资源配置效率和科技创新效率。改革开放以来，为加快农业科技的发展，中国政府部门先后制定和实施了一系列农业科技计划，其中既包括涉及农业科技的综合性科技计划，也包括专门性农业科技计划。自1998年科技体制改革以来，农业农村部在农业科技计划制定与实施方面发挥的作用越来越大，除农业农村部本身负责的农业科技计划外，其对科技部、国家发改委负责的部分涉农类科技计划以及科技计划中的涉农领域也有一定的影响。

国家农业科技计划主要支持市场机制无法有效配置农业科技资源的领域，主要包括农业类基础研究、前沿技术研究、社会公益研究、重大共性关键技术研究开发等公共科技活动。经过改革开放以来的建设和完善，国家农业科技计划已经建成通过优化农业科技资源配置支持项目研究、人才与团队能力建设、平台基地建设、环境建设从而提升国家农业科技创新能力的综合体系。

国家农业科技计划涉及多个部门和多类项目。从主管部门来看，主要包括科学技术部、国家自然科学基金委员会、农业农村部等多个部门。从项目种类来看，国家层面的涉农类相关项目主要可以分为基础类研究项目、专项类研究项目、平台建设类项目、产业化与环境建设类项目等。（1）基础类研究项目。该类项目主要是国家自然科学基金委管理的自然科学基金青年项目、一般项目、重点项目、重大项目、群体项目，此类项目主要定位于基础性和理论性研究，以竞争性项目的形式为科研人员开展科学研究提供经费支持，农业类大学研究人员通过竞争的方式申请此类项目。（2）专项类研究项目。专项类研究项目主要由科学技术部负责管理和资助，主要包括国家科技重大专项、国家科技支撑计划、国家重大科学研究计划、公益性行业（农业）科研专项等。其中国家科技重大专项是根据《规划纲要》设立的，开展重大专项的目标是集成现有科技创新资源，在一定时限内实现核心技术突破，完成重大战略性产品、关键共性技术和重大工程。国家科技重大专项共设立了16个项目，其中转基因生物新品种培育属于农业类重大专项。（3）平台建设类项目。该类项目主要包括国际科技合作专项、国家重点实验室建设、国家科技基础条件平台项目、国家工程技术研究中心建设等。（4）产业化与环境建设类项目。该类项目主要包括星火计划、火炬计划、科技型中小企业技术创新基金、科研机构开发研究专项、农业科技成果转化项目、现代农业产业技术体系等。

原有的科技计划项目由不同部门管理，容易出现多头分散且重复资助的情况。针对存在的问题，国务院在2015年颁布了《关于深化中央财政科技计划（专项、基金等）管理改革方案》，按照这一改革方案，原有的项目被整合成为五大类项目，包括国家自然科学基金项目、国家科技重大专项、国家重点研发计划、技术创新引导专项和基地和人才专项。在项目整合的同时，中国政府部门设立独立的规范化项目管理专业机构，由专业机构通过统一的国家科技管理信息系统受理各方面提交的项目申请,并统一组织项目评审、立项、过程管理和结题验收等。

在农业类科技经费的竞争性支持方面,科技计划项目经费由相关部委集中管理。项目经评议确定予以经费支持后,由相关部委会同财政部将经费拨给项目承担单位,再由项目承担单位拨付项目研究团队。部委对项目承担单位通常采用合同制的管理方式,项目承担单位主要包括高校、科研院所、企业等。如科技部负责实施的农业类重大专项和国家自然科学基金委员会的农业类青年项目、面上项目、重点项目等均是以竞争性方式对科学研究进行资助的。

随着经济体制改革和科技体制改革的不断深入和完善,农业科技计划正在由原来的行政式管理方式向政府与市场结合的管理方式转变,经费支持也由以稳定性支持为主向稳定性与竞争性结合支持的方式转变。农业科技计划尤其是技术研发类的农业科技计划在引导多方资源投入方面发挥的杠杆作用也越来越明显。在市场经济体制下,农业科技计划更加注重实现科技成果转化,实现科学技术的社会经济效益、促进科技与经济相结合成为农业科技计划的重要目标。目前中国在科技经费资助层面正在逐步建立综合型的科技计划平台,各个政府部门在制订和实施科技计划的过程中更加注重相互之间的协同与配合,科技计划向整合的趋势发展,科技计划之间的衔接正在逐步加强,且更加注重对经济和社会发展的支撑作用。

(三) 资源配置过程中的组织与协调机制

在中央政府部门层面,在日常科技资助与科技管理活动中,一般涉及职责范围内的涉农工作均由中央政府部门单独承担。凡涉及多个部门的相关事项,则通常由负责该事项的主管部门牵头,联合其他相关部门共同参与实施。尚未明确分工的事项或者是重大的政策或管理方式的变动,均须经过国务院批准。一般情况下由事项的主管部门提出意见,如果该事项还涉及其他管理部门,则主管部门必须事先征求其他管理部门的意见,使部门之间达成一致意见，并上报国务院批准。如果部门间无法达成一致意见，则由主管部门将本部门的意见和其他各相关部门的意见汇总一并上报至国务院决定。

中央政府部门与地方政府部门之间主要是对口协调的关系，一般各级地方农业科技管理部门与中央农业部门之间为对口设置。在农业科技管理方面，中央与地方的职能重点不同，中央政府部门主要负责农业科学技术的基础研究、应用研究与战略性技术或共性技术的开发管理工作，地方政府部门则主要负责农业特色研究和农业技术研发与推广等方面的管理工作。

三 农业科技创新的评价方式

中国的农业科技创新评价主要包括宏观层面评价和微观层面评价两部分，其中宏观层面包括政府管理和资助部门对科研机构、科技计划或项目的评价。政府管理和资助部门对科研机构的评价主要是对科研机构本身的研究实力和水平进行评估，以此推动科研机构自身能力建设。政府管理和资助部门对科技计划或项目的评价主要是对科技计划或项目的过程和结果进行评估，以保证科技计划或项目的完成质量，提高科技创新资源的使用效率。微观层面评价主要是科研机构内部的评价，对机构内部科研团队及科研人员的绩效、职称评定、晋升等方面进行评估，以形成对内部科研团队和科研人员的考核和激励。

从中国农业科技创新评价制度及相关研究来看，现有的农业科技创新评价体系和评价方式主要有以下几方面的特点。（1）农业科技评价导向注重科技成果的先进性，忽视科技成果转化的实用性。这种评价导向容易造成科研活动与农业生产实际相脱节，对推动农业科技成果转化的激励不足，影响农业科技成果转化效率，不利于科技与经济的结合。（2）评价周期相对较短，不利于农业科研的积累。农业科研开展周期相对较长，一般需要8~10年甚至更长的时间；而农业科技计划的实施周期却相对较短，以"短平快"项目为主，平均资助周期为 2～3 年，较短的评价周期不利于农业科学研究的持续积累和重大突破。（3）评价注重成果的数量而忽视成果的质量和实际价值。在高校和科研院所内部在对科研人员和团队进行考核的过程中，项目、论文、专利数量等量化指标所占比重较高，并直接与职称、收入挂钩，从而导致科研人员和团队过于注重成果的数量。

第三节　中国农业科技创新组织与管理面临的问题及应对

一　中国农业科技创新组织与管理面临的主要问题

（一）农业科技创新需求日益多样化和复杂化

在资源和环境约束日益严峻的形势下，我国农业产业的可持续发展将越来越依赖于农业科技创新。我国地域辽阔，不同区域之间的自然条件、生态环境存在较大的差异，因此不同区域对农业科技创新也有着不同的需求。未来农业在满足国内日益增长的农产品总量、质量和安全需求方面面临着很大的挑战，同时随着人均收入和国民生活水平的提高，国民对农产品的需求更加多样化。而随着工业化、城镇化的快速推进，农业产业发展面临的问题也更加复杂化，如土壤、水资源和生态环境污染问题、食品和粮食安全问题等，未来中国农业需要依赖农业科技在动植物增产、资源利用、食品安全维护、生态环境保护等多方面发挥作用。这些农业产业发展实际需求问题的解决不仅需要依赖于不同学科的知识，同时也需要政府部门、科学界、产业界以及社会相关部门等多个利益相关者的共同参与。

（二）政府部门内部有效协同不足

政府部门资助开展的科技创新活动存在多级委托代理问题，即"纳税人—政府科技管理和资助部门—大学或科研机构—科研团队或科研人员"（肖小溪，2013），政府科技管理和资助部门的运作效率会在很大程度上影响科技创新活动的有效开展。由于农业科技创新活动有着较强的公共性，政府科技管理和资助部门在推动农业科技创新方面发挥着更加重要的作用，中央政府各个部门、地方政府部门以及政府部门之间在支持农业科技创新的过程中存在行政干预过多、资助渠道分散、多头管理和协同不足等方面的问题，影响和制约了农业科技创新效率。（1）在经费支持方面，经费来源渠道分散。政府部门在支持农业类科研机构和农业类大学开展农业科学研究方面占据重要地位，政府资金支持仍然是我国农业类科研机构、农业类大学研发经费的主要来源（毛世平等，2013），但政府部门的农业科技研发经费来源较为分散，经费来源的主要部门包括科技部、农业农村部、国家自然科学基金委员会、国家林业局等。由于各个部门之间缺乏有效的沟通与协调，农业科研项目重复资助，经费资源使用效率较低。（2）在农业科技规划制定和实施方面，条块分割问题严重。我国政府部门支持农业类科研机构、农业类大学开展农业科技创新的主要方式之一是实施农业科技计划。从我国改革开放以来涉农类科技计划的演变过程与特征来看，虽然涉农类科技计划的法治化和规范化程度不断提高，对推动我国农业科技创新和农业产业的发展发挥了重要作用，但中央政府部门之间和地方政府部门之间协同不足、分散管理和条块分割的特征仍然存在（奉公和余奇才，2015）。这种多部门立项、多部门管理的方式导致的投入渠道分散和条块分割容易造成重复资助和研究方向分散等问题，从而降低农业科技创新经费的使用效率。（3）在农业科技创新环境建设和政策制定方面，职责交叉、政出多门等问题仍存在。不同管理部门之间的目标不一致，在农业科技政策的制定和实施过程中缺乏有效的沟通与协同机制，导致农业科技创新政策执行效率较低。

（三）农业科技与农业产业发展难以有效结合

农业科技创新具有较强的公益性和外部性，产业界无法获取研发投入所产生的全部收益，其对农业科技创新投入不足，因此政府部门需要在农业科技创新过程中发挥重要作用。一般情况下政府部门通过征税的方式获取支持农业科技创新的经费，之后将农业科技创新经费配置于农业类科研机构、农业类大学等相关研究部门，并委托这些研究部门开展相关的农业科学研究活动。政府部门支持农业科技创新的目的是在现有的农业资源投入的情况下拓展农业生产的可能性边界，并将其转化为生产力以推动农业产业发展。农业科技创新最终实现成果转化并在社会中广泛扩散与应用是实现"产业发展—农业科技创新—产业发展"良性循环的关键。只有使农业科技创新成果成功实现商业化并推动农业产业发展，政府部门才能获得更多的税收来源以支持相关研究部门进一步开展农业科技创新活动，持续的农业科技创新活动又能进一步支撑和推动农业产业发展，从而形成良好的循环。

近年来，我国逐渐加大了对农业科技创新的资助力度，农业科学研究水平得到了较大的提升，农业科学研究水平的提高也有效地支撑了农业产业的发展。农业科技进步对农业产业发展的贡献率从 2003 年的 46% 左右提升到了 2019 年的 59% 左右，但与发达国家 70% 以上的贡献率相比仍然存在较大的差距（王雅鹏等，2015）。我国农业科技进步对农业产业发展的贡献率较低的原因是多方面的，其中一个重要因素是我国政府与市场的结合有待进一步加深，在农业科技创新组织与管理方面还存在较多问题，导致农业科技创新资源配置效率较低，难以实现政府部门、科学界、产业界和社会部门资源和力量的整合，使得农业科技难以形成对农业产业发展的有效支撑，科技与经济"两张皮"问题突出，从而不利于农业产业的可持续发展。单纯地依靠增加农业科技创新资源的投入难以提升本国农业科技创新的竞争力，农业科技创新能力的提升不仅需要加大农业科技创新资源的投入，同时也需要采用有效的科技创新组织与管理模式提高资源的配置效率，引导各方开展合作，推动农业科技与农业产业发展的有效结合，使得有限的农业科技创新资源发挥支撑农业产业发展的最大效用。

影响我国农业科技与农业产业发展有效结合的具体因素是多方面的，

国内外相关组织和学者均对此进行了深入和系统的研究，相关问题主要归结为以下几个方面。(1)农业科技计划和任务选题机制问题。我国目前农业科技研发资金主要是由政府部门支持的，农业科技计划的制定和任务选题的确定往往也是由政府部门主导实施的。农业类科研机构、农业类大学开展农业科学研究的主要目标是完成由政府主导实施和确定的农业科技计划、任务选题，缺乏面向市场解决农业产业实际问题的动力和压力。政府部门在制订农业科技计划的过程中更加注重社会公益性、战略性科研任务，在农业科技计划制订过程中产业界参与不足，导致农业科技计划选题往往脱离农业生产实际，农业科技计划与农业生产实际需求相互脱节。(2)评价导向问题。现有的农业科技评价体系主要以论文发表、专利申请为导向，较少服务于农业生产的实际需求，忽视了农业科技创新的产业需求导向和社会价值导向，导致农业科研活动与农业实际生产活动相互脱节，不利于农业产业发展。农业类大学和农业类科研机构在农业科技成果认定方面一般由其主管部门确定的科研论文数量和承担政府课题等指标决定，这就使得农业科学研究与农业产业发展之间产生脱节的现象（陈慧女和周份，2014）。(3)私人部门参与程度较低，合作创新不足。涉农类企业在新产品市场化方面具有较强的优势，但受到原有计划经济体制的影响，中国的农业科技力量主要集中分布在农业类科研机构和农业类大学，农业研发活动也主要由农业类科研机构和农业类大学承担（Hu et al.，2011），涉农类企业研发能力较弱，参与农业研发活动相对不足，不利于农业科技创新成果的快速转化。OECD 的研究也认为中国农业科技创新过程中私人部门参与不足，这就使得与农业生产过程紧密相关且较为紧迫的问题难以得到有效的关注，同时农业科技创新体系也难以发挥民营企业的力量将农业科技成果快速转化并在社会中进行扩散和应用。(4)农业科技创新价值链衔接不足。国家支持农业类大学和农业类科研机构开展的农业科研活动主要集中于农业科技创新价值链前端的基础研究和国家战略性研究，产业界则主要集中于农业科技创新价值链后端的新产品商业化，而面向市场的农业科技成果转化这一中间环节出现脱节，导致农业科技创新价值链衔接不足。（5）农业科技成果推广与扩散渠道不畅通。受原有计划经济体制的影响，我国政府主导型的农业技术推广与扩散体系仍然占主导地位。由于体系内部的运作机制、激励机制较为僵化，对市场反应较为滞后且灵活性较差，难以调动社会多方力量共同参与，同时政府内部不同职能部门之间协同不足造成了农业科研与成果推广之间的脱节，科研成果难以得到快速有效的推广和扩散（王雪等，2016）。

（四）农业科技创新力量较为分散且协同不足

我国农业科技创新力量具有相对分散的特征，且因受到行政管理部门的影响相互之间协同与合作不足。从农业科研机构的层级分布来看，受计划经济体制下的科技管理模式影响，我国农业科研机构设置基本上是按照行政级别和区域划分的，而非按照自然资源、生态环境特点设立的，在纵向方面分为中央和地方两个层级，横向方面依据行政区域设置区域性农业科研机构。

从隶属关系来看，中央层面的农业类科研机构和农业类大学大部分隶属于农业农村部，少部分隶属于教育部和中国科学院；省级的农业类科研机构和农业类大学分别隶属于各个省份的农业农村厅、教育厅等机构；市县一级的农业科技推广机构主要隶属于农业行政部门（崔宁波和郭翔宇，2010）。由于这些农业类科研机构和农业类大学分别隶属于不同的行政部门，在行政部门管理体制下农业科技经费来源较为分散，且涉及部门和地方利益问题，各个经费来源部门之间的协调与沟通不足，使得项目资助存在碎片化和重复化等问题。行政部门与科研机构、大学之间具有较强的隶属关系和指导关系，行政部门的管理对科研机构、大学的科研选题、科研成果的影响较大，这也使得不同区域、不同级别的农业类科研机构、农业类大学之间在信息的交流、技术的共享方面缺乏有效的合作与协同。从分工与协作方面来看，中央层面的农业类科研机构、农业类大学应当以基础研究和与基础研究相关的部分应用研究为主，地方层面的农业类科研机构、农业类大学应当以应用研究、区域性应用研究、开发研究和研究成果示范推广为主，而目前的竞争性资助机制强化了科研机构、大学之间的竞争，弱化了科研机构、大学之间在农业科研方面的差异化定位与分工合作，影响了不同层次、区域之间科研机构和科研人员在农业科技创新价值链环节上的分工与协作（郝志鹏和曾希柏，2016）。

整体来看，农业科研、教育和推广机构分别隶属于不同的行政部门，不同行政部门之间存在差异化利益诉求，使得不同层次、不同区域之间的农业类科研机构、农业类大学缺乏足够的沟通与协作。一方面，不同层级、不同区域的科技管理部门之间沟通与协调不足，导致资助碎片化和资助强度不足，同时也容易产生重复资助的问题，造成农业科技创新资源的低效率配置。另一方面，不同的农业类科研机构、农业类大学隶属于不同的行政管理部门，分散化管理模式不利于农业科技创新力量的整合，也不利于农业科技成果的快速转化。同时竞争性项目在农业科研资助中所占比例逐渐提高，容易导致过度竞争，不利于科研机构和科研人员之间的分工与合作。

二 中国农业科技创新组织与管理的未来应对

从上述分析来看，我国农业科技创新组织与管理还面临多方面的问题与挑战，缺乏有效的组织与管理模式将不同主体、不同学科知识和不同要素整合到农业科技创新价值链中，难以推动农业科技与农业产业发展的有效结合。从科学研究方式的演变、农业科技创新未来发展趋势来看，积极探索新型有效的农业科技创新组织与管理模式，整合各方知识和资源共同开展农业科技创新活动将有利于解决我国在农业科技创新过程中存在的问题与挑战。（1）在农业科技计划决策与制定机制方面，由政府部门、科学界、产业界、社会相关部门等多方主体共同参与农业科技计划和农业研发任务的设计与制定，避免科学界从事的农业科学研究活动与农业产业实际需求相互脱节。（2）在农业科技创新活动的资助、组织与激励方面，采取新型的合作组织方式支持和激励各方共同开展农业科技创新活动，解决资助渠道资源分散、各方主体之间协同创新不足等问题。（3）探索新型跨主体、跨学科合作方式，实现跨主体、跨学科知识在农业科技创新价值链各个阶段的融合，解决农业科技创新力量分散以及各方互动不足造成的创新价值链贯通不畅等问题，实现科技与经济的有效结合；（4）建立和完善以价值为导向的农业科技创新评价体系，引导各方积极开展合作创新，实现农业科技创新资源的有效整合。

第四节　中国基于融合理念的农业科技创新组织与管理模式探索与实践之一

从改革开放至今，随着科技体制改革的不断深入和完善，中国的农业科技创新组织与管理的变革主要经历了三个阶段，分别是农业科技体制改革阶段、农业科技创新体系初步构建阶段和新型农业科技创新组织与管理模式探索阶段。（1）农业科技体制改革阶段。该阶段主要是为了顺应市场经济体制改革，对原有计划经济体制下的农业科技体制进行变革。顶层设计方面的主要改革举措包括解决农业科技创新资源配置的碎片化问题、政府部门的协同问题。组织体制方面主要是改革原有的分级管理模式，构建中央、省、市三级农业科技体制。机构层面的改革措施主要包括科研机构的分类改革、企业化改制等。（2）农业科技创新体系初步构建阶段。该阶段主要是构建国家农业科技创新体系，其标志是 2007 年《国家农业科技创新体系建设方案》的提出和实施。该方案的目标是到 2020 年建成多种创新主体紧密合作、高效互动、开放协作的农业科技创新体系，开始注重以市场为导向构建农业科技创新体系。（3）新型农业科技创新组织与管理模式探索阶段。该阶段主要是在新的发展形势下，积极尝试探索新型农业科技创新组织与管理模式，不断完善国家农业科技创新体系，包括先后实施和组建了现代农业产业技术体系和国家农业科技创新联盟等。

一 现代农业产业技术体系实施背景

自 1985 年开展科技体制改革以来，国家在科技经费配置、科技评价导向、科技与经济相结合等多个方面开展了持续、深入的探索和改革。在科技体制改革的背景下，农业科技创新也面临着诸多方面的问题，如农业科技资助的碎片化、重复性问题，资助渠道的多元化、地区分割问题，资助的评价导向问题以及学科之间、机构之间协作不力等问题，这些问题在很大程度上制约了我国农业科技创新的效率，科技与经济"两张皮"的问题也影响了农业科技对农业产业发展的支撑。与此同时，我国部属农业类科研机构、农业类大学和地方科研机构经过几十年的发展逐渐形成了具有一定优势的农业科研力量，中央和地方也形成了较为完备的农业技术推广体系，但科研体制等问题造成了区域分割、部门分割等现象，这些科研力量和资源难以得到有效整合。在既有的科研体制下通过机制的改进整合不同部门、不同区域、不同主体、不同学科的资源和力量开展合作研究，真正有效解决农业产业发展过程中存在的现实问题，实现科技与经济的有效结合成为实现农业科技创新的关键。为有效提升国家农业科技创新能力，解决农业产业发展过程中面临的实际问题，农业农村部和财政部在 2007 年共同制定了《现代农业产业技术体系建设实施方案（试行）》，开展了现代农业产业技术体系的试点工作。

二 现代农业产业技术体系的组织与管理结构

现代农业产业技术体系的建设以农产品为单元，围绕整个农业产业链开展跨主体、跨学科研究工作，建设从产地到餐桌、从生产到消费、从研发到市场各个环节紧密衔接、环环相扣的服务国家目标的现代农业产业技术体系，提升农业科技创新能力，增强我国农业竞争力。现代农业产业技术体系的试点建设启动以来，中央累计投入科研经费约 182 亿元（截至

2021年12月），组织了全国范围内800余家科研机构、大学和企业的2700多名科技人员开展合作研发和联合攻关，支持了50个农产品体系的建设，其中包括35个作物产品、10个畜产品和5个水产品（见表6-1）。

表6-1　现代农业产业技术体系的50种农产品及牵头单位

批次	品种	牵头单位
1	大豆	中国农业科学院作物科学研究所
1	柑橘	华中农业大学
1	棉花	中国农业科学院棉花研究所
1	奶牛	中国农业大学
1	苹果	西北农林科技大学
1	生猪	中山大学
1	水稻	中国农业科学院水稻研究所
1	小麦	中国农业科学院作物科学研究所
1	油菜	中国农业科学院油料作物研究所
1	玉米	中国农业科学院作物科学研究所
2	贝类	中国科学院海洋研究所
2	蚕桑	西南大学
2	茶叶	中国农业科学院茶叶研究所
2	大麦	中国农业科学院作物科学研究所
2	大宗淡水鱼类	中国水产科学研究院淡水渔业研究中心
2	大宗蔬菜	中国农业科学院蔬菜花卉研究所
2	蛋鸡	中国农业大学
2	鲽鲆类	中国水产科学研究院黄海水产研究所
2	蜂	中国农业科学院蜜蜂研究所
2	甘薯	江苏徐淮地区徐州农业科学研究所
2	甘蔗	福建农林大学
2	高粱	辽宁省农业科学院
2	谷子	中国农业科学院作物科学研究所
2	花生	山东省花生研究所

续表

批次	品种	牵头单位
2	梨	南京农业大学
2	荔枝	华南农业大学
2	罗非鱼	中国水产科学研究院淡水渔业研究中心
2	麻类	中国农业科学院麻类研究所
2	马铃薯	中国农业科学院蔬菜花卉研究所
2	木薯	中国热带农业科学院
2	牧草	中国农业大学
2	葡萄	中国农业大学
2	绒毛用羊	新疆维吾尔自治区畜牧科学院
2	肉鸡	中国农业科学院北京畜牧兽医研究所
2	肉牛	中国农业大学
2	肉羊	内蒙古大学
2	食用豆	中国农业科学院作物科学研究所
2	食用菌	中国农业科学院农业资源与农业区划研究所
2	水禽	中国农业科学院北京畜牧兽医研究所
2	桃	北京市农林科学院
2	大然橡胶	中国热带农业科学院橡胶研究所
2	甜菜	中国农业科学院甜菜研究所
2	兔	中国农业大学
2	西甜瓜	新疆维吾尔自治区农业科学院
2	对虾	中山大学
2	香蕉	中国热带农业科学院
2	向日葵	内蒙古自治区农牧业科学院
2	燕麦	吉林省白城市农业科学院
2	油用胡麻	甘肃省农业科学院
2	芝麻	河南省农业科学院

现代农业产业技术体系（以下简称"技术体系"）由国家产业技术研发中心和地方综合试验站两个层级构成（见图 6-2）。技术体系针对每一

个农产品设置一个国家产业技术研发中心，国家产业技术研发中心主要是依托大学或科研机构现有的重点实验室或研发中心搭建的研究平台，国家产业技术研发中心根据农产品的产业链特点分别设置了遗传育种、病虫害防治、栽培种植、产后加工、机械装备、产业经济等多学科的功能研究室，主要针对农业产业发展中的关键和共性技术开展跨学科研究，解决国家和区域农业产业发展中的重要问题，分析农业产业发展动态与相关信息，并为政府部门制定政策提供依据。各个功能研究室从全国范围内的大学或科研机构选拔各学科领域的优秀专家并为其设置科学家岗位，从而保证农产品产业链各个环节研发的有效衔接。在具体的岗位设置方面，每个技术体系设置一名首席科学家，根据技术体系的实际需要设置 25~30 个的研究岗位，同时在农产品主产区设置 20~30 个综合试验站。地方综合试验站主要是根据各个区域的生态气候特征、市场需求等因素设置的推广机构，主要职能是及时将技术体系的科研成果在基层大面积示范和推广，使得科研成果能够真正产生经济效益，同时定期对农业产业的实际技术需求进行广泛的产业和市场调研，并将需求信息及时反馈至国家产业技术研发中心，从而实现农业科技进步与农业产业发展之间的良性循环与互动。技术推广和需求调研的相关主体主要包括地方政府部门、农业行业协会、涉农类企业、农民合作组织和农户等。

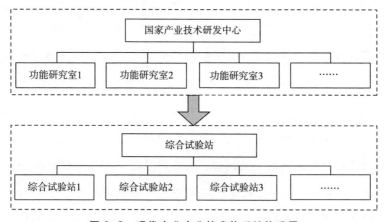

图 6-2　现代农业产业技术体系结构设置

在组织与管理方面，技术体系根据决策、执行和监督权责明晰的原则，设立了独立的管理咨询委员会、执行专家组和监督评估委员会。其中管理咨询委员会由政府部门、产业界代表、农业行业协会代表、农民合作组织代表、大学和科研机构专家代表组成，主要负责制订技术体系五年发展规划和分年度计划。执行专家组由各国家产业技术研发中心首席科学家和功能研究室主任共同组成，主要负责执行技术体系五年发展规划和分年度计划。监督评估委员会由行业管理部门、主产区政府主管部门、相关学术团体、推广机构、农业行业协会、产业界、农民合作组织的代表以及财务和管理专家组成，主要负责对功能研究室、综合试验站和相关人员的工作执行情况进行监督和评估。

三　现代农业产业技术体系实施的绩效评估

根据农业农村部和财政部印发的《现代农业产业技术体系建设实施方案》，2015年财政部、农业农村部联合委托中国科学院第三方评估研究中心对技术体系进行了绩效评估，绩效评估采用技术体系自评估，实地调研，访谈，问卷调查，邀请科研机构、大学和产业界专家代表现场会议评估等多种方式相结合的方法进行。其中调研范围涉及技术体系的管理部门、技术体系内部的科技人员、地方政府以及相关科研机构、大学、企业界代表等，评估重点以技术体系产生的社会效益、行业经济效益为主。评估结果认为：（1）技术体系所蕴含的一些特点如相对稳定的经费支持、农业产业上下游结合、多学科交叉与问题导向等，比较好地反映了农业科技创新的特点、发展趋势与规律，包括农业科技创新的长周期性和累积性、上下游结合、多学科交叉、问题导向和生产需求导向等。（2）技术体系围绕产业发展需求开展跨学科、跨主体的联合研发攻关，实现了科技与产业的有效结合和学科之间的交叉融合，农业科技成果产出及转化效率明显提升（见表6-2），引领现代农业产业发展的能力显著增强，农业科技进步与农业产业发展形成良性互动，带动了农业产业升级和综合效益提升，较好地解决了科技与经济"两张皮"的问题。（3）技术体系在不触动现行科技管理体制的前提下，依托国内科研机构、大学和企业已有的优势力量，建立了以技术集成研究、试验和示范为重要特征的合作平台，统筹了产前、产中、产后的农业科技力量，推动了农业科技创新链各环节的有效融合，支撑了农业产业的发展。

表6-2　现代农业产业技术体系取得的部分代表性成果

序号	成果名称	所属体系	效果与影响
1	玉米单交种浚单20选育及配套技术应用	玉米	累计推广面积1.41亿亩
2	抗条纹叶枯病高产优质粳稻新品种宁粳4号、宁粳3号推广	水稻	累计推广超过2000万亩
3	高产抗病优质杂交棉品种GS豫杂35、豫杂37的应用	棉花	累计推广1000万亩，大大提高了棉花的抗虫性
4	济麦22推广	小麦	累计推广面积1.3亿多亩，已连续5年是当前我国年种植面积最大的小麦品种
5	油菜新品种中油杂11推广	油菜	累计推广3500多万亩，创社会经济效益近30亿元
6	"巴美肉羊"新品种应用	肉羊	国内首个专用肉羊新品种，生产性能提高20%以上，新增产值32亿多元，新增利润6亿元
7	大恒699肉鸡配套系完善	肉鸡	累计生产商品肉鸡3.7亿只，配套养殖技术推广获经济效益52.6亿元
8	半滑舌鳎生产	鲆鲽	累计生产半滑舌鳎苗种12500万尾、商品鱼约20000吨，年产值达15亿元
9	瘦肉型北京鸭配套系和烤鸭专用北京鸭配套系应用	水禽	新品种打破了发达国家对我国肉鸭品种市场的垄断，已授权2个大型企业示范推广
10	南阳牛种质创新与夏南牛新品种产业化	肉牛、牦牛	推广范围达国土面积的1/3以上，新增效益30亿元

序号	成果名称	所属体系	效果与影响
11	"京欣"系列西瓜品种推广	西甜瓜	2011~2013 年推广"京欣"系列西瓜品种 557 万亩，新增效益 39.4 亿
12	徐薯 22 推广	甘薯	截至 2011 年累计推广 2012.7 万亩，新增社会经济效益 29.25 亿元
13	异育银鲫"中科 3 号"推广	大宗淡水鱼	增收 520 元/亩，苗种生产企业增效 50%
14	"海大金贝"橘红色闭壳肌的应用	贝类	类胡萝卜素含量平均达到 30μg/g，增产 23.5%~26.7%，成活率提高 25%以上，育苗 3 亿粒
15	苹果矮化砧木新品种选育与应用及砧木铁高效机理应用	苹果	每亩增收 1650 元，已推广应用 130 万亩，年增加效益 21.4 亿元
16	大豆精深加工关键技术创新与应用研究	大豆	新技术装备已在 18 家企业得到推广应用，共建立生产线 40 条，累计创经济效益 64 亿元

四 现代农业产业技术体系的组织与管理模式特征

(一) 面向产业需求的问题导向

技术体系以解决农业产业发展过程中面临的实际问题为导向，根据农业产业发展中的实际需求初步形成了"自下而上"的科研选题模式、"自上而下"的任务委托模式和灾害应急任务处理模式。其中"自下而上"的科研选题模式由各国家产业技术研发中心和首席科学家组织本体系内的人员，依托各个技术体系分布在各地的综合试验站对农业产业发展中所遇到的各种问题进行定期和不定期的调研获取而形成。其中定期调研以五年为一个周期，重点调研产业技术用户需要解决的技术需求和问题，调研对象主要包括中央和主产区相关政府部门、推广部门、行业协会、学术团体、进出口商会、龙头企业、农民合作组织。执行专家组讨论和梳理农业产业发展中的实际问题和技术需求信息，并提出技术体系未来五年的研发和试验示范任务规划与分年度计划，报经管理咨询委员会审议后由农业农村部审批并下达，从而形成"自下而上"的研发任务。"自上而下"的任务委托模式方面，农业农村部主要根据自身及其他相关中央部委提出的国家战略需求，为各个技术体系设定相应的任务书，从而形成"自上而下"的研发任务。灾害应急任务处理模式主要是技术体系及时处理农业产业中突发事件的应急反应机制，各个技术体系根据该机制及时应对和解决农业产业在生产过程中出现的突发事件。

在具体的执行过程中，国家产业技术研发中心针对产业发展中的重要共性技术问题，向政府相关管理部门提出支持立项建议，推动相关基础研究与技术体系内的应用研究相互衔接。同时综合试验站收集、分析和整理本区域的农业生产实际问题、技术需求信息和疫情、灾情等动态信息，及时反馈到国家产业技术研发中心。国家产业技术研发中心经研究和协商并提出明确意见和建议后上报中央有关部门，在此过程中技术体系能够形成有效的农业产业市场需求信息来源机制，发挥市场和技术需求信息的桥梁和纽带作用。

（二）建立在竞争基础上的稳定性资助方式

技术体系采用的是定额稳定资助的方式，每位首席科学家每年资助 30 万元，每个研究岗位每年资助 70 万元，每个综合试验站每年资助 50 万元，这些稳定性经费均由中央财政以基本科研业务费的形式予以资助。技术体系的稳定性经费支持是建立在一定的竞争基础上的。在人员遴选方面，技术体系从全国范围内选拔相关领域最具实力的科研人员，采用的是科研人员自我推荐和技术体系公开遴选的双向选择方式（张克俊等，2014）。在人员考核方面，对技术体系内部成员实施年度集中考核，并引入末位淘汰制度，对连续两年考核排名倒数 10% 以内的成员予以解聘，其岗位面向社会重新招聘。稳定性经费支持符合农业研发周期较长的特点，同时也使得科研人员能够从烦琐的项目申请、分期考核等事务中解脱出来，潜心地在某一领域开展深入持续的研究，并形成良好的技术储备。而建立在竞争基础上的稳定性资助方式对参与技术体系的科研人员形成了有效的激励和约束，能够提升科研经费的使用效率。

（三）稳定的跨学科专家合作团队

技术体系从全国科研机构、大学和企业中选拔在该领域学术水平高、懂产业、会技术、实践经验丰富且被科学界和产业界认可的专家担任各功能研究室的科学家。技术体系将分散在各个科研机构、行业和部门不同学科的专家集聚在一起，并给予长期稳定的经费支持，稳定了一批围绕产业链开展跨学科研究的专家人才从事与农业产业相关的研发和推广工作。不同学科的专家通过组建稳定的跨学科合作团队，围绕农业产业相关问题在全产业链开展长期稳定的跨学科合作研究，针对农业产业发展中面临的各种关键共性技术问题，在动植物种业、规模化种养业、重大病虫疫病防控、农业设施与装备、农产品加工等领域，开展跨学科、跨地域、跨部门的联合研发，有效地服务于国家农业产业的发展，探索了适合中国农业科技创新的新型组织与管理模式。

（四）多主体参与的全价值链合作模式

技术体系根据产业链的特征和需求，以农业产业实际问题为导向，将科学研究力量划分为多个功能研究室，分别对应产前、产中和产后主要环节，从而保证了每个产业体系的各个环节和领域都有相应的科研力量，有效衔接了从产地到餐桌、从生产到消费、从研发到市场的各个环节。同时依托综合试验站，技术体系专家调研、收集和汇总包括地方政府部门、农业行业协会、涉农类企业、农民合作组织和农户等在内的各方主体和用户的技术需求信息，之后将技术需求信息反馈至国家产业技术研发中心。国家产业技术研发中心依据各地综合试验站提供的信息确定研究方向和主题，并整合下属的各个功能研究室的相关力量共同开展针对性研发活动，最后再由综合试验站及时将体系的科研成果在基层大面积集成、示范和推广，或由综合试验站与当地涉农类企业合作，使得科研成果能够真正产生经济效益。在此过程中，多方主体实现了资源、信息与技术成果的共享，农业科技创新与产业发展形成良性互动，较好地解决了科技和生产无法有效结合以及技术成果转化效率较低的问题，实现了科技与经济的有效结合。

（五）网络化的研发资源整合与组织模式

围绕农产品组建的跨学科合作团队是由分布在全国范围内的中央和地方科研机构、大学等机构的科技工作者组成的。这些科技工作者保持了与原单位之间的工资、人事关系，这就使得技术体系能够在现有科技体制下从全国范围内选聘优秀的科技工作者，打破了部门与行业之间、中央与地方之间的隔阂，把原本分散在不同部门、不同行业、不同隶属关系的各个专业领域的优秀农业科技人才凝聚在一起，形成了全国性网络化合作团队。技术体系在建设过程中注重利用和整合现有的研发平台和硬件资源，而非建设新的产业技术研发中心或试验站，防止了科研平台的重复建设和资源的浪费，其中国家产业技术研发中心依托大学或科研机构已有的国家重点实验室等平台建立，综合试验站则主要依托地方农业科学院或大学建立。广泛分布于全国各地的综合试验站体系，能够加快农业科技成果在全国范围内的推广，同时也能够获取各地的需求信息资源。为实现对这一网络化团队的管理工作，技术体系建立了虚拟网络管理平台，通过虚拟网络管理平台为每个科研人员建立了虚拟办公室，这一平台为分布于不同区域、不同单位的科研人员提供了一个良好的工作和交流平台。该平台一方面有利于即时加强人员和经费管理；另一方面可以征集不同专家的意见和建议，为技术体系的发展出谋划策，也有利于加强体系内部和体系之间专家的相互沟通、交流和信息共享，同时也能发挥其及时通报、交流和处理应急事件的作用，为政府部门制定政策和应急措施提供科学依据。在信息资源共享方面，技术体系内部收集和整理的国内外产业技术发展动态信息、技术经济信息、知识产权信息等公开免费向社会提供，实现开放式共享。

（六）价值导向的评价模式

技术体系的目标导向更加注重农业科技成果的实用价值。技术体系制定的《现代农业产业技术体系人员考评办法（试行）》改变了以往将论文、科技奖励、项目数量与类别等作为考核指标的评价标准，把真正解决农业产业实际问题并促进农业产业发展作为评价考核的首要标准，实行专家测评和技术用户（包括地方行业管理部门、技术推广部门、农业行业协会、企业界代表、农户代表等）评价相结合的评价模式。中央和主产区的政府部门、农民合作组织代表、涉农类企业代表等共同参与技术体系的验收，主要依据技术成果在生产实践中的推广与使用情况来考核，包括技术研究人员能否每年向基层技术推广人员推荐一些实用的新技术，技术推广人员又能否将这些新技术推广传播，教会农户，让科研成果运用到实际生产中，使科研成果能够对推动农业产业发展产生实际的效果。在技术体系考核周期方面，实行 5 年一次的综合考察，相对较长的考核周期符合农业科研长周期的特点，也给予研发人员充分的时间对农业科研成果进行转化和推广。

五　现代农业产业技术体系的机制设计特点

在信息效率方面，各个技术体系的首席科学家由农业农村部组织专家通过评审进行选拔，而技术体系内部的岗位专家则在符合基本条件的前提下，由技术体系的首席科学家进行推荐。一般各个技术体系的首席科学家对各自领域的专家或人才更加熟悉、了解和信任，有利于首席科学家根据技术体系建设的需要建立跨学科研究团队。基于首席科学家推荐而组建的跨学科研究团队具有较高的信息传递效率，这是因为首席科学家推荐团队成员能够有效降低团队成员之间的信息不对称程度，提高团队成员之间的信任程度，从而能够使团队成员之间信息沟通和共享比较顺畅，有利于提高信息传递效率和传递质量，并降低信息传递的成本。与此同时，技术体系依托网络平台构建了虚拟办公室，科研人员可以通过网络平台对技术体系中的科研问题及相关信息进行沟通、交流和共享，有效提高了科研管理效率和科研数据的使用效率。

在激励相容方面，各个技术体系的管理实行首席科学家负责制，经费资助方面采用稳定性经费资助方式。首席科学家和岗位专家在经费使用方面采用包干制，给予首席科学家和岗位专家较大的自主权，"稳定性经费+包干制"使得技术体系的科研团队能够围绕产业技术问题开展持续性研究，形成对产业发展的有效支持。在产出评价方面，各个技术体系以解决各个产业实际问题为主要标准，由行业专家、政府部门代表等共同组成的评价专家组对产出结果进行综合性评估，并根据评估结果实行末位淘汰制，从而形成对技术体系科研团队的有效激励。技术体系科研团队围绕农业产业问题开展持续性研究，既能解决农业产业问题，又能在解决农业产业问题的过程中发现科学研究问题。同时借助技术体系建设的虚拟网络平台，各个技术体系内部和技术体系之间的首席科学家和岗位专家能够形成有效的沟通协作机制，有利于各个体系的首席科学家和岗位专家开展跨产业、跨学科研究，提高首席科学家和岗位专家在行业和科学界的知名度，也有利于岗位专家职称的晋升，因此，技术体系的目标设置、经费资助方式、考核评价机制等制度设计能够实现体系、团队和科研人员之间的激励相容。

第五节　中国基于融合理念的农业科技创新组织与管理模式探索与实践之二

一　国家农业科技创新联盟概况

为有效组织全国农业科技创新力量解决国家和农业产业面临的重大问

题，深化农业科技与经济发展之间的融合贯通，农业农村部、财政部于2014年12月牵头组织和建立了国家农业科技创新联盟（以下简称"创新联盟"）。创新联盟由农业农村部和财政部共同主导，中央、省、市三级农业科研机构共同参与组建，通过组织和协调全国多个行业的农业科研与创新主体，实现跨主体、跨学科的资源和力量的整合，着力解决农业全局性、重大战略性与共性技术难题以及区域性农业发展重大关键性技术问题。创新联盟的职责主要包括承担农业农村部等部门的重大科技计划任务，协同开展农业科技创新；开展农业产业发展重大问题调研，提出发展咨询报告；协调创新联盟成员之间的职能分工，与其他组织、生产部门等开展协同创新、成果转化等。目前创新联盟已经成立了棉花产业科技创新联盟、渔业装备科技创新联盟、奶业科技创新联盟等多个联盟。

从创新联盟的定位来看，创新联盟的成立要求必须有产业界的参与，同时联合中央、省、市三级农业科研机构和大学的力量，其目标主要是针对农业企业、产业发展中所面临实际问题和需求开展联合攻关，构建"从生产中来、到实践中去"的问题导向机制。从创新联盟的组织方式来看，通过体制机制改革与创新，打破各个学科专业、单位和区域的界限，联合跨主体、跨学科的资源和力量构建新型科研组织与管理模式，推动产学研一体化，实现从基础研究到应用研究再到成果转化与推广应用整个农业科技创新价值链的贯通。从创新联盟的产出评估来看，创新联盟更加注重对产业发展带来的贡献以及对经济社会发展带来的价值。

二　国家农业科技创新联盟的组织与管理模式

创新联盟在原有的科技体制下，通过构建平台的方式将全国分散在不同区域和不同单位的农业科技创新资源和力量整合或组织起来，其初始定位为非法人合作组织（熊明民和庄严，2018）。随着探索和实践的深入，创新联盟不断探索和尝试新型组织与管理模式，组织实现方式也更加多样化，且更加注重企业在联盟的组织实施、研发投入和科技成果转化方面的重要作用。从目前的探索和实践来看，创新联盟主要尝试构建了三种不同类型的实体型组织模式，分别是实体化研究机构、实体化运营机构和实体化服务机构。部分创新联盟通过社会资本参与、科研机构技术入股、企业建设和运营等方式，已经建成或筹备成立了市场化实体型研究院、创新型企业、创新研发中心等，通过实体化运营，收益共享，风险共担，并有效解决了产权归属问题。（1）实体化研究机构是以产业问题或需求为导向，整合行业内主要的跨学科科研力量组建的联合攻关实体研究机构。实体化研究机构一般由科研机构或涉农类企业牵头组建，共同围绕农业产业技术问题开展技术研发工作。如国家水稻商业化分子育种技术创新联盟是由安徽荃银高科种业公司联合6个科研单位的跨学科研究团队共同组建的。该联盟构建了"6+1"的新型合作模式，通过股权激励、实体化运营等方式积极探索创新联盟的新型运作模式。各方依托该联盟共同组建成立了安徽中科荃银分子育种研究院有限责任公司，其中荃银高科以资金形式入股，持有股份30%，6个科研单位的跨学科研究团队以现金和期权的形式入股，合计持有股份70%，目前该公司已经成为业界领先的分子育种技术公司。（2）实体化运营机构是参与成员单位按照自愿原则，以现金和期权的形式分配股权，联合成立的股份制企业。实体化运营机构一般由企业牵头组建成立，科研机构和大学共同参与，该类型机构主要开展科技成果转化与商业化相关工作。（3）实体化服务机构一般由地方政府和企业合作建立，服务于当地产业，主要围绕农业产业问题开展技术服务活动。如2017年创新联盟相关企业共同投资成立"宁波易船达科技股份有限公司"，该公司主要定位于为渔业船舶装备生产企业与使用企业的上下游之间的供应链方面提供综合服务，包括物资管理、售后服务、技术互动、安全管理、行业资讯等全方位的一站式技术服务。

三　国家农业科技创新联盟的资源共享机制

不同于以往的农业科技创新组织与管理模式，创新联盟在开展农业科技创新活动的过程中以产业问题或市场需求为导向，组织中央、省、市三级农业科研机构等多方主体和跨学科的力量，联合开展合作研发与创新，推动科技与经济的有效结合。截至 2021 年底，创新联盟共组建了 74 家联盟，基本覆盖了农业主要产业和区域。创新联盟主要通过资源共享和组织协作等方式推动合作创新。资源共享包括平台、基地、信息和资源四个方面的共享服务，创新联盟先后构建了种质资源共享、产品质量安全、科技信息资源共建共享等多个资源共享平台，既避免了平台的重复建设和资源浪费，又实现了各方资源的共建与共享，提高了平台建设效率和资源利用效率。科技信息资源共建共享方面构建了"国家农业科技创新联盟农业科技信息资源共建共享平台"。该平台由 8 家创新联盟成员单位合作建设，构建了"资源全、多终端、一站式、1 小时"的新型信息服务模式，实现了对 600 多个农业科学数据库的 2000 余万条农业科学数据的整合，实现了联盟成员单位内农业科技文献信息资源 99.9% 的保障水平。农作物种质资源联盟则整合了全国 70 多家单位的各类农作物种质资源 90 多万份，直接服务用户达 1 万余次。组织协作方面主要通过建设多种形式的行业创新联盟平台，集合科研机构、大学和企业各方的优势力量，共同围绕产业创新链问题开展协作研发，有效解决科技研发与成果转化的衔接问题。

四 国家农业科技创新联盟的经费投入与产出效果

在创新联盟的资金获取与投入方面，依托联盟平台，通过财政资金投入引导，创新联盟以市场化的方式撬动更多的市场和社会资金，以多种形式吸纳社会资本、风险投资等多方资金投入，基本上形成了中央、地方、企业和金融部门等多方投入的格局。从 2017 年相关统计数据来看，创新联盟共整合各方资金 18 亿元，其中中央财政投入约 1 亿元，地方政府部门投入 7 亿元，撬动企业和金融机构共投入 10 亿元。

在创新联盟的产出效果方面，创新联盟针对农业产业发展问题，在整合多方资源联合开展研发攻关的基础上取得了显著成果。如奶业科技创新联盟针对国产奶的品质问题开展联合攻关，形成的"优质乳工程"技术体系在多家企业示范应用，该技术体系的应用使得鲜奶加工成本降低15%以上。棉花产业科技创新联盟定位于中高端品质棉花的科研、生产、加工、流通等各个环节的资源整合，通过多方协同合作使我国国产棉花品质提高了1~2级，满足了国内棉纺织企业对国产优质棉花的需求。除此之外，创新联盟还在玉米秸秆综合利用、重金属污染等区域性问题方面开展技术攻关，未来有望取得更多成果。

第六节　中国农业科技创新组织与管理中政府与市场的有机结合

受原有计划经济体制的影响，在探索和构建新型农业科技创新组织与管理模式之前，中国的农业科技创新活动呈现较强的政府干预特色，尤其在农业科技规划与政策制定、农业科技创新资源配置等方面，政府部门有着较强的影响力。随着中国创新驱动战略的实施、市场经济体制的不断完善以及新型农业科技创新组织与管理模式的探索与构建，市场机制开始在中国的农业科技创新活动中发挥重要作用。

（1）在问题导向下，农业科技计划制订整体上开始逐渐呈现"自上而下"和"自下而上"相结合的特征。从"自上而下"的角度来看，中国政府部门能够充分利用自身在宏观科技、经济方面的信息优势，从国家战略需求的角度拟定科技发展战略、农业科技计划等，发挥政府在科技发展战略、农业科技计划方面的宏观指导作用。从"自下而上"的角度来看，中国政府部门在农业科技计划制订过程中也越来越注重遵循市场的基本规律，注重以市场为导向，通过部门内部渠道、网上征集等多种方式"自下而上"地吸纳产业界及各方代表对农业科技创新的需求信息，即通过市场化的方式将产业界的问题和需求反映到农业科技计划与政策制订过程中。现代农业产业技术体系中"自上而下"的研发任务委托模式和"自下而上"的科研选题模式充分体现了政府和市场在问题导向的农业科技计划制订方面有机结合的特点。

（2）在农业科技创新组织与实施方面，在宏观政策层面，政府部门通过实施、修订和完善《促进科技成果转化法》等相关制度和法律政策，完善科技创新的市场机制和创新环境，促进市场机制在科技创新方面发挥更好的作用。在经费资助的体制设计层面，原有的科技经费资源分布在不同部门，且直接由政府部门管理。现有的发展趋势开始朝建立第三方科技和经费管理机构转变，政府部门委托第三方机构而非直接参与科技和经费管理，可以有效减少政府部门的行政干预，提高资源配置效率。政府部门在加大研发投入的同时，开始注重引导产业界和社会多个部门共同投入，吸引市场力量共同参与。在科研机构组织与管理层面，中国政府部门在2015年提出了《深化科技体制改革实施方案》，基于该方案，农业类科研机构以市场为导向实行分类改革，基础研究型农业科研机构继续由财政经费资助，而部分应用型农业类科研机构则进行企业化改革，面向市场提升科技成果转化效率。在新型农业科技创新组织与管理模式构建方面，中国的涉农类企业整体科技创新实力较弱，且市场机制不够成熟，单独依靠市场难以推动各方开展合作并实现资源整合。中国政府部门在遵循市场规律的基础上，联合科研机构、大学和产业界共同探索和构建了不同形式的农业科技创新组织和管理模式，包括虚拟团队型的现代农业产业技术体系和逐渐向实体化迈进的国家农业科技创新联盟，两种模式均注重产业界的参与，以解决市场需求和产业问题为导向，通过市场化的方式解决科技与经济的结合问题。

（3）在农业科技创新成果评估方面，中国政府部门正在加强引导科学界面向市场改进和完善原有的科技创新成果评价模式，即改变以往科学界注重以论文、专利为导向的评价模式，逐渐向科学研究质量与社会、市场价值导向相结合的评价模式转变。这一点在现代农业产业技术体系的评价模式中体现较为明显，现代农业产业技术体系的产出评价模式不再局限于科学界内部对科学研究质量的评价，而是进一步引入产业界和社会组织的共同参与，在具体评价过程中更加注重农业科技创新成果对农业产业和市场所产生的经济和社会价值。

第七节　中国农业科技创新组织与管理模式的融合特征分析

一　农业科技计划制订的多元主体参与和问题导向

中国政府部门在农业科技计划的制订过程中已经开始注重引导多元主体共同参与，参与制订的主体不仅包含政府部门的官员和科研机构的专家，产业界和社会公众也开始更多地参与到科技计划的制订过程中。在多方主体共同参与的基础上，政府部门通过广泛征求意见和共同磋商等多种方式制订农业科技计划。

在农业科研选题方面，现代农业产业技术体系形成了以农业产业实际问题为导向的研发任务设定机制。在选题过程中避免了单一的由政府部门或少数专家确定选题的方式，而是形成了"自下而上"的科研选题模式、"自上而下"的任务委托模式和灾害应急任务处理模式相结合的任务来源机制，从而保证了技术体系能够有效推动农业产业的发展和解决农业产业中的实际问题。

二　政府部门之间在资助与管理方面的协同日益强化

包括农业科技计划在内的原有科技计划的经费支持方式存在资助渠道分散、资助项目重复、体制机制不畅通等问题。2014 年以来开始实施的新的科技计划改革更加聚焦国家的需求目标，进一步强化科技与经济的紧密结合，在改革的实施过程中主要是对现有科技计划、专项进行合并和调整，"十四五"期间资助将按照新的五大类科技计划（基金、专项）进行，政府部门之间在农业科技创新资助与管理方面的协同将进一步强化。

三 建立了全国性的跨主体、跨学科合作研发网络和平台

在农业科技创新组织与管理模式方面,中国依托现代农业产业技术体系建立了全国性的网络化合作科研方式,围绕产品链和创新价值链整合不同部门、不同区域和不同学科的科技创新资源对农业产业关键共性技术问题开展联合攻关、集成及推广运用。在具体实施过程中现代农业产业技术体系通过开展跨部门、跨学科的有效协同,将农业科技创新资源有效分配在产前、产中和产后各个阶段,保证了产品链和创新价值链的畅通,形成了有效的产学研合作创新体系。在此过程中,技术体系与政府部门、产业界、农民合作组织和农户保持着紧密的联系,开展问题调研和跨学科研究,一方面能够从生产一线获取较为全面的产业发展和技术需求信息;另一方面能够为政府部门制定政策或采取应急措施提供决策依据。

除了现代农业产业技术体系,2014 年成立的国家农业科技创新联盟由国家、省和市三级农业科研机构组成,创新联盟通过整合三级农业科研机构的科研资源开展协同创新,形成了全国性农业科技创新协同合作平台,加强了全国农业科技创新力量和资源的协同,创新联盟将在有效解决全国性和地区性的农业战略性、共性技术和重大关键性技术研发方面发挥重要作用,推动和促进农业科技与农业产业发展的有效结合。

四 产出评估注重创新价值导向

现代农业产业技术体系和国家农业科技创新联盟在产出评价方面改变了科学界原有的以论文、专利为导向的评价模式,引入了多元利益相关者共同参与的评价机制,并强化以社会价值为导向,注重农业科技创新活动对农业产业发展和解决农业实际问题的效果评价,从而能够更加有效地引导科研人员积极深入一线解决农业产业发展中的实际问题。

第七章　基于融合理念的农业科技创新组织与管理模式综合分析

　　基于理论与案例的相关分析，探索新型农业科技创新组织与管理模式的目标在于整合跨主体、跨学科的力量和资源解决农业产业或市场需求问题，这就需要政府机构、科学界、产业界共同合作建立新型开放式的跨学科合作创新机构或网络，并构建新型的多方主体共同参与支持的合作资助方式，在共担风险的同时能够提高各方参与创新的积极性，促进农业科技创新价值链的有效贯通，在各方合作开展农业科技创新活动的同时也能够实现信息的互通与共享，并有利于政府部门制定更加合理的农业科技创新制度和政策，为各方合作开展农业科技创新活动营造更加高效的创新环境。

第一节　各国基于融合理念的农业科技创新组织与管理模式比较分析

一　各具特色的实现路径及影响因素

　　从农业科技创新组织与管理的具体实践对比来看，各个国家均通过不同的方式探索和构建了基于融合理念的农业科技创新组织与管理模式（见表7-1）。其中英国采取了建立实体型农业创新中心的方式；美国形成了以

表 7-1 各国基于融合理念的农业科技创新组织与管理模式对比

维度	英国	美国	巴西	中国
问题导向	1. 依托农业创新中心形成市场需求和技术信息来源网络；2. BBSRC建立的多方利益相关方代表共同参与研究主题确定的决策机制；3. 政府部门间同责与质询制度建立了部门间有效的协同执行机制	1. 通过有效的财政控制和绩效管理工具，建立执行约束力的部门协调运行机制；2. 农业研究局在计划制订方面遵守"相关性、高质量、影响力"三个原则；3. 农业研究局与多方利益相关者代表共同参与科技计划制订及决策机制；4. 赠地大学的"自下而上"产业需求问题来源方式	以巴西农牧研究公司（Embrapa）为核心，通过开放的网络式方法agropensa建立了广泛的农业技术需求信息来源网络	1. 依托现代农业产业技术体系形成了农业产业需求信息来源网络；2. 形成了"自下而上"的科研选题模式和"自上而下"的任务委托模式和灾害应急任务处理模式
产出评估	1. 大学实施的价值导向的REF评估体系；2. BBSRC建立的价值导向和影响力评估体系	绩效评估体系强化科研项目的研究进展情况、项目目标研究进展以及研究成果产生的社会影响力以及研究成果发布与出版情况	1. 建立了多方参与的评估机制，参与评估的人员既包括外部的相关专家，也包括研究成果的相关用户代表；2. 强化影响力评估，主要是对经济、环境和社会影响，尤其是成果转化与应用所带来的经济价值及其影响力	1. 构建了以科技成果的实用价值为目标的考核指标评价体系；2. 建立了专家测评和技术用户（包括地方行业管理部门和技术推广部门代表、农业行业协会代表、企业界代表、农户代表等）评价相结合的评价模式

续表

维度	英国	美国	巴西	中国
跨学科汇聚	1. 政府引导科学界、产业界主体，跨学科共同建设多个跨学科农业创新中心；2. 各个农业创新中心以农业信息技术中心为母体，建立可持续发展中心的合作创新网络，跨主体、跨学科合作创新网络	1. 政府部门资助和支持科研机构、大学与产业界共同建设新型的农业跨学科合作创新研究机构；2. 大学内部建设跨学科研究中心	依托国家农业研究体系，通过与高等院校合作成立多学科研究团队共同开展农业领域的相关研究	依托现代农业产业技术体系，围绕农业产品将分散在各个研究机构、行业和部门不同学科的专家集聚在一起开展多学科、跨地域、跨部门的联合研发
跨主体合作	1. 政府部门通过强化和完善评价导向的影响力评估体系引导大学主动与产业界开展合作；2. 政府部门支持建立农业创新中心，依托农业创新所、科研院所，形成政府、大学和产业界合作创新网络	1. 政府部门、产业界及社会部门共同建立合作研发基金；2. 通过《联邦技术转移法案》等相关法律和合作协议鼓励数据科学界和产业界合作；3. 赠地大学面向农业生产需求的研究导向鼓励科研人员与产业界开展合作	1. 在国内通过建立国家农业研究体系，形成了以 Embrapa 为中心，农业高等院校、地方的农业类研究机构以及私营企业共同参与的国家农业研究网络体系；2. 在国外通过实施 Labex 计划，在科学研究、技术合作和商业推广三个层次与发达国家建立了广泛的合作网络关系	1. 依托现代农业产业技术体系，把原本分散在不同部门、不同行业、不同隶属关系的各个专业领域内的优秀农业科技人才凝聚在一起，形成了全国性的网络化合作团队；2. 由综合试验站与当地各类涉农企业共同合作，使得科研成果能够快速转化和推广，真正实现经济效益

维度	英国	美国	巴西	中国
创新价值链整合	1. 设立创新署等相关部门支持科技创新活动，推动和加快科技成果转化；2. 依托各中心所构建的合作创新网络加快农业科技创新成果的推广与扩散	1. 通过《大学和小企业专利程序法》《史蒂文森-怀德勒技术创新法》等相关法律引导和鼓励大学、科研机构与产业界合作，加快农业科技创新成果的转化；2. 通过农业教育和服务推广"三位一体"模式推动科研与推广相结合	1. Embrapa定位于应用研究和成果转化研究，在推动科技研发到市场的各个环节中起到了重要的承上启下的衔接作用；2. 通过实施《创新法》等相关政策激励产学研各方开展合作，加快科技成果的转移转化	1. 将所需科学研究力量划分为多个研究室，分别对应产前、产中和产后主要环节，从而保证了每个产业体系的各个环节和领域都有相应的科研力量和领域，有效衔接了从研发到市场的各个环节；2. 通过整合各地的综合试验站体系，加国各地的综合试验站体系，加快农业科技成果在全国范围内的推广
跨主体-跨学科融合	1. 政府部门引导科学界、产业界共同支持和参与跨中心建设并开展跨学科研究；2. 农业创新中心面向农业产业同题开展研究并形成对农业产业的有效反馈和支持	1. 由政府部门投入研发经费，利用杠杆融资的方式吸引和撬动私营部门的资金参与创新研究机构；2. 跨学科合作创新解决产业界面临的新同题和新挑战，加快农业技术转移	依托国家农业研究体系，通过建立多用户联合实验室的方式实现高研发资源的共享，同时通过高等院校合作成立多农业领域的相关团队共同开展农业领域的相关研究	1. 政府部门支持和引导科研机构、高校和产业界共同参与现代农业产业技术体系建设；2. 不同单位相关的不同产学研农产品相关开展跨学科专研究，为政府部门决策提供支持，为产业界解决同题

续表

维度	英国	美国	巴西	中国
跨主体-创新价值链融合	1. 通过农业创新中心整合政府部门、科学界产业界的力量围绕产业问题开展研究并推进成果转化；2. 政府部门以农业创新中心为载体启动资金，撬动产业界配套资金投入，以企业化方式运作，形成风险共担和利益共享机制	1. "三位一体"的农业科技创新模式强化和激励了科学界与产业界的合作，加强了创新价值链的有效衔接；2. 合作研发基金资助、科学研究、成果转化及市场化推广等方面拥有较强的专业知识，从而保证了研发成果能快速实现商业化推广	由Embrapa主导全国农业研究网络体系，从中央到地方在技术研发、实现了农业研发力量的有效协同，优势互补和农业科技创新资源的优化配置，推动创新价值链的贯通	由政府部门出资支持引导，科研院所、大学和产业界等相关主体形成合作网络，围绕农产品的产前、产中和产后环节进行合作研发和技术推广
跨学科-创新价值链融合	1. 各个农业创新中心以数据中心为母体，共同围绕农业产业中的创新价值链衔接方面的关键问题开展跨学科研究；2. 农业创新中心围绕创新价值链问题开展研究并建立共享数据库，为政府和产业部门提供信息来源和决策依据；3. 农业创新中心建立了短、中、长期相结合的创新导向评价体系	依托企业或高校、研究机构构建新型跨学科研发机构，围绕农业产业问题开展跨学科科学研究	依托国家农业研究体系，通过与高等院校合作成立多学科联合研发团队共同开展跨学科领域的相关研究，实现从中央到地方的技术研发、成果转化与推广方面有效协同，加快了农业科技成果的转移转化，以及农业产业的发展和问题的有效解决	1. 围绕产业问题，建立虚拟网络，整合不同单位、不同学科的专家开展跨学科研究，致力于成果的推广和问题的解决；2. 构建了问题解决和创新价值导向的产出评价体系

赠地大学及试验站体系为核心，农业研究局和产业界协同合作的"三位一体"合作创新网络；巴西以 Embrapa 为核心构建了全国性国家农业研究系统；中国则采取了构建现代农业产业体系的虚拟合作网络方式和构建国家农业科技联盟的实体化方式。各个国家在探索和实践的过程中形成了各具特色的实现路径和实现方式，主要原因在于不同国家的科技体制、宏观经济体制、历史和科学文化传统、农业科研力量分布状况以及涉农类企业研发实力等相关因素存在一定的差异，这些因素的差异对各国形成各具特色的农业科技创新组织与管理模式产生了重要影响。

（一）科技体制

从世界主要国家的现实状况来看，国家宏观科技体制大体上可以划分为分散型和集中型两种（白春礼，2013）。美国是典型的分散型科技体制，主要表现在两个方面，一方面，美国联邦政府没有设立专门统一管理科技发展的职能部门，其科技创新活动的管理职能分散在不同的政府部门，各个部门可以根据行业需求导向灵活地支持科研机构开展相关研究。另一方面，政府部门直接开展科技创新活动的能力有限，注重引导产业界、社会组织等多方力量的共同参与。英国的科技体制也具有分散型的特点，其科技工作由政府不同部门分散管理，各个部门在科技政策制定和科技规划方面具有较强的自主权，有利于各个部门灵活地资助和支持下属科研机构开展相关研究。为解决多元分散的管理方式带来的协同问题，英国建立了协同政府理念和较为完备的政府部门问责与质询制度，从而能够加强政府部门之间的协调，提高政府部门的执行效率。同时英国建立了广泛的科技决策咨询机制，在确定优先研究领域、重点研究项目以及制订相关科技计划的过程中能广泛吸取政府部门、科学界、产业界及社会各个部门专家和代表的相关意见和建议。

中国长期以来形成的集权科层式计划体制对现有的科技体制仍然有较大的影响，基本形成了集中型的宏观科技管理体制。中央和地方政府部门在制定和执行科技计划的过程中具有较强的影响力，农业科技创新活动也是在政府部门的支持和主导下实施的，包括近年来实施的现代农业产业技术体系和国家农业科技创新联盟，政府部门在其中发挥了重要的资金支持、沟通协调和政策引导作用。巴西的科技体制也具有集中型的特点，20世纪70年代以来巴西政府部门加大了对科技研发活动的支持力度，对科技创新活动的影响也逐渐加强（李明德，2004）。尤其是近年来巴西科学技术与创新部在推动和支持科技创新活动方面发挥着越来越重要的作用，主要通过统一制订科技计划和统一加大对科研机构、大学的资助力度的方式推动科技创新活动的开展。

（二）宏观经济体制

美国、英国等西方国家已经建立了相对成熟和完善的市场经济体制。美国经过长期的政府投资和引导，企业逐渐拥有了较强的研发实力，产业界在科技创新活动中发挥着越来越重要的作用。政府部门主要通过市场化手段支持和引导产业界参与农业科技创新活动，以发挥产业界在推动农业科技成果市场化方面的重要作用，包括制定和完善推动科技创新活动的知识产权政策、科技成果转化政策以及相应的法律法规，构建完善的科技创新环境。与美国、英国等西方国家相比，中国和巴西的市场经济体制相对不够成熟，在宏观经济体制方面，政府部门计划和调控的特点更加突出，主要表现在市场化的创新环境不够完善，国有经济对经济活动的影响较大，私营部门在创新和经济活动中的参与不足，政府部门需要通过加强对市场的干预和调节实现对经济和科技创新的引导。

（三）历史和科学文化传统

从历史和科学文化传统的角度来看，一个国家长久以来所形成的科学研究、科学文化传统会在很大程度上影响政府对科学界的管理方式。西方社会长期以来形成了崇尚自由和民主的文化传统，科学界具有较强的自治传统。这些自由和自治的科学文化传统映射到农业科技创新管理方面，表现在政府部门和社会也给予了科学界较强的独立性，对科学界开展科学研究的干预和影响较少。美国、英国、法国等西方国家的政府部门较少直接介入和干预农业科技创新活动，而更多的是采用支持和引导的方式，尤其注重通过构建创新价值导向的科技评价体系引导科学界与产业界主动开展合作创新活动，致力于推动农业科技与农业产业发展的有效结合。

与美国、英国、法国等西方国家相比，中国科学界缺少自治的传统。中国政府部门对科学界有着较强的影响力，在计划经济时代政府部门主要通过行政手段将有限的资源快速和有效地配置到科技计划中，从而能够集中力量较快地完成科技计划和提升科学技术水平。科技体制改革之后，虽然政府部门逐渐减少了对科学研究活动的行政干预，但近年来为了加强科技与经济的有效结合，政府部门开始通过制度设计、政策引导等多种方式支持和引导科学界参与科技创新，政府部门对科学界仍然保持着较强的影响力。巴西政府部门对科学界有着重要的影响，政府部门对科学界更多的是采取干预或指导的方式影响科技创新活动，因此在开展农业科技创新活动的过程中，政府部门的支持发挥了重要作用，包括推动科研机构企业化改革、构建国家农业科技创新系统等。

（四）农业科研力量分布状况

农业科研力量的分布情况也在很大程度上影响着农业科技创新组织与管理模式的构建。农业科研力量分布状况表现在两个方面，一方面是农业科研力量在不同区域之间的集中与分散情况，另一方面表现在农业科研力量在农业类科研机构、农业类大学和涉农类企业之间的分布情况。美国的农业科研力量在区域分布方面比较均衡，在中央层面设有农业研究局，且在地方设置了区域研究中心，同时在各州建立了赠地大学及试验站体系。农业科研力量在农业类科研机构、农业类大学和涉农类企业之间的分布也比较均衡，尤其是涉农类企业的研发实力较强，也凸显了美国产业界在农业科技创新方面的主体地位。与美国相比，英国的农业科研力量相对较为分散，缺少类似于美国农业研究局的中央级科研机构，且与美国相比缺少研发实力较强的涉农类企业，产业界研发能力相对较弱，因此英国更注重通过整合多方资源的方式促进多方主体开展合作创新，以实现资源共享和优势互补。

中国的农业科研力量划分为中央和地方两个层面，中央层面的农业研究机构主要隶属于农业农村部等中央政府部门。地方层面的农业研究机构与地方政府部门之间具有较强的隶属关系，研究方向容易受到地方政府部门行政的干预和影响。各级各类农业科研机构之间存在条块分割等问题，难以组织跨部门、跨地区的协作。同时中国的农业企业整体研发实力较弱，且在农业科技创新活动中参与不足。因此中国政府部门也在积极探索有效的方式打破各方壁垒，整合跨主体、跨学科力量开展农业合作研发。巴西的农业科研力量相对较为集中，产业界的科研力量相对薄弱，其中巴西农牧业研究公司每年从公共部门获取的研发经费占巴西全国农业类公共科研经费支出的比例约为80%。基于这一特点，巴西构建了以 Embrapa 为中心的国家农业创新系统，同时 Embrapa 定位于科技成果转化研究并加强与产业界的合作，以弥补涉农类企业研发力量的不足。

二　农业科技创新组织与管理模式的共性特征

整体来看，各个国家在构建基于融合理念的农业科技创新组织与管理模式的过程中各具特色，同时也呈现了较强的共性特征（见表7-2）。在融合的外层维度，即问题导向和评估导向方面，注重以农业产业发展的实际需求为导向，建立了广泛的农业技术和市场需求信息来源渠道和网络，同时在制订农业科技计划的过程中注重多方利益相关者的共同参与；越来越注重创新价值评估导向，尤其注重加强科技创新成果的社会影响力评估，同时积极引导多方利益相关者共同参与农业科技创新的产出评估。

在融合的核心维度，在农业科技创新的具体实施过程中，各个国家均

表7-2 各国基于融合理念的农业科技创新组织与管理模式的共性特征

层面	外层维度		核心维度			界面融合		
维度	问题导向	产出评估	跨学科汇聚	跨主体合作	创新价值链整合	跨主体—跨学科融合	跨主体—创新价值链融合	跨学科—创新价值链融合
特点	1. 面向产业实际需求; 2. 构建市场和技术需求信息来源渠道和网络; 3. 多方共同参与科技计划决策; 4. 构建政府协同体制和机制	1. 注重社会影响力评估导向; 2. 注重科研成果转化为社会和经济价值的评估; 3. 引导多方共同参与科技创新产出评估	1. 政府部门引导和支持多主体合作建新型的分层次、稳定型的跨主体或跨学科合作创新平台或创新网络; 2. 合作创新平台或创新网络定位于应用研究和成果转化研究,弥补该环节的不足和缺失,加快科技成果的转化和推广			1. 政府部门、产业界通过创新方式,支持跨学科研究,支持产业界依托创新网络或平台开展跨学科研究,为政府、产业界提供信息支持科研成果	1. 政府出资支持合作平台或创新网络或产业界分担创新风险并实现收益共享; 2. 政府部门、科学界、产业界依托合作平台或创新网络实现资源共享,推动合作创新	1. 政府、产业界通过合作平台或网络支持科学界的跨学科研究围绕农业产业中的创新价值链衔接相关问题开展跨学科研究; 2. 政府、产业界依托合作平台或网络建立有效的跨学科研究资助与评估机制

不同程度地采用融合的理念和方式强化农业科技创新组织与管理，尤其是越来越注重多方利益相关者的参与与合作，强化支持农业科技创新价值链过程的贯通。同时各个国家在农业科技创新组织与管理的具体实施过程中也越来越注重通过体制机制的改进加强政府各个部门之间的有效协同，采取不同的组织方式开展跨主体、跨学科的合作研发，包括构建实体型农业创新中心或虚拟型合作创新网络，构建全国性农业科研、教育和服务体系，以整合跨主体、跨学科的力量提高农业科技创新效率。科学界和产业界可以依托合作网络获取市场和技术需求信息，同时为政府部门制定相关政策提供决策依据。

从典型国家的具体实践来看，各个国家在跨学科融合方面构建了分层次、稳定型的跨学科合作研发创新团队或平台，且有效嵌入跨主体合作网络中，并在推动农业科技创新价值链有效贯通方面起到了重要作用。具体来看，首先，围绕农业某一产品或某一具体领域构建跨学科研究团队或平台，即实现第一层次较小范围内的跨学科融合。其中，英国农业创新中心主要是围绕某一领域构建跨学科研究中心，如畜牧业卓越创新中心主要通过构建跨学科平台研发新的畜牧技术和产品提高畜牧业的盈利能力和生产效率；中国则围绕某一农产品构建跨学科团队，如奶牛体系主要通过构建奶牛跨学科研究团队，解决奶牛培育、饲养、产奶、奶制品加工以及病害防治等过程中的一系列问题。这一层次的跨学科范围相对较小，研究对象或问题相对较为集中。其次，在构建第一层次的跨学科团队或平台的基础上，通过数据共享、跨平台网络等方式实现第一层次跨学科团队或平台之间的互通互联，实现第二层次更大范围内的跨学科融合，从而能够整合多领域、多学科的专家力量共同解决农业行业面临的各种复杂性、综合性问题。如英国畜牧业卓越创新中心、作物健康与保护创新中心和农业工程精准化创新中心三个中心以农业信息技术和指标可持续发展中心为核心平台，依托农业信息技术和指标可持续发展中心实现了各个中心之间的信息共享和互联互通，在此基础上构建了跨平台的跨学科合作网络。中国的现代农业产业技术体系则是通过构建网络虚拟平台，将第一层次的水稻体系、大豆体系、玉米体系等多个体系的跨学科团队整合起来，实现跨体系、跨学科的知识数据共享和互联互通网络，从而实现第二层次更大范围内的跨学科融合，即整个技术体系的跨学科融合。分层次的跨学科融合模式一方面有利于整合跨学科知识聚焦农业行业中的某一领域问题开展跨学科研究；另一方面能够实现更高层次、更大范围跨学科知识和信息的共享，在解决复杂性、综合性问题的同时，催生新知识和新的研究领域。

在农业创新价值链贯通方面，基于融合理念的农业科技创新组织与管理模式通过构建跨学科、跨主体的平台或团队重点解决农业科技成果转化问题。其中英国通过实施农业技术催化项目和成立农业创新中心这一实体化跨学科、跨主体平台，聚焦英国农业科技成果转化问题并开展合作研发，推动了农业科技与农业产业发展的有效结合。中国通过建立现代农业产业技术体系和国家农业科技创新联盟，针对农业产业问题开展合作研发，有效解决了农业产业发展中遇到的技术问题，推动了农业产业发展。美国以赠地大学及试验站体系为核心，农业研究局和产业界协同合作的"三位一体"合作创新网络重点针对农业产业中的现实问题开展合作研发和推广，加快了农业技术从研发、转化到推广的进程。各个国家在推动农业创新价值链贯通的同时，也依托创新平台或合作网络主动监测和获取农业产业发展中的各种技术和市场需求信息，并通过跨主体的合作网络实现信息在多方主体之间的动态交互与共享，在推动农业创新价值链贯通的同时，催生新知识，推动农业学科知识的发展。

在跨主体合作方面，各个国家也形成了政府部门内部、政府部门与科学界、产业界之间有效合作的多层次协同与合作模式。在政府部门内部协同方面，美国和英国政府部门内部一般通过体制和机制设计推动跨部门协同。体制方面主要通过成立跨部门委员会或办公室的方式加强部门之间的协调，机制方面主要通过相关法案或者质询制度监督和督促不同部门之间加强协调以完成共同的目标。中国政府部门主要通过成立领导小组的方式加强部门之间的协调，如在推动科技创新方面成立的国家科技领导小组，主要负责协调各中央政府部门与地方政府部门之间涉及科技的重大事项。在政府部门与科学界、产业界跨主体合作方面，主要体现在农业科技计划制订、农业科技创新组织和管理以及成果评估全过程。在农业科技计划制订方面，政府部门通过多种渠道吸纳科学界、产业界的需求和建议；在农业科技创新组织和管理方面，政府部门通过政策引导或资金支持等方式推动科学界、产业界建立跨主体合作平台或团队开展农业合作研发；在成果评估方面，政府部门与科学界、产业界代表共同就农业科技创新成果的社会价值、经济价值、科学价值进行综合评估。

第二节　农业科技创新组织与管理的决策、执行与协调机制分析

由于农业科技创新具有较强的公益性特点，政府部门需要在农业科技创新组织与管理的过程中发挥重要的支持和引导作用。农业科技创新组织与管理主要涉及农业科技计划制订、农业研发资助、农业研发组织与实施、农业科技创新成果评估等多个方面，因此政府部门需要在农业科技计划制订、制度设计、资源配置、组织协调、政策实施等多个方面加强决策、执行与协调。

（1）作为农业科技创新组织与管理的重要组成部分，农业科技计划的决策制定需要建立由政府部门主导、多方利益相关者协同参与的问题与需求信息来源渠道和决策机制，面向农业产业发展和市场需求共同确定和规划农业科技创新的重点选题和领域。政府部门在农业科技计划的制定过程中，需要建立广泛的问题和需求信息来源渠道，依托科学界和产业界获取农业创新价值链不同阶段的需求信息。同时科学界与产业界在围绕农业创新价值链过程开展创新活动的互动中寻求新的创新机会和研究领域，实现问题需求与农业创新价值链的有效融合与衔接。在农业科技计划的任务目

标和研究主题形成与确定方面，政府部门、科学界、产业界和其他利益相关者共同识别与界定农业科学研究议程的框架并确定优先研究的选题和领域，在此过程中政府部门组织科学界和产业界共同协商，形成基于多方信息、专业知识和相关利益的研究主题决策机制。如英国BBSRC、研究委员会的成员来源广泛，除了政府部门和科学界的代表，还有来自产业界和社会其他领域的专家代表，BBSRC的研究选题则由这些专家代表共同参与讨论和协商，并最终形成统一决策。这种多元利益相关者共同参与的决策模式一方面能够广泛获取各方的需求信息，使得农业科技创新的研究方向和主题真正面向市场、产业和社会需求；另一方面能够获取各方的支持，推动农业科技成果的快速转化、应用与扩散。

（2）政府部门需要从体制和机制两个方面强化和改进内部不同部门之间的有效协同。从不同国家的农业科技创新组织与管理的实践过程来看，整个过程往往涉及多个政府部门的共同参与，政府部门之间的有效沟通与协同直接影响着农业科技创新组织与管理的效率和相关政策制定与执行的效果。解决资助碎片化和重复资助问题也需要政府部门之间的有效合作与协同，而实现政府部门之间的有效协同则需要改进现有的体制和机制。在体制方面，设立专门的科技创新管理统筹机构或协调与监督机构，加强统筹机构或协调与监督机构对各个政府部门之间的沟通与协调；在机制方面，建立和完善以结果为导向的部门间协同绩效考核与问责制度，激励各个部门以结果为导向加强沟通与协调。

（3）进一步强化政府部门在推动和引导农业科技成果转化方面的作用。在机构设置方面，成立专门资助和支持科技成果转化活动的相关机构，或者建立统筹性资助机构以整合基础研究、应用研究和成果转化的相关资源；由科技成果转化资助机构或统筹性资助机构负责实施产学研合作创新项目或给予产业界优惠政策，以加强对科学界与产业界之间合作的支持，推动农业科技成果转化的快速实现。同时在推动农业科技成果转化的过程中，政府部门的职能应当逐渐由行政管理型向服务引导型转变，通过政策支持、资金引导的方式激励科学界和产业界开展合作创新活动。

（4）加强农业创新价值链融会贯通的制度设计和政策的实施，尤其是加强农业科技成果转化这一环节的制度设计。政府部门在制定农业科技计划和相关政策的过程中需要从农业创新价值链融会贯通的角度考虑不同类型农业科技计划之间的衔接。同时引导多方主体共同参与推动农业创新价值链融会贯通的相关政策的制定，通过实施有效的制度安排和政策引导，建设有利于农业创新价值链融会贯通的创新环境，以提高农业科技创新效率。

（5）在公立农业科研机构层面，需要由政府部门主导对其内部运作机制实施改革。在改革具体实施过程中，政府部门需要明确公立农业科研机构在国家科技发展战略和农业创新价值链中的定位。公立农业科研机构应当重点面向国家战略性技术、产业共性技术研究和科技成果转化环节开展农业研发活动，同时根据农业科研机构的类型实施分类改革，尤其是以科技成果转化为主要任务的农业科研机构应当面向市场实施企业化改革。在内部管理模式方面，借鉴和采用企业化管理模式，建立由科学界、产业界和社会组织代表组成的理事会，提高农业科研机构的管理和运作效率。在机构合作层面，政府部门通过提供部分资金和政策引导的方式支持各方共同建立虚拟型或实体型农业科技创新合作网络或平台，依托网络或平台推动和引导各方主体共同参与合作创新活动。

第三节　农业科技创新组织与管理过程中政府与市场的有机结合

各国在积极探索基于融合理念的农业科技创新组织与管理模式的过程中，均有效发挥了政府和市场的作用，在不同程度上实现了政府与市场的有机结合，同时也基于本国的国情形成了自身的特色。

（1）基于政府与市场关系的"国别—时间—行业"三维结构框架，首先，从国别的角度来看，不同国家在历史发展、政治体制等方面都具有不同特点，在市场机制建设方面也存在较大的差异，这也就使得不同国家的政府与市场在农业科技创新活动中发挥的作用存在较大差异。如美国、英国、法国等发达国家较早建立了市场经济体制，市场发育程度相对较为成熟，政府主要从宏观层面为推进农业科技创新的发展制定发展战略或相关政策，并为农业科技创新活动的开展提供政策性引导或资金支持。农业科技计划的制订往往是"自下而上"与"自上而下"相结合的，能够真正反映产业界的实际需求。发达国家涉农类企业整体研发实力较强，在农业科技创新中居于主体地位，农业类科研机构和农业类大学也注重面向市场需求开展农业科技创新活动。整体来看，发达国家市场机制更加成熟和完善，在开展农业科技创新活动过程中政府部门较少采取直接干预的措施，而是更加注重通过制度规范的形式构建良好的市场秩序，并积极引导各方参与创新活动，依靠市场实现农业科技成果的商业化。与西方发达国家相比，中国的市场发育不够成熟，涉农类企业整体研发实力较弱，且缺乏领军型企业。与此同时，原有的计划经济体制对政府干预市场形成了较强的路径依赖，这就对中国的农业科技创新组织与管理模式产生了重要影响。中国在新型农业科技创新组织与管理模式探索方面虽然也越来越注重市场机制的基础性作用和产业界的参与，但在实施过程中政府的支持和影响仍然占据重要地位，包括在农业科技计划、政策制定方面往往会对农业科技创新组织与管理模式产生直接的影响。现代农业产业技术体系和国家农业科技创新联盟中部分技术体系和创新联盟缺少具有较强实力的涉农类企业参与，甚至仅有农业类科研机构和农业类大学参与，不利于技术体系和创新联盟面向市场开展合作创新活动。作为发展中国家，巴西的市场经济体制建设也相对较晚，市场机制相对不够成熟，因此在开展农业科技创新活动过程需要政府部门更多的支持、协调和参与。

　　其次，从时间发展的角度来看，各个国家的政府与市场在农业科技创新活动中发挥的作用也在发生着动态变化。如美国在早期尤其是二战之前注重科学界的自治和科学研究的自由探索，以及科学界与产业界的自主合作，而在二战之后政府部门意识到了科技创新对社会经济发展的巨大作用，开始逐渐加强政府部门在推动科技创新活动方面的作用。在农业科技创新方面，以农产品品种研发为例，由于早期知识产权保护力度不足，市场缺少足够的动力在农产品品种等领域开展研发活动，政府部门通过支持公共研究机构开展研发活动弥补了市场的不足。而随着知识产权保护力度的不断加大，市场开始在农产品品种等领域加强研发投入，政府部门支持的公共研究机构则逐渐退出这一领域。在农业科技创新组织与管理过程中，中国政府与市场的关系也在逐渐发生动态变化。在改革开放之前受计划经济体制的影响，农业科技计划的制订和农业科技资源的配置主要由政府部门主导。随着改革开放之后市场经济体制建设的逐步完善，市场开始逐渐在农业科技创新活动中发挥重要作用，如在科研经费资助方面，政府部门积极探索政府与市场的有机结合方式，对大学实行稳定资助与竞争性项目资助结合的资助方式；面向市场对农业类科研机构实行分类改革，针对农业类科研机构、农业类大学的定位，逐渐实施开放式创新的探索和实践，包括农业类大学的定位从原有的科学研究、人才培养逐渐向社会服务、产学研合作并重转变，积极推动农业类大学与产业界开展各类合作创新活动，推动农业科技成果转化，同时依托农业类科研机构或农业类大学的各类研究平台向社会和产业界开放共享，提高科技创新资源的利用效率。英国早期注重市场自由主义，但在2008年国际金融危机之后，政府部门也开始注重加强对市场的调节和引导。与此同时，英国社会面临的农业问题也越来越复杂和具有挑战性，而英国的农业科技创新力量相对较为分散，涉农类企业创新实力也相对较弱。英国政府部门基于这一现实开始注重加强政府部门对农业科技创新的引导和支持，通过探索新型农业科技创新组织与管理模式，整合跨主体、跨学科的资源和力量共同开展农业科技创新活动，并注重支持和引导社会各界共同参与。从这一过程来看，英国政府在推动农业科技创新活动过程中更加朝政府与市场有机结合的方向进行探索。

最后，从行业的角度来看，各个国家的政府与市场在农业行业及其不同细分领域所发挥的作用整体上呈现互补的结合关系。如在商业机会较多的农业机械、化肥、农药等细分领域，市场发挥的作用较强，而在农业环境、农业生态等公共性较强的细分领域，市场发挥的作用相对较弱，政府则通过支持公共研究机构在该领域发挥重要作用。同时，在不同的农业细分领域，政府与市场所发挥的作用也会发生动态变化，如随着知识产权保护力度的加大和基因工程技术的成熟与应用，作物育种领域的商业机会逐渐增多，政府逐渐从该领域退出，产业界逐渐加大对该领域的研发和商业化投入，市场开始在该领域发挥更加重要的作用。

（2）从宏观和微观分层次的角度来看，政府部门在宏观层面具有统筹协调、资源整合、信息获取、政策制定等方面的优势，因此各国政府部门注重在农业科技创新组织与管理的宏观层面发挥重要作用，主要体现在农业科技战略、农业科技计划、农业科技政策的制定与实施，农业科技创新活动的组织与协调等方面。与政府部门相比，市场机制在微观层面的市场信息感知、市场竞争、科技成果商业化等方面具有显著的优势，因此各个国家均重视发挥市场在微观层面促进农业科技创新方面的作用。如在政府部门在农业科研项目经费资助方面引入市场化竞争机制，面向市场对部分农业科研机构进行企业化改革，以市场化的方式推动科学界和产业界开展产学研合作创新。与此同时，无论是在宏观层面还是微观层面，政府与市场均实现了不同程度的有机结合，如在农业科技战略、农业科技计划、农业科技政策的制定与实施过程中，政府部门均注重通过多种方式吸收产业界反映的市场信息和相关政策建议，充分遵循市场规律，支持产业界参与农业科技创新活动的组织与实施。而在微观层面，以市场化方式运作的农业科技创新合作平台仍然需要政府部门的支持、引导和协调，以整合跨主体、跨学科的资源和力量围绕农业产业问题开展合作研究。

（3）结合政府与市场有机结合的微观分析框架和各国农业科技创新组织与管理的实践，政府与市场的有机结合主要表现在政府对市场机制的促进或增进作用、政府对市场机制的补缺作用和市场机制对政府的导向性作用三大方面（见表7-3）。在问题导向方面，各国政府部门在构建基于融合理念的农业科技创新组织与管理模式过程中均注重以解决农业产业发展的实际问题为导向，面向市场需求，由政府引导和组织构建问题与需求信息来源渠道。同时各国政府部门在农业科技计划制订过程中充分发挥自身在信息获取和组织协调方面的作用，弥补了市场在该方面的不足。在农业科技创新组织与管理具体实施过程中，政府部门注重遵循市场规律，支持各方共同参与合作的创新平台或网络以市场化的方式运作。政府部门在创新平台或网络构建的过程中发挥了组织与协调作用，并资助和支持农业创新价值链前端环节的基础研究，弥补了市场的不足。政府部门还通过资金支持和政策引导等方式促进农业创新价值链的贯通，加快农业科技成果商业化，并通过完善良好的创新环境，对市场作用的发挥起到了重要的促进或增进作用。在农业科技创新成果评价方面，与问题导向相对应，各国政府部门均注重以市场为导向构建农业科技创新成果评价体系，即强调农业科技创新成果的社会和经济价值。在成果评价组织实施方面，政府能够有效组织科学界、产业界、社会组织各方专家共同就技术的先进性、适用性、经济性等社会价值进行综合评估，弥补市场在组织各方参与农业科技创新成果评价方面的不足。同时，政府部门通过组织各方共同构建以价值为导向的评价体系，引导科学界面向市场需求与产业界开展合作创新，促进市场机制作用的发挥。

表 7-3　农业科技创新组织与管理中政府与市场有机结合的特点

政府与市场的结合方式	农业科研选题或农业科技计划制订	农业科技创新组织与实施	农业科技创新成果评价
市场机制对政府的导向性作用	面向市场需求，由政府引导和组织构建问题与需求的信息来源渠道	基于市场规律，政府支持产业界参与构建合作创新平台或网络，并以市场化方式运作	政府组织各方共同构建基于市场价值导向的农业科技创新成果评价体系
政府对市场机制的补缺作用	政府弥补市场在宏观科技计划信息获取和农业科技计划制订方面存在的不足	政府弥补市场在跨主体组织与协调方面存在的不足；政府支持农业创新价值链前端的基础研究，弥补市场不足	政府组织科学界、产业界、社会组织各方专家共同就技术的先进性、适用性、经济性等社会价值进行综合评估，弥补市场在组织各方参与农业科技创新成果评价方面的不足
政府对市场机制的促进或增进作用		政府支持构建合作创新平台或网络，促进农业创新价值链的贯通，加快农业科技成果商业化；构建和完善良好的创新环境，促进市场作用的发挥	构建价值导向的评价体系，引导科学界面向市场与产业界开展合作创新

第四节　农业科技创新组织与管理的组织与实施方式分析

一　农业科技创新的资助方式

资助方式是农业科技创新组织与管理的重要方面，基于理论与案例分析，农业科技创新的资助需要考虑多方主体的共同有效参与，同时需要对资助进行合理的定位，在保证各方目标和利益共赢的同时实现农业创新价值链不同环节的有效贯通，以提高农业科技创新资源利用效率。

（1）在资助的模式方面，部分发达国家已经开始探索和实施新型、多样化、多主体参与的跨界合作资助模式，如公私合作资助模式（PPP）。PPP 模式可以降低各方在开展创新活动中的交易成本和开展创新活动的风险，能够充分利用和发挥各方的优势以实现创新价值链层面的科技创新资源配置，同时也能够利用政府部门的部分经费撬动和整合更多的社会资源支持农业科技创新。目前相关的探索性实践主要是成立多方共同参与的联合基金，如美国食品与农业研究基金会（FFAR）。除了探索和构建公私合作的新型资助机构，还应当探索支持新型的平台型资助模式，包括政府部门出资引导构建实体型公私合作平台，依托平台建立政府部门、科学界、产业界以及社会相关部门的跨界合作网络，通过这一合作平台或网络整合各方优势资源，同时也通过该平台或网络实现跨学科的合作研究，并围绕农业创新价值链共同开展农业创新活动，如英国的农业创新中心。同时也应当积极探索新型的项目型资助模式，通过项目支持引导和建立公私合作创新网络，并依托合作创新网络开展跨主体、跨学科研究，致力于促进农业创新价值链不同阶段的衔接，如英国的农业技术催化项目、知识转移合作伙伴计划（KTP）。

（2）在具体的资助结构方面，应当结合农业跨学科研究的特点形成稳定性支持和竞争性支持的有效结合，既要保证给予农业跨学科研究稳定性经费支持，以有利于农业跨学科研究团队的长期合作以及农业跨学科研究的长期积累和成果转化，同时稳定性支持也需要建立在一定的竞争机制基础上，以形成对农业跨学科研究团队的有效激励，提高农业跨学科研究的效率。在实施过程中，一般由政府投入部分启动资金，引导和撬动产业界资金和其他相关资源的配套投入，一方面通过多方资源的共同投入分担农业科技创新过程中的风险，同时也弥补农业科技创新的知识外溢给产业界造成的损失；另一方面可以通过政府投入配套资金吸引和引导各方参与合作创新网络，形成有效的协同合作关系，以提高农业科技创新效率。

（3）在具体的资助实施方面，政府部门通过政策引导和给予部分经费支持，构建农业科技创新合作平台或网络并使其成为高效的农业科技创新资源配置载体，进而借助于合作平台或网络吸引和撬动产业界资金、人才等科技资源投入。同时也依托合作平台或网络整合科研机构、大学的跨学科研究力量及各方优势资源开展合作研发，尤其是定位于推动农业科技成果转化活动，实现大学、科研机构的基础研究、应用研究与产业界商业化之间的创新价值链衔接，在此过程中资助方式还需要与产出评估体系相结合与配套。

二 农业科技创新的科研组织模式

以学科为导向的科学研究主要是针对学科发展的相关理论、方法、知识等专业问题开展的相关研究，具有较强的专业性和学术性，因此更加注重科学界内部的自治。以问题为导向的融合研究主要是针对现实问题开展的综合性研究，且研究贯穿于创新价值链的全过程，不仅涉及科学界的跨学科研究问题，同时也涉及政府部门解决社会问题的需求、产业界的利益诉求以及其他社会利益相关者的诉求问题，需要多方主体的共同参与和合作。因此，需要积极探索新型农业科技创新组织模式，并在各个主体之间建立新型合作网络关系，包括在研究主题规划与决策方面的合作，在项目实施过程中的合作，在产出评估以及成果推广与扩散方面的共同参与等。

（一）研发与创新主体内部的组织模式

传统的农业类大学和农业类科研机构内部所采用的科研组织模式一般是以学科为导向并按照学科专业进行设置的。在新的融合发展趋势下，一方面，以问题为导向的农业科技创新需要依赖跨学科的专业知识开展综合研究，这就需要打破不同学科之间的藩篱，通过建立跨学科研发团队、实体或虚拟跨主体合作网络等方式开展研究。另一方面，农业类大学和农业类科研机构还需要加强同农业科技创新体系中其他创新主体之间的协同与合作，通过建立有效的合作网络实现各方信息沟通和有效互动，从而共同推动农业科技创新活动的开展。在探索新的科研组织模式的过程中，一方面需要减少行政部门的干预，保持科研机构的相对独立，提高科研机构自身的研发效率；另一方面需要借鉴和采用企业化的现代管理制度提升管理和运营效率，面向市场开展农业研发与创新活动，并实现与产业界的有效衔接，加快农业科技成果转化，如英国的约翰·英纳斯研究中心和巴西的Embrapa进行的科研组织模式改革。

在建立新型科研组织模式的过程中还需要积极探索和建立跨学科的科研团队。从跨学科科研团队的相关研究成果来看，影响跨学科团队有效激励与融合的相关因素主要包括团队成员对目标的共同认可、团队成员相互之间的理解与信任、团队有效的评估与激励制度等（Kragt et al.，2016）。在团队成员对目标的共同认可和团队成员相互之间的理解与信任方面，来自不同学科的专家在共同开展跨学科合作的过程中对解决问题的目标往往有不同的认识和理解，需要较长的时间进行充分的交流与磨合，以建立相互的理解和信任，同时相互之间也需要在学科方法论、学科语言等方面进行沟通与磨合，以达成相互理解和共识，因此政府部门需要积极探索相对稳定的资助方式支持跨学科科研团队的建设，以保持跨学科科研团队的相对稳定性，能够为来自不同学科的专家提供稳定的日常沟通、交流与合作的平台，从而实现跨学科科研团队不同学科语言、思想、知识和方法的融会贯通，在融会贯通的过程中激发新的思想和知识。在团队的评估与激励制度方面，传统的农业科技经费配置模式所形成的晋升机制在一定程度上造成了过度竞争的局面，且不利于科研人员之间开展跨学科研究。关于英国农业跨学科研究的相关实证研究也表明，处于职业生涯早期的科研人员参与跨学科研究比其他科研人员存在更多困难。这一方面是因为处于职业生涯早期的科研人员在专业知识和研究能力方面积累不足；另一方面是因为以问题为导向的跨学科研究评价体系与现有以学科为导向的职业晋升评价体系之间存在较大差异，处于职业生涯早期的科研人员更多地参与以问题为导向的跨学科研究不利于其职业晋升。因此，在构建跨学科团队过程中需要综合考虑团队成员的激励与融合问题，包括建立基于问题导向的跨学科研究职业晋升和研究成果评价体系。

在建立新型科研组织模式的过程中还需要注重面向市场开展跨学科研究，在承担具体的研究或产业任务和解决实际问题的过程中实现跨学科能力提升与跨学科团队协作的有效结合，在团队协作和跨学科结合的过程中激发跨学科科研人员的创新能力，并致力于提高跨学科科研人员的团队合作意识和团队合作能力，实现团队合作交流能力与解决问题能力的提升。

（二）跨主体、跨学科的合作创新组织模式

除了在科研机构内部改革现有的科研组织模式或探索新型科研组织模式，也需要探索和构建主体之间的新型合作创新组织模式。在探索和构建合作创新组织模式过程中，由政府部门引导、各方主体共同参与建立新型全国性或区域性跨主体、跨学科合作创新组织，包括成立实体型跨学科研发中心或虚拟型跨学科合作网络团队，并引导跨主体、跨学科的资源和力量有效嵌入农业创新价值链过程中，实现农业科技创新资源在农业创新价值链各个阶段的有效配置并实现农业创新价值链的有效衔接。同时也依托合作创新组织整合各方优势资源加快农业科技成果转化，促进创新价值链中后端的成果转化衔接，弥补大学、科研机构和产业界在科技成果转化环节的职能缺位。

（1）政府部门通过政策引导或直接资助，支持农业类大学、农业类科研机构与产业界形成多种形式的全国性或区域性农业合作创新组织模式，包括建立实体型农业创新中心、虚拟型农业合作创新网络、跨学科的农业创新平台、跨学科的农业创新网络、跨学科的农业项目计划等。新型跨主体、跨学科合作创新组织模式能够实现农业信息、人才、设备等资源的共享，降低农业科技创新过程中的风险，并通过创新主体之间网络化、开放式的合作研发拓展新的研发领域和创新机会，实现科技与经济的有效结合。

（2）建立和完善新型合作创新组织的管理和运行机制。以市场为导向，在新型合作创新组织中建立企业化运作管理机制，提升合作创新组织的管理水平和运行效率，实现资金、信息、人才等资源在合作创新组织内的高效流动，尤其是实现各方主体对信息资源的获取和共享。同时依托合作创新组织加强创新主体之间的互动，为产业界拓展新的产品和市场领域提供技术支持，为政府部门制定科技政策提供决策依据，为科学界开展科学研究提供新的方向。

（3）依托新型合作创新组织模式加强农业创新价值链的衔接。依托新型合作创新组织模式，进一步强化多主体之间的合作网络关系，尤其是科学界和产业界的合作关系，实现农业创新价值链层面的资源整合与信息反馈，拓展新的研发领域和市场机会。同时依托新型合作创新组织模式的渠道网络和产业界在新产品市场化方面的优势，建立农业科技创新成果应用与示范机制，加快农业科技创新成果的商业化和市场推广，并使得新型合作创新组织在围绕创新价值链开展跨学科研究过程中所获取的知识和信息能够有效扩散至多方主体，实现知识和信息的共享。

（三）外部的政策激励和环境建设

在构建基于融合理念的农业科技创新组织与管理模式的过程中，政府部门应当通过政策引导与协调多方利益相关者以共同参与的方式开展农业科技创新的制度和政策设计，建立有效的制度和政策体系，推动创新环境建设，从而形成对各方合作开展农业科技创新活动的有效激励。包括建立健全知识产权制度、科技创新金融政策等。在此基础上，政府部门、科学界、产业界依托新型合作创新组织模式，合作开展农业科技创新活动，在合作创新过程中激发创新机会并提高农业科技创新效率。

三　基于价值导向的产出评估模式

从理论分析的角度来看，基于融合理念的农业科技创新组织与管理模式只有实现社会和经济价值才能促进科技与经济的有效结合，从而实现科技进步与经济发展的良性循环。从主要国家的实践来看，各国对农业科技创新成果的评价越来越注重农业科技创新成果的社会影响力以及带来的社会和经济价值。因此在构建基于融合理念的农业科技创新组织与管理模式的过程中需要建立以创新价值为导向的产出评估模式。在此过程中需要各方共同参与制定基于价值导向的农业科技创新成果评价体系，并通过基于价值导向的评价体系引导和激励科学界围绕农业创新价值链过程中的产业和需求问题开展跨学科研究，增强对农业产业发展的支撑，实现知识、信息和创新成果在不同主体之间的有效传播、扩散和应用（Lowe and Phillipson，2006）。

具体来看，在评价体系的目标导向方面，以产业问题和社会价值为导向，建立完善的农业科技创新评价指标体系，强调农业科技创新成果对农业产业发展和社会经济发展的影响力和实际价值，降低论文发表、专利申请等指标在评价体系中的比重。同时结合农业科技创新周期相对较长的特点，实行短期、中期和长期相结合的评价方式，并进一步提高中期和长期指标在农业科技成果评价体系中的比重。

在参与机制方面，产出评价体系综合性相对较强，不仅需要依赖于不同学科专家的相关专业知识，并且在实施过程中涉及多方主体的利益，因此对农业科技创新成果质量的控制已经不能仅仅依靠科学界的同行评议来完成，而是应该由政府部门、大学、科研机构、产业界及其他社会各界不同利益相关者共同参与制定评价体系和评价标准（张彦通和张妍，2015）。在具体实施过程中，应当构建政府部门、科学界、产业界、用户代表等跨主体参与的评估机制，重点围绕农业创新价值链科技成果转化环节进行综合性评估，一方面能够对农业创新价值链科技成果转化环节的衔接情况进行多方位评估，有利于加快农业科技成果的应用与转化；另一方面，各方主体能够通过参与评估，及时发现农业科技创新活动中存在的问题并及时进行信息共享、沟通与协商，共同解决农业科技创新活动中存在的问题并提高农业科技创新效率。

与此同时，基于价值导向的评估模式还需要从农业科技创新活动过程、评估周期以及评估结果的反馈等方面加以完善。（1）从农业科技创新活动开展的过程来看，评估的重点需要有所侧重。在农业科技计划或农业研究选题制定阶段，产出评估体系需要对农业科技计划或农业研究选题的相关性进行评估，保证研究内容和目标契合农业产业发展的实际需求。在农业科技创新活动实施过程中主要对研究进展情况和研究质量进行评估和监督，保证研究活动能够顺利开展。在农业科技创新活动的后期主要对研究成果的社会价值和社会影响力进行评估。（2）从评估周期的角度来看，需要形成短期、中期、长期评估相结合和内部质量评估与外部质量评估相结合的评估体系。短期和中期评估主要评估项目的进展和质量，长期评估主要评估项目成果的社会价值。内部质量评估关注新型农业科技创新组织开展研究采用的研究方法与手段、研究的创新性、研究结果实现的可行性，外部质量评估关注新型农业科技创新组织研究选题与产业发展之间的相关性以及研究成果所能产生的社会影响力。（3）从评估结果的有效反馈机制来看。通过建立和完善评估结果的有效反馈机制，评估结果的相关信息能够有效反馈至资助机构、新型农业科技创新组织，从而有利于进一步改进未来的资助方式、研究方式并确定新的研发任务。

第五节　基于融合理念的农业科技创新组织与管理模式构建

从农业科技创新组织与管理模式的内部构成来看，农业科技创新组织与管理涉及不同层面、不同主体、不同学科和不同要素的共同作用与相互协同，其中在核心层面需要政府部门的支持和引导，并实现政府与市场的有机结合，同时需要有一个处于核心位置的研究机构负责创新主体之间的组织与协调或者通过成立合作创新网络平台来实现创新主体相互之间的组织与协调。在此基础上，政府部门、科学界、产业界等多元利益相关者共同参与构建全国性或区域性跨主体、跨学科的农业科技创新合作平台或合作网络，进而形成依托合作平台或合作网络的农业科技创新组织与管理模式。

从组织与管理模式的具体构建和实施方式来看，农业科技创新组织与管理模式的构建和实施受到多方面因素的影响，包括政治经济体制、历史和科学文化传统、农业科研力量分布情况等，但农业科技创新组织与管理模式具体实施和构建主要受到科技体制、农业科研力量分布情况的影响。从科技体制的角度来看，部分国家科技管理体系相对分散，这些国家注重通过机制设计实现不同部门之间在科技管理方面的协同；也有部分国家科技管理体系相对集中，科技管理部门注重通过集中统一制定和实施科技计划的方式实现对科技管理活动的组织和引导。从农业科研力量分布情况的角度来看，部分国家农业科研力量中心化较为明显，即在中央层面设置有中央级农业科研机构，且该类型的机构在全国农业科研方面占据主导地位，如美国的农业研究局，巴西的农牧业研究公司，法国的国家农业、食品与环境研究院。也有部分国家农业科研力量相对较为分散，在中央层面缺少占据主导地位的农业科研机构。从农业科技创新资源整合方式来看，部分国家在原有科研平台的基础上建立实体化组织模式，也有部分国家依托网络构建虚拟化组织模式，除此之外还有将实体化与虚拟化相结合的组织模式。因此，基于科技体制、农业科研力量分布、农业科技创新资源整合方式等维度的综合考量，基于融合理念的农业科技创新组织与管理模式可以归纳和构建为以下三种类型。

一　中心协调开放式组织与管理模式

中心协调开放式组织与管理模式适合农业科研力量分布相对较为集中或者在中央层面设置有中央级农业研究机构的情境（见图7-1）。在中心协调开放式组织与管理模式的构建与实施过程中，中央政府部门应当以市场为导向，支持建立以中央级农业研究机构为核心的开放式农业合作创新网络，并由中央级农业研究机构依托农业合作创新网络，在整合全国农业科技创新力量和资源方面发挥主导和协调的作用，打破农业类科研机构和农业类大学之间的藩篱，并通过农业合作创新网络实现各方资源共享和优势互补。同时农业合作创新网络应当以市场为导向，构建农业产业技术需求信息来源渠道，并定位于推动农业创新价值链贯通，重点解决农业科技成果转化过程中的市场失灵问题，从而实现农业科技创新与农业产业发展的有机结合。

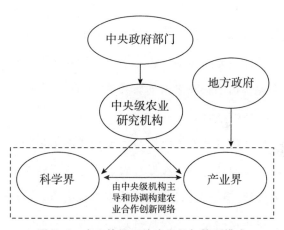

图 7-1　中心协调开放式组织与管理模式

在中心协调开放式组织与管理模式中，中央政府部门需要采取资金支持和政策引导的方式支持中央级农业研究机构在农业合作创新网络中发挥其核心主导和协调作用。农业合作创新网络的管理和运作方式需要根据市场需求和农业科技创新的发展趋势进行市场化改革，包括探索实体化运营模式和采用企业化管理模式，以提高农业合作创新网络的运作效率。农业合作创新网络应当围绕农业创新价值链建立全国性数据和信息采集与共享网络，为农业合作创新网络制定战略计划和研究选题提供问题与信息来源，同时也为政府部门制定相关政策和规划提供科学的决策证据。强化农业合作创新网络内部跨学科研究团队的建设，围绕农业创新价值链开展跨学科研究，并依托合作网络与政府部门、产业界和科学界实现信息和知识共享，提升合作创新网络的信息效率。农业合作创新网络通过加强与外部科学界、产业界之间的合作互动关系，既能够将大学"波尔象限"的基础研究成果转化为"巴斯德"象限的应用型研究对象，并将"巴斯德"象限的应用型研究成果进一步转化为产业界所需的"爱迪生"象限的科技成果，同时能够将产业界面临的市场和技术需求转化为科学界新的基础研究与应用研究对象或主题，以非线性的方式拓展农业科技创新领域。明确农业合作创新网络在推动农业创新价值链贯通方面的定位，推动农业合作创新网络与产业界开展互动与合作。农业合作创新网络应当完善和改进现有的科技创新成果评价体系，强化利益相关者对农业合作创新网络在社会和经济影响力方面的评估导向作用，建立多方利益相关者共同参与的评估机制，从而引导农业合作创新网络以创新和价值为导向，形成有效的激励相容，推动科技与经济的结合。

整体来看，中心协调开放式组织与管理模式能够依托中央级农业研究机构有效整合多方资源和力量，在促进农业科技成果转化的方面发挥重要作用，中央级农业研究机构通过与上游从事基础研究、应用研究的农业类大学、农业类科研机构以及与下游从事新产品开发与商业化的产业界建立开放式的合作关系，实现农业创新价值链的有效贯通。在此过程中中央政府部门需要在遵循市场规律的基础上，引导和支持中央级农业研究机构在构建农业合作创新网络方面发挥核心作用，依托农业合作创新网络共同开展农业科技成果转化方面的跨学科、跨主体研究与创新。同时采用开放式的合作模式，加强与国内和国际范围内的科研机构、大学及相关企业合作，拓展市场与技术需求信息来源渠道，以及农业科技成果转化与推广的途径。

二 分散合作网络式组织与管理模式

分散合作网络式组织与管理模式适合农业科研力量相对分散且在中央

层面缺少中央级农业研究机构的情景（见图 7-2）。该模式与中心协调开放式组织与管理模式相比农业科研力量相对均匀和分散，缺乏处于中心地位的中央级农业研究机构，因此该模式更加需要依赖政府部门的支持和引导作用。在构建分散合作网络式组织与管理模式的过程中，政府部门主要负责提供部分经费资助和组织各方共同构建实体化或虚拟化农业合作创新中心或网络，并制定相关配套政策和主导建立以价值为导向的评估体系，以实现对农业合作创新网络的有效支持和引导。同时政府部门需要注重通过市场化方式撬动和整合全国或区域范围内分散的农业科技创新资源和力量，依托农业合作创新中心或网络构建农业产业技术需求信息来源渠道，并利用农业合作创新中心或网络拓展农业科技创新成果推广渠道，加快农业科技成果扩散和推广速度。

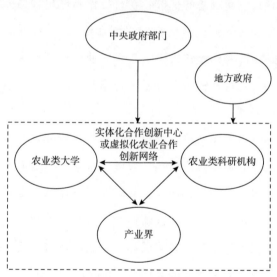

图 7-2　分散合作网络式组织与管理模式

在构建分散合作网络式组织与管理模式的过程中，政府部门需要在遵循市场规律和以市场为导向的基础上，采用政策引导或资金支持的方式，整合全国范围内的农业类大学、农业类科研机构、产业界的相关力量共同建立实体化的全国性或区域性跨主体、跨学科农业合作创新中心，并以多个农业合作研发创新中心为依托建立全国性农业合作创新网络；或者给予政策引导和资金支持，整合全国范围内的农业类大学、农业类科研机构、产业界的相关力量建立虚拟化的跨学科、跨主体农业合作创新团队，并依托多个农业合作创新团队形成全国性农业合作创新网络。利用农业合作创新中心或网络整合和配置农业科技创新资源，并围绕农业产品或产业中的实际需求开展跨学科、跨主体合作研发与创新。农业合作创新中心或网络主要面向市场，利用合作创新网络获取市场、产业的产品或技术需求信息，围绕市场或产业需求，借助各方的优势力量开展跨主体、跨学科研究，并在此基础上将市场、技术信息和研究成果信息反馈至政府部门，为政府部门制定政策或做出决策提供科学依据。同时借助依托农业合作创新中心或网络建立的全国性合作网络将农业科技成果在全国范围内进行推广，加快农业科技创新成果的扩散。在科技创新产出评估方面，政府部门应引导各方以市场为导向，共同制定以创新价值为导向的产出评估体系，建立多方共同参与的合作评估机制，实现农业合作创新中的激励相容，以有效引导分散的农业科技创新力量通过合作开展农业科技创新活动共同致力解决农业产业问题。

整体来看，分散合作网络式组织与管理模式依托农业合作创新中心或网络从政府部门、农业类科研机构、农业类大学、产业界、用户等多方主体获取市场和技术需求信息，在各方共同开展合作的互动过程中激发新的需求与创新机会，提高农业合作创新中的信息使用效率。同时也依靠合作网络将位于农业创新价值链不同阶段的力量进行整合，实现农业创新价值链的有效贯通，推动农业产业的发展。

三 中心与分散相结合的混合式农业科技创新组织与管理模式

混合式农业科技组织与管理模式主要适合国土面积较大，区域之间农业技术差异较大，同时中央和地方农业科研力量分布较为均衡的情况。在构建混合式农业科技创新组织与管理模式的过程中，政府部门需要支持和引导中央层面和地方层面的农业类科研机构和农业类大学相互之间做好有效的定位与协调，即实现中央层面与地方层面农业科研力量的有效协同与合作，避免农业科研力量的碎片化和农业科研活动的重复化。其中在中央层面依托中央级研究机构，采取中心化组织与管理模式，主要定位于全国性农业基础研究、战略性研究和共性技术研究，同时政府部门需要以市场为导向，引导中央级研究机构与产业界开展多种形式的合作，包括建立跨主体、跨学科的农业合作创新中心，推动农业科技成果的转化。在地方层面采取分散化组织与管理模式，构建区域性农业合作创新中心或农业合作创新网络，主要定位于区域特色农业技术研发和技术的应用和推广。同时地方层面还需要在获取农业市场和技术需求信息方面发挥重要作用，并将共性农业技术需求问题反馈至中央级研究机构层面。中央级研究机构需要为地方研究机构提供有效的基础研究和应用研究的理论与技术支持，地方研究机构及时将中央级研究机构的相关技术成果进行转化并推广和扩散，从而形成中央与地方有效协作的良性循环与互动机制。政府部门在支持中央层面和地方层面的农业研发力量开展合作研发方面发挥组织与协调作用的同时，还需要注重引导其共同面向市场开展合作创新，同时在此过程中支持建立中央和地方共享的农业研发信息数据库等基础设施，在解决农业产业问题的过程中实现各方信息交互，激发新的研究主题和创新领域，推动农业创新价值链贯通。

第六节　相关问题的进一步讨论

在农业产业发展对农业科技创新的需求日益增强的趋势下，本书分析了农业科技创新的融合发展趋势，提出了基于融合理念的农业科技创新组织与管理模式的理论框架，并采用理论框架分析了典型国家在构建基于融合理念的农业科技创新组织与管理模式方面的探索与实践，在总结和归纳的基础上构建了三种不同类型的基于融合理念的农业科技创新组织与管理模式,对我国探索和构建新型农业科技创新组织与管理模式具有重要的借鉴意义。其中学科导向与融合理念的关系、融合的趋势与特征、基于融合理念的农业科技创新组织与管理模式的实现途径和方式以及各个国家在农业科技创新组织与管理实践过程中存在的差异等问题仍然值得深入讨论。

一 学科导向与融合理念的关系

本书所研究的基于融合理念的农业科技创新组织与管理模式与原有的科学研究模式并不冲突,而是相互补充、相互促进的关系。从科学研究的角度来看,一方面,随着各个学科研究的不断深入,科学研究的对象进一步朝向深化和细化的方向发展;另一方面,科学研究与创新之间的关系日益紧密,为解决产业问题而开展的科技创新活动日益需要跨学科研究的支持,同时也需要政府部门、科学界和产业界的共同参与,因此融合也将成为科技创新活动的重要范式。从学科导向与融合理念的关系来看,以学科发展为导向的科学研究模式能够使科学研究不断深入,促进各个学科水平不断提升,学科的发展和科学研究水平的提升则能够不断为基于融合理念的农业科技创新提供更多、更先进的跨学科理论、工具和方法,而基于融合理念的农业科技创新则能够为科学研究提供新的研究方向,推动科学研究进一步发展。因此,从这两方面来看,学科导向与融合理念之间是相互补充而非替代的关系,既要认识到两者之间的区别和差异,也要注重两者之间的有机联系。

二 融合的趋势与特征

本书主要从科学研究自身的发展演变及其资助方式的变化,科学研究与政府、社会需求之间关系的演变,学科从分化到融合的发展路径,知识生产方式的变化趋势等方面分析了科学研究的发展趋势,并结合美国国家科学院相关报告分析和总结了融合的发展趋势和主要特征。从其主要特征来看，融合是一种围绕创新价值链整合多方资源、多学科知识，推动科技与经济有效结合的新型理念，具体表现在以问题为导向，整合来自政府部门、资助机构、研究机构、产业界等利益相关者和合作伙伴的资源和力量，在从科学研究到产业化的全创新价值链过程开展跨主体、跨学科的研发与创新活动。从各个国家农业科技创新组织与管理的实践来看，基于融合理念的农业科技创新组织与管理模式还在逐渐发展和完善，其实现路径和方式也呈现多样化的特征，因此，针对融合理念的相关研究仍然需要进一步探索和完善。

三　通过农业科技创新组织与管理推动和实现融合的途径和方式

整体来看，典型国家在农业科技创新组织与管理实践过程中所采取的方法和举措均不同程度地体现了融合理念的特征。从理论分析的角度来看，融合理念包括问题导向、跨学科的知识汇聚、跨主体的协同参与、创新价值链的贯通和基于创新价值导向的产出评估五个维度，其中跨学科的知识汇聚、跨主体的协同参与、创新价值链的贯通为核心维度。基于融合理念的农业科技创新组织与管理模式需要从单项维度的融合和维度之间的界面融合加以实现。而从各国农业科技创新组织与管理的实践来看，某一种组织方式或制度设计可能会同时实现多个维度的融合以及维度之间的界面融合，同样，某个维度的融合或维度之间的界面融合可能需要或存在多种实现途径和方式。

四　农业科技创新组织与管理模式具有较强的根植性

不同国家有着不同的国情，因此不同国家在经济、科技体制等方面存在差异。农业科技创新组织与管理模式、相关制度与政策设计等往往建立在现有的经济和科技体制基础之上，即农业科技创新组织与管理模式的实施往往依赖于已有的经济和科技体制，具有较强的根植性。因此各国在构建基于融合理念的农业科技创新组织与管理模式的过程中，应当避免出现"一刀切"的模式设计，而是需要根据各个国家的国情、经济和科技体制以及农业产业发展阶段等因素进行定制化、个性化的模式设计，即一方面要根据农业科技创新的发展趋势不断改进原有的农业科技创新组织与管理模式或直接建立新的农业科技创新组织与管理模式；另一方面还需要考虑本国现有的经济、科技体制等关键影响因素，在现有的体制基础上，建设具有自身特色的农业科技创新组织与管理模式。

五　政府和市场的结合问题

从典型国家的实践来看，不同国家在政府与市场结合方面既存在明显的差异性，又呈现了部分共性特征。在差异性方面，发达国家市场机制相对更加成熟和完善，这些国家普遍重视市场力量和私营部门在农业科技创新过程中的作用，政府部门在农业科技创新过程中较少采取直接干预的措施，而是在遵循市场规律的基础上，更加注重发挥引导、支持和激励的作用，包括通过部分资金支持和撬动私人部门投入更多研发资金等直接支持方式和通过制定农业科技创新政策、构建良好创新环境等间接支持方式。发展中国家市场机制相对不够成熟和完善，政府部门在农业科技创新过程中需要发挥更大的作用，包括强化政府在农业科技计划制定中的作用、直接出资支持建立农业合作创新平台、加强政府部门对农业科技创新活动的指导与协调等。在共性特征方面，各个国家政府与市场之间的关系均随着时间的推移而呈现动态变化的特点，政府部门在制定农业科技计划的过程中均注重面向市场，在组织各方共同参与的基础上确定研究选题。在农业科技创新组织与管理具体实施过程中，政府部门均注重在遵循市场规律的基础上支持合作创新平台或网络以市场化的方式运作。

整体来看，在构建基于融合理念的农业科技创新组织与管理模式过程中，政府与市场之间的有机结合并不存在统一的方式和标准，而是需要结合各国国情、时代特征、农业行业和细分领域的特点积极探索适合本国农业科技创新的政府与市场结合方式，并根据农业科技创新组织与管理的实施过程进行动态调整。

六　创新主体之间的分工定位与合作

农业类大学、农业类科研机构与产业界在农业科技创新活动中围绕农业创新价值链进行合作创新的同时，也要有明确的职责定位。从发达国家的经验来看，除了农业类大学和农业类科研机构与产业界之间的分工与定位，农业类大学与农业类科研机构之间也需要明确职责与定位，而形成有效的职责定位也是一项系统工程，涉及多个方面。其中农业类科研机构应当主要定位于国家战略技术研究、行业共性技术研发和相关应用研究。与职责定位相对应，从资源配置的角度来看，资助机构需要对农业类科研机构形成以稳定支持和委托研究为主、以竞争性项目为辅的经费支持模式。在评价导向方面以问题导向为主，重点从社会经济、行业贡献的角度进行综合评价，注重跨学科团队整体评价与个人评价相结合。农业类大学则主要定位于基础研究、应用研究等。与职责定位相对应，在资源配置方面需要资助机构对农业类大学形成以稳定支持和竞争性项目资助相结合，在一定程度上以竞争性项目资助为主的经费支持模式。在评价导向方面学科发展与问题导向相结合，避免农业类大学与农业类科研机构之间的同质化竞争、重复研究等问题。除了明确分工，农业类大学和农业类科研机构与产业界之间也需要形成有效的合作关系，包括农业类大学和农业类科研机构与产业界研发活动的互补性，通过开展合作创新实现农业类大学和农业类科研机构的科学研究活动与产业界科技成果商业化的有效衔接等。

七　农业科技创新组织与管理模式的进一步探索和完善

从各个国家的农业科技创新组织与管理实践来看，受经济体制、科技体制、农业科技创新能力、农业发展现状等因素的影响，不同国家探索和形成了不同的农业科技创新组织和管理模式。随着科技与经济结合日益紧密、多元利益相关者的需求以及农业产业问题的复杂性和对多学科知识的依赖日益增加，各个国家的农业科技创新组织与管理模式也一直在不断探索、改革与完善。

虽然本书在理论分析、案例研究和总结归纳的基础上构建了三种不同类型的农业科技创新组织与管理模式，但这些模式介于理论与实践之间，并不具有完全意义上的普适性，且不存在绝对最优的农业科技创新组织与管理模式。即使选择了相应的农业科技创新组织与管理模式，也需要根据自身的国情进行相应的完善、改进和补充。我国的农业科技创新组织与管理模式也在随着农业产业的需求和农业科技创新的发展而在不断探索和完善。由于受到长期计划经济体制的影响，我国的农业科研力量主要分布在农业类大学和农业类科研机构，涉农类企业的科研力量较为薄弱，因此未来还需要进一步探索和完善基于融合理念的农业科技创新组织与管理模式，加强引导农业类大学、农业类科研机构开展合作创新，进一步推动农业创新价值链的有效衔接，加快农业科技成果的转化。

第七节　政策启示

通过理论和案例研究，本书得出如下相关政策启示。

一　政府部门作用的发挥

政府部门应当在结合本国国情和农业科技创新特点的基础上，在探索和构建基于融合理念的农业科技创新组织与管理模式方面发挥重要的作用，特别是在提供研发基础设施、资助基础性公益性研究和推动各方开展合作创新方面发挥重要的组织与协调作用。在顶层设计层面，政府部门应当建立有效的协调机制，加强政府部门之间的有效协同。在农业科技创新组织与管理方面，组织各方主体参与制定和实施农业科技计划，引导各方共同参与构建跨主体、跨学科的农业科技创新平台或网络等。同时基于本国的国情，确定农业科技创新过程中存在的市场失灵问题，在有效界定公共部门和私营部门各自角色定位的同时加强互动与合作，通过政府与市场的有机结合，推动基于融合理念的农业科技创新组织与管理模式的开展和实施，提高农业科技创新效率。

二　农业科学研究和农业科技创新活动的分类管理

对农业科学研究和农业科技创新活动采用分类管理模式。农业科技创新活动涉及不同类型的科学研究和创新活动组织与管理范式，既有以学科发展为导向的探索性科学研究，又有以问题为导向的技术研发与创新活动，这些不同类型的科学研究和创新活动组织与管理方式存在较大的差异，需要采用分类管理模式。如以学科发展为导向的探索性科学研究的绩效评价应当以研究成果的创新性和影响力为主要标准，以问题为导向的技术研发与创新活动的绩效评价应当以创新成果产生的经济或社会效益为主要标准。

三　政府与市场的有机结合

在政府与市场的结合方面，在实践过程中政府部门需要结合实际情况进行决策，实现政府与市场的有机嵌入与融合。从宏观角度来看，政府在实现与市场的有机融合过程中需要从三个维度入手，即"时间—国别—行业"。时间角度主要考虑经济发展周期，如当经济处于上升周期相对减弱政府干预，当经济下行周期则增强政府干预。国别角度主要考虑不同国家的国情，如不同国家市场机制发育程度不同，市场发育成熟的国家倾向于以市场机制为主，减少政府干预；而市场发育相对不够成熟的国家单独依靠市场机制难以实现资源的优化配置，需要加强政府的影响和干预。行业角度主要考虑不同行业和细分领域的属性具有较大差异，根据行业和细分领域的特点采用不同的融合方式，如农业与其他行业相比具有明显的公共性和外溢性，这就决定了在该行业政府的干预程度要强于其他行业。

四　农业科技创新合作平台的构建

在农业科技创新合作平台方面需要有效整合现有资源和力量。基于融合理念的农业科技创新平台建设要尽量充分整合和利用现有的农业科技创新资源和力量，包括实体化中心平台和虚拟网络平台。一方面要避免因建设新的农业科技创新合作平台而造成创新平台碎片化和创新力量分散化；另一方面还要避免重复建设功能类似的农业科技创新合作平台，造成科技创新资源的浪费。在具体建设过程中应当充分依托现有的科研机构或研究中心构建合作平台，整合全国或区域农业科技创新领域现有的优势资源和力量，实现大学、科研机构、企业之间的有效协同，推动农业创新价值链的贯通，支撑农业产业发展。

五　农业科技创新组织与管理模式的探索

需要从多个方面探索农业科技创新组织与管理模式构建。在问题导向方面，通过构建合作网络实现农业类大学、农业类科研机构与涉农类企业之间的信息互通与共享，借助合作网络建立获取产业或市场需求信息的渠道。在组织实施方面，进一步完善稳定性与竞争性结合的资助方式，通过政府与市场结合的方式将社会资本、风险投资融入农业科技创新组织过程中，包括政府部分资金支持、产业界资金匹配、实物股权匹配投入等。采用市场化的方式构建虚拟合作联盟或者创建独立法人类型的实体机构，探索企业化的运作方式。在产出评估方面，建立与问题导向对应的评估体系，强化农业科技创新成果对社会影响力的评估，减少政府部门的干预，委托第三方机构对组织模式的运行效果进行短期、中期、长期相结合的综合评估。

第八节　未来展望

本书理论部分主要提出了基于融合理念的农业科技创新组织与管理模式的基本分析框架，并分析了融合研究的发展趋势及其对农业科技创新组织与管理产生的影响。实证研究部分主要结合理论部分提出的基本分析框架对中国、英国、美国、巴西四个国家的农业科技创新组织与管理模式进行了系统的分析和对比，并简要分析了法国和澳大利亚农业科技创新组织与管理的相关举措，在此基础上将理论与实践相结合，提出了基于融合理念的农业科技创新组织与管理模式。构建农业科技创新组织与管理模式是一项复杂的系统工程，探索新形势下基于融合理念的农业科技创新组织与管理模式具有很大的挑战性，本书主要从融合理念的视角聚焦农业科技创新组织与管理模式的关键问题，对某些相关问题的研究还存在一定的不足，未来还需要进一步的探索和研究。

第一，本书主要是在农业产业发展、农业科技创新面临新的发展机遇和挑战的趋势下，以解决农业产业问题为导向，从融合理念的视角对农业科技创新组织与管理模式进行的分析，而对以学科发展为导向的农业基础研究的组织与管理模式并未深入研究。在新的科技革命推动下，以学科发展为导向的农业基础研究也在发生重大变化，其组织与管理模式也需要进一步研究。

第二，本书在分析农业科技创新发展趋势的基础上提出了基于融合理念的农业科技创新组织与管理模式所需要具备的特征，并结合典型国家的案例分析提出了基于融合理念的农业科技创新组织与管理模式。由于各个国家具有不同的国情，在选择基于融合理念的农业科技创新组织与管理模式的过程中还需要充分结合本国现有的科技体制、农业科研力量分布、历史和文化传统等因素，对组织与管理模式进行进一步的衍生、完善和细化，使得基于融合理念的农业科技创新组织与管理模式能够适应本国国情。

第三，在农业科技创新组织与管理的政府与市场关系方面，无论是在宏观层面还是微观层面，并不存在"放之四海而皆准"的统一标准或适用形式。其主要原因在于有效的政府与市场关系具有较强的根植性，受到多方面因素的影响。不同国家在市场发育程度、法律完善程度、历史和文化传统、经济体制与科技体制等方面往往存在显著的差异，而有效的政府与市场关系则深深地根植于经济体制、科技体制、历史和文化传统等因素当中，政府与市场关系的有效结合需要与这些因素有效互适。如果在农业科技创新组织与管理过程中未有效考虑本国国情和相关因素而盲目推行政府干预或市场自由化改革，则不仅难以促进农业科技创新活动和提升农业科技创新水平，甚至会对农业科技创新活动产生负面影响。

参考文献

马爱平. 我国农业科技创新呈现新特征 [N]. 科技日报, 2016 - 02 - 02.

朱世桂. 中国农业科技体制百年变迁研究 [D]. 南京农业大学, 2012.

Ekboir J M, Dutrénit G, Martínez G, et al. Successful organizational learning in the management of agricultural research and innovation [R]. The Mexican Produce Foundations Research Report, 2009.

Babu S C, Huang J, Venkatesh P, et al. A comparative analysis of agricultural research and extension reforms in China and India [J]. China Agricultural Economic Review, 2015, 7 (4): 541-572.

Price D J D S. Little science, big science-and beyond [J]. The Quarterly Review of Biology, 1963, 7: 443-458.

Gibbons M, Limoges C, Nowotny H, et al. The new production of knowledge: The dynamics of science and research in contemporary societies [M]. Sage, 1994.

Ziman J. Real Science: What it is and what it means [M]. Cambridge University Press, 2000.

Kline S, Rosenberg N. The positive sum strategy: Harnessing technology for economic growth [M]. National Academies Press, 1986.

Ziman J. A neural net model of innovation [J]. Science and Public Policy, 1991 (18): 65–75.

Donald E. Stokes. Pasteur's quadrant: basic science and technological innovation [M]. Washington D. C. Brookings Institution Press, 1997.

Etzkowitz H, Leydesdorff L. The dynamics of innovation: from National Systems and "Mode 2" to a Triple Helix of university-industry-government relations [J]. Research policy, 2000, 29 (2): 109–123.

李晓强, 张平, 邹晓东. 学科会聚: 知识生产的新趋势 [J]. 科技进步与对策, 2007, (06): 112–115.

张学文. 开放科学视角下的产学研协同创新——制度逻辑、契约治理与社会福利 [J]. 科学学研究, 2013, (04): 617–622.

李志峰, 高慧, 张忠家. 知识生产模式的现代转型与大学科学研究的模式创新 [J]. 教育研究, 2014, (03): 55–63.

李佳敏. 跨界与融合: 基于学科交叉的大学人才培养研究 [D]. 华东师范大学, 2014.

陈勇, 邹晓东, 陈艾华, 陈婵, 王锋雷, 柳宏志. 促进跨学科研究的有效组织模式研究——基于斯坦福大学 Bio-x 跨学科研究计划的分析及启示 [J]. 科学学研究, 2010, 28 (03): 346–350.

毕颖, 杨小渝. 面向科技前沿的大学跨学科研究组织协同创新模式研究——以斯坦福大学 Bio-X 计划为例 [J]. 华中师范大学学报 (人文社会科学版), 2017, 56 (01): 165–173.

董樊丽, 聂文洁, 张兵. 美国高校学科交叉融合发展借鉴及启示——以斯坦福大学 Bio-X 计划为例 [J]. 科学管理研究, 2020, 38 (05): 161–167.

陈捷, 肖小溪. 美国科赫研究所开展融合科学的实践与启示 [J]. 中国科学院院刊, 2020, 35 (01): 27–33.

杨光, 肖小溪. 融合范式下科技创新的特点分析及启示——基于对阿法依泊汀的案例剖析 [J/OL]. 科学学研究: 1-18 [2021-10-15]. ht-tps: //doi. org/10. 16192/j. cnki. 1003-2053. 20210623. 001.

Anandajayasekeram P. The role of agricultural R&D within the agricultural innovation systems framework [C]. Report Prepared for the ASTI/IFPRI-FARA Conference. 2011.

Rajalahti R, Janssen W, Pehu E. Agricultural innovation systems: From diagnostics toward operational practices [M]. Agriculture & Rural Development Department, World Bank, 2008.

Spielman D J, Birner R. How innovative is your agriculture?: Using innovation indicators and benchmarks to strengthen national agricultural innovation systems [M]. World bank, 2008.

Klerkx L, Aarts N, Leeuwis C. Adaptive management in agricultural innovation systems: The interactions between innovation networks and their environment [J]. Agricultural systems, 2010, 103 (6): 390-400.

应若平. 国家农业科技创新体系: 新西兰的经验 [J]. 科研管理, 2006, (05): 59-64.

吴建寨, 杨海成, 李斐, 等. 发达国家农业科技创新体系及其经验借鉴 [J]. 世界农业, 2016 (9): 157-161.

Pray C. The growing role of the private sector in agricultural research [J]. Agricultural research policy in an era of privatization, 2002: 35-51.

Hall A, Mytelka L, Oyeyinka B. Innovation systems: Implications for agricultural policy and practice [EB/OL]. [2016-06-21] http: //oar. icrisat. org/5281/1/ILAC-Brief 2. pdf

King J L, Toole A A, Fuglie K O. The complementary roles of the public and private sectors in US agricultural research and development [M]. US Department of Agriculture, Economic Research Service, 2012.

Hartwich F, Tola J, Engler A, et al. Building public-private partnerships for agricultural innovation. ［J］. General Information, 2008: 26.

Fuglie K O, Toole A A. The evolving institutional structure of public and private agricultural research ［J］. American journal of agricultural economics, 2014, 96（3）: 862-883.

董文琦, 张春锋, 胡木强. 农业科技创新的管理机制分析 ［J］. 农业科技管理, 2015,（01）: 19-21+55.

翟琳, 王晶, 徐明, 金轲. 法国农业科技体制发展及对中国科技体制改革的启示 ［J］. 世界农业, 2015,（04）: 65-68.

彭宇文, 吴林海. 中美农业科技体制比较与我国农业科技体制改革研究 ［J］. 科技管理研究, 2008, 06: 62-64+67.

刘宏波, 刘华桢, 刘任. 美国农业科研体系及其运行机制研究 ［J］. 世界农业, 2013, 10: 110-113.

赵惠娟, 刘妮雅, 杨伟坤. 农业科技创新体系中企业主体地位的美国经验与启示 ［J］. 世界农业, 2015, 07: 52-55.

谢彬彬, 陈叶兰. 国外农业科技体制改革及组织形式 ［J］. 理论观察, 2016, 03: 93-94.

柏振忠. 世界主要发达国家现代农业科技创新模式的比较与借鉴 ［J］. 科技进步与对策, 2009,（24）: 39-41.

程华. 外部性、农业科技创新与政府作用 ［J］. 科技进步与对策, 2001,（01）: 61-62.

崔慧霞. 农业科技创新中的政府作用 ［J］. 农业经济, 2013,（04）: 3-5.

彭宇文, 吴林海. 中美农业科技资金投入比较及对策分析 ［J］. 中国科技论坛, 2007, 12: 89-92.

Freeman C. The 'National System of Innovation' in historical perspective ［J］. Cambridge Journal of economics, 1995, 19（1）: 5-24.

Nelson R R. National innovation systems: A retrospective on a study

［M］//Organization and Strategy in the Evolution of the Enterprise. Palgrave Macmillan UK, 1996: 381-409.

OECD（2013）, Agricultural Innovation Systems: A Framework for Analysing the Role of the Government, OECD Publishing, Paris.

EU SCAR（2013）, Agricultural knowledge and innovation systems towards 2020-an orientation paper on linking innovation and research, EU Publishing, Brussels.

Hartwich F, Jansen H G. The role of government in agricultural innovation: Lessons from Bolivia ［J］. Research Briefs, 2007, 36（1）: 84-91.

叶向东. 关于农业科技创新若干问题的思考——美国等农业强国的经验教训及启示 ［J］. 全球科技经济瞭望, 2007, 22（9）: 9-13.

郑芳. 我国农业科技创新中的政府作用分析 ［J］. 长春理工大学学报（社会科学版）, 2013,（12）: 18-20.

彭建华, 喻春莲, 向跃武. 试论市场经济条件下农业科技管理的政府职能及行为边界 ［J］. 农业科技管理, 2015（4）: 15-17.

田晓琴, 窦鹏辉. 关于深化农业科技管理体制改革和机制创新的几个问题 ［J］. 农业科技管理, 2014,（05）: 5-7.

Harris F, Lyon F, Clarke S. Doing interdisciplinarity: motivation and collaboration in research for sustainable agriculture in the UK ［J］. Area, 2009, 41（4）: 374-384.

孙景翠. 中国农业技术创新资源配置研究 ［D］. 东北林业大学, 2011.

杨传喜, 张俊飚. 美国、日本农业科技资源配置的经验分析及借鉴 ［J］. 农业经济与管理, 2012, 04: 24-28.

David P A, Hall B H, Toole A A. Is public R & D a complement or substitute for private R & D? A review of the econometric evidence ［J］. Research policy, 2000, 29（4）: 497-529.

Besley, T, Ghatak, M. Public-Private partnerships for the provision of public goods: Theory and an application to NGOs, DEDPS 1999, London School of Economics [EB/0L]. [2016-10-08].

杨传喜，张俊飚，赵可. 农业科技资源与农业经济发展关系实证 [J]. 中国人口. 资源与环境，2011，03：113-118.

陈祺琪，张俊飚，程琳琳，李兆亮. 农业科技资源配置能力区域差异分析及驱动因子分解 [J]. 科研管理，2016，03：110-123.

OECD (2015), Innovation, Agricultural Productivity and Sustainability in Brazil, OECD Publishing, Paris.

周小亮. 新古典经济学市场配置资源论及其启示 [J]. 经济学动态，2001 (03)：64-66.

丁娟. 创新理论的发展演变 [J]. 现代经济探讨，2002 (06)：27-29.

苗向荣. 论国家创新系统的理论演变 [J]. 人民论坛，2013 (05)：230-231.

王海燕. 国家创新系统的内涵及其运行绩效的评估 [J]. 中国科技论坛，2000 (06)：31-33.

孙明. 浅论国家创新系统理论 [J]. 合肥工业大学学报 (社会科学版)，2001 (02)：15-19.

章亮，张明龙，张琼妮. 美国灵活有序的科技创新组织体系分析 [J]. 西北工业大学学报 (社会科学版)，2010，30 (01)：6-8.

周玲. 研究型大学科技创新组织与管理模式探究 [J]. 北京教育 (高教)，2018 (Z1)：134-137.

宋宏. 新型研发机构：科技创新组织的范式变革 [J]. 安徽科技，2020 (02)：4-8.

杨培真，杨玲莉，颜秋许，薛佳. 科技管理模式浅析 [J]. 科技管理研究，1997 (4)：12-13.

陆铭，任声策，尤建新．基于公共治理的科技创新管理：一个整合框架 [J]．科学学与科学技术管理，2010，（06）：72-79.

周寄中．科学技术创新管理 [M]．经济科学出版社，2014.

Hughes J. Leadership in Agricultural Research Management [J]. Agricultural Research Management, 2007: 101-120.

郭英，丁自立，王艳明，张俊，张兴中，刘翠君，张平，焦春海．农业科技创新管理模式分析——以湖北省农业科技创新中心为例 [J]．农业科技管理，2011，（02）：10-13.

Khanna, J., W. E. Huffman, and T. Sandler: Agricultural Research Expenditures in the United States: A Public Goods Perspective [J], Rev. Econ. and Statist, Vol. 76, 267-277, 1994.

Alston, J. M., G. W. Norton, and P. G. Pardey (1995), Science Under Scarcity: Principles and Practice for Agricultural Research Evaluation and Priority Setting, Ithaca, NY: Cornell University Press.

黎世民，苏磊，赵博．试论我国农业科技的创新主体 [J]．农业科技管理，2008，（06）：31-33.

Pray C E, Echeverria R G. Private-sector agricultural research in less-developed countries [J]. Agricultural Research Policy International Quantitative Perspectives. Cambridge University Press, Cambridge, 1991: 343-364.

安东尼·吉登斯．第三条道路：社会民主主义的复兴 [M]．北京：北京大学出版社，2000.

罗伯特·阿特金森，史蒂芬·伊泽尔．创新经济学：全球优势竞争 [M]．北京：科学技术文献出版社，2014.

李钢，马丽梅．创新政策体系触及的边界：由市场与政府关系观察 [J]．改革，2015（03）：27-37.

曹麒麟．科技创新中政府与市场作用的结合 [N]．光明日报，2012-01-27（003）.

张红霞，俞建飞，毛卫华. 中外政府在农业科技创新体系中的作用比较 [J]. 科学学与科学技术管理，2004（01）：107-110.

彭建华，喻春莲，向跃武. 试论市场经济条件下农业科技管理的政府职能及行为边界 [J]. 农业科技管理，2015，34（04）：15-17.

胡乐明. 政府与市场的"互融共荣"：经济发展的中国经验 [J]. 马克思主义研究，2018（05）：63-71+159-160.

叶林，赵旭铎. 科技创新中的政府与市场：来自英国牛津郡的经验 [J]. 公共行政评论，2013，6（05）：36-59+178-179.

胡皓. 市场基础作用与政府恰当干预的有效融合——韩国现代化模式的成功经验之一 [J]. 社会科学战线，2004（02）：201-204.

卢周来. 从美国的经验看政府在科技创新中的作用 [J]. 经济导刊，2019（02）：54-59.

Arrow K J. The economic implications of learning by doing [J]. Review of Economic Studies，29（3）：155-173.

严中成，漆雁斌，邓鑫. 市场决定模式的新型农业科技创新：一个分析框架 [J]. 科技和产业，2018，18（07）：43-48.

孟捷. 技术创新与超额利润的来源——基于劳动价值论的各种解释 [J]. 中国社会科学，2005（05）：4-15+204.

Pray C E, Fuglie K O. Agricultural research by the private sector [J]. Annu. Rev. Resour. Econ.，2015，7（1）：399-424.

Fuglie K. The growing role of the private sector in agricultural research and development world-wide [J]. Global food security，2016，10：29-38.

周寄中，胡志坚，周勇. 在国家创新系统内优化配置科技资源 [J]. 管理科学学报，2002，03：40-49.

陈捷，肖小溪，李晓轩. 融合科学的发展及其对科技评价的挑战 [J]. 军事运筹与系统工程，2019，33（01）：5-10+43.

阿儒涵. 融合研究的产生、特点及对我国的启示 [J]. 科技中国，

2020（05）：43-47.

肖小溪，刘文斌，徐芳，陈捷，李晓轩．"融合式研究"的新范式及其评估框架研究［J］．科学学研究，2018，36（12）：2215-2222.

肖小溪，陈捷，徐芳，刘文斌，李晓轩，陈大明，王跃，董瑜，杨艳萍，马廷灿，赵宴强．"融合式研究"评价框架的应用与分析——基于中国科学院的实践［J］．科学学与科学技术管理，2019，40（03）：18-30.

周国民．"融合科学"国内外实践及对农业科技发展的启示［EB/OL］．［2020-06-20］http：//caas. cn/xwzx/zjgd/302577. html.

李建军．科学和技术：天使抑或魔鬼？（七）科学"形相"：在功利性和非功利性之间［J］．自然辩证法通讯，2005，01：14-16.

宋旭璞．中国国家科研资助制度研究［D］．华东师范大学，2012.

熊志军．试论小科学与大科学的关系［J］．科学学与科学技术管理，2004，12：5-8.

樊春良．科学要为社会服务——纪念贝尔纳《科学的社会功能》出版75周年［J］．科学与社会，2014，04：118-123.

李正风．科学知识生产方式及其演变［M］．北京：清华大学出版社，2006.

王骥．论大学知识生产方式的演化［D］．华中科技大学，2009.

王海燕，张钢．国家创新系统理论研究的回顾与展望［J］．经济学动态，2000，11：66-71.

Sharp P A, Langer R. Promoting convergence in biomedical science［J］. Science, 2011, 333（6042）：527.

张宁，罗长坤．当前生物医学发展的几个主要特征及其对医学科研管理的影响［J］．中华医学科研管理杂志，2005，01：14-16.

李建会．学科交叉与分子生物学的革命和发展——纪念DNA双螺旋模型建立50周年［J］．自然辩证法研究，2003，12：77-82.

林侠．从基因、遗传密码到基因组学和生物信息学［J］．医学与哲学，

2003，07：10-13.

罗长坤. 当前生物医学发展特征及其对科技创新方式的启示 [J]. 医学与哲学 (A)，2014，01：1-4.

Roco M C. The emergence and policy implications of converging new technologies integrated from the nanoscale [J]. Journal of Nanoparticle Research，2005，7 (2)：129-143.

Sharp P A, Kastener M A, Lees J, et al. The Third Revolution：The Convergence of the Life Sciences, Physical Sciences and Engineering. Cambridge, Mass：MIT Press，2011.

戴小枫，路文如，梅方权. 农业科技革命的特点与规律——兼论我国新农业科技革命的必然性 [J]. 农业科技管理，1998，04：11-14.

曾福生，罗峦. 世界农业科技革命的发展趋势 [J]. 湖南农业科学，2003，04：12-14.

奉公. 新的农业科技革命的范式初探 [J]. 科学技术与辩证法，2001，01：6-9.

石元春. 现代农业 [J]. 中国农业科技导报，2002，06：7-10.

曹定爱. 世界农业科技革命与我国农业科技的发展 [J]. 贵州财经学院学报，2002，05：1-6.

American Academy of Arts and Sciences. Advancing Research In Science and Engineering：Unleashing America's Research & Innovation Enterprise [R]. Cambridge, Massachusetts，2013.

National Research Council. Convergence：facilitating transdisciplinary integration of life sciences, physical sciences, engineering, and beyond [M]. National Academies Press，2014.

National Academies of Sciences, Engineering, and Medicine 2020. The Endless Frontier：The Next 75 Years in Science. The National Academies Publishing, Washington, DC.

Rafols I, Meyer M. Diversity measures and network centralities as indicators of interdisciplinarity: case studies in bionanoscience [R]. SPRU working paper, 2006.

汪凯, 刘仲林. 交叉性创新研究的典范: 雷达研制 [J]. 自然辩证法研究, 2006, 08: 39-42+71.

文少保. 多任务协作、跨学科研究与多学科人才结构匹配——对美国麻省理工辐射实验室雷达研制的历史考察 [J]. 自然辩证法研究, 2012, 03: 98-103.

Peter Galison. Image and Logic: A Material Culture of Microphysics [M]. Chicago: University of Chicago Press, 1997.

Hinrichs C C. Interdisciplinarity and boundary work: challenges and opportunities for agri-food studies [J]. Agriculture & Human Values, 2008, 25 (2): 209-213.

姚延婷, 陈万明, 刘光岭. 我国农业创新系统参与主体的网络功能研究——基于典型样本的分析 [J]. 农业经济问题, 2014, (06): 82-89+112.

Gebremedhin B. Integrating innovation systems perspective and value chain analysis in agricultural research for development: Implications and challenges [M]. ILRI (aka ILCA and ILRAD), 2009.

祁春节, 苏小姗. 我国现代农业产业技术体系的建设——基于新制度经济学视角的分析 [J]. 科技进步与对策, 2010, 14: 60-63.

Hage J, Hollingsworth J R. A strategy for the analysis of idea innovation networks and institutions [J]. Organization Studies, 2000, 21 (5): 971-1004.

Vernon W. Ruttan. . Technology, Growth and Development: An Induced Innovation Perspective [J]. Journal of Economic History, 2002, 62 (01): 272-273.

Huyghe. Technology Readiness Level scale [EB/OL]. [2016-09-16].

www. oecd. org/site/agrfcn/meetings/6th-oecd-food-chain-analysis-net-workmeeting-october-2014. htm.

张晓林，吴育华. 创新价值链及其有效运作的机制分析 [J]. 大连理工大学学报（社会科学版），2005，03：23-26.

Groß M, Stauffacher M. Transdisciplinary environmental science: problem-oriented projects and strategic research programs [J]. Interdisciplinary Science Reviews, 2014, 39（4）: 299-306.

Pardey, P., and J. Beddow. Agricultural Innovation: The United States in a Changing Global Reality [EB/OL]. [2016-11-22]. www. aspeninstitute. org/sites/default/files/content/docs/ee/ChicagoCouncil_AgriculturalInnovation_2013_0. pdf.

Huffman, W. E., and R. E. Evenson. Science for Agriculture: A Long-Term Perspective [M]. Ames, Iowa: Blackwell Publishing, 2008.

王玉丰. 美国大学技术转移政策驱动下的知识生产方式变革 [J]. 高教探索，2012，04：39-42.

朱希刚. 农业科技成果产业化的运行机制 [J]. 农业技术经济，2000，04：21-24.

胡瑞法. 农业科技革命：过去和未来 [J]. 农业技术经济，1998，03：2-11+50.

信乃诠. 科技是农业可持续发展的决定因素 [J]. 农经，2013，07：11.

President's Council of Advisors on Science and Technology. Report to the President on Agricultural Preparedness and the Agriculture Research Enterprise [EB/OL]. [2016-12-02]. www. whitehouse. gov/ostp/pcast.

Pohl C. From science to policy through transdisciplinary research [J]. Environmental science & policy, 2008, 11（1）: 46-53.

田国强，经济机制理论：信息效率与激励机制设计 [J]，经济学，

2003，2（2）：272-308.

姜桂兴. 英国创新体系的最新发展趋势及举措 [N]. 光明日报，2014-04-06（006）.

姚洁，高军，翟启江. 英国政府科研经费配置的经验与启示 [J]. 人民论坛·学术前沿，2015，13：92-95.

尚智丛. 英国生物技术与生物科学研究理事会（BBSRC）管理模式的分析与启示 [J]. 科技进步与对策，2007，（11）：200-202.

刘娅. 英国部分公立科研机构经费管理研究 [J]. 世界科技研究与发展，2008，01：107-112.

胡志宇. 产业界、科研机构与金融业的合作环境——英国促进科技成果转化的最新政策 [J]. 全球科技经济瞭望，2014，02：8-16.

刘兴凯，左小娟. 英国大学科研影响力评估机制及其启示 [J]. 中国高教研究，2015，08：67-71+75.

孙迎春. 现代政府治理新趋势：整体政府跨界协同治理 [J]. 中国发展观察，2014，09：36-39.

贺德方. 美国、英国、日本三国政府科研机构经费管理比较研究 [J]. 中国软科学，2007，07：87-96.

朱增勇，聂凤英. 约翰英纳斯中心的管理经验及启示 [J]. 世界农业，2009，2009（7）：54-57.

JIC Annual Report 2014. Annual Report and Accounts for the year ended 31 March 2014 [EB/OL]. [2016-12-02]. https://www.jic.ac.uk/

刘润生. 英国创新体系建设最新进展 [J]. 科学中国人，2014，19：16-18.

胡志宇. 产业界、科研机构与金融业的合作环境——英国促进科技成果转化的最新政策 [J]. 全球科技经济瞭望，2014，（02）：8-16.

张换兆，许建生. 英国研究理事会的特点分析及其对我国科技计划改革的启示 [J]. 全球科技经济瞭望，2014，（11）：66-71.

杨艳萍, 董瑜. 英国实施《农业技术战略》以提高农业竞争力 [J]. 全球科技经济瞭望, 2015, 01: 55-59.

孔新峰, 宋雄伟. 论英国"协同政府"的理念及对中国的启示 [J]. 行政与法, 2011, (06): 8-11.

王忠会, 走进美国农业: 农民占人口不到1%"门槛"高 [EB/OL]. [2016-12-21].

http://www.chinanews.com/gj/2013/05-30/4874071.shtml.

汪学军. 中美农业科技发展模式比较分析 [J]. 农业经济问题, 2010, 08: 52-57.

张义芳. 国家科技重大专项的跨部门协调: 美国经验及对我国的启示 [J]. 中国科技论坛, 2014, 07: 21-25.

National Institute of Food and Agriculture. [EB/OL]. [2016-12-21]. https://nifa.usda.gov/about-nifa.

郑小玉, 刘冬梅. 国外农业农村科技创新政策特征及启示 [J]. 科技智囊, 2020 (02): 76-80.

USDA SCIENCE BLUEPRINT: A ROADMAP FOR USDA SCIENCE FROM 2020 TO 2025 [EB/OL]. [2021-06-02]. https://www.usda.gov/sites/default/files.

ARS. ARS Annual Performance Report for FY 2015 and Performance Plan for FY 2016-2018 [R] [EB/OL]. [2017-01-02]. https://www.ars.usda.gov/ARSUserFiles.

张昭, 杨礼胜. 美国农业重点实验室的管理体制及运行机制 (上) [J]. 农业科技管理, 2011, 03: 8-10.

路亚洲. 全球化背景下中美农业科技合作模式与机制研究 [D]. 中国农业科学院, 2012.

王世群. 美国农业研究与开发政策: 历史演变和发展趋势 [J]. 世界农业, 2013, 05: 65-68.

王安国，陈建全，何利辉．中美农业科技投入与科技体制比较［J］．世界农业，2003，11：15-17．

Wang S L, Heisey P W, Huffman W E, et al. Public R&D, Private R&D, and U. S. Agricultural Productivity Growth: Dynamic and Long-Run Relationships［J］. American Journal of Agricultural Economics, 2013, 95（5）: 1287-1293.

张德远，吴方卫．国外农业科研领域中公共部门与私人部门的合作［J］．农业经济问题，2004，01：72-76+80．

Moreddu, C.（2016），Public-Private Partnerships for Agricultural Innovation: Lessons From Recent Experiences［R］OECD Publishing, Paris.

Knipling E B, Rexroad Jr C E. Linking Priorities and Performance-Management of the USDA Agricultural Research Service Research Portfolio［M］// Agricultural Research Management. Springer Netherlands, 2007: 213-230.

刘晓光，董维春．赠地学院在美国农业服务体系发展中的作用及启示［J］．南京农业大学学报（社会科学版），2012，03：133-139．

廖成东，李建军．莫里尔法案对美国国家农业创新体系建设的影响［J］．科学管理研究，2015，02：113-116．

邵小通．美国农业科技的研发与推广［J］．安徽农业科学，2013，07：3249-3250．

庞辉．美国公共农业科研经费支出及对我国的启示［J］．农业经济，2012，08：122-124．

赖作莲．美国农业科教体系特征及其启示［J］．农业科技管理，2010，04：93-96．

Executive Office of the President. Presidential Report Calls for New "Innovation Ecosystem" for Agricultural Research［R］. Washington, DC: Executive Office of the President, 2012-12-07.

万劲波，赵兰香．政府和社会资本合作推进科技创新的机制研究［J］．

中国科学院院刊，2016，04：467-476.

USDA, USDA Secretary Announces Creation of Foundation for Food and Agricultural Research［EB/OL］. ［2017-01-12］. http：//www. usda. gov/wps/portal/usda/usdahome? contentidonly=true&contentid=2014/07/0156. xml

USDA, FY 2015 BUDGET SUMMARY AND ANNUAL PERFORMANCE PLAN［EB/OL］. ［2017-01-15］. http：//www. obpa. usda. gov/budsum/budget_summary. html.

Erik Stokstad, USDA Wants to Step Up Innovation Research［EB/OL］. ［2017-01-16］.

http：//www. sciencemag. org/news/2014/03/usda-wants-step-innovation-research.

Agriculture Improvement Act of 2018［EB/OL］. ［2021-01-16］.

https：//www. congress. gov/115/bills/hr2/BILLS-115hr2enr. pdf

National Academies of Sciences, Engineering, and Medicine. Science breakthroughs to advance food and agricultural research by 2030［M］. National Academies Press, 2019.

王宏杰. 美日欧农业科技自主创新政策的演变历程及启示［J］. 安徽农业科学，2018，46（19）：208-213+221.

OECD（2011b），OECD Green Growth Studies：Food and Agriculture, OECD Publishing. http：//dx. doi. org/10. 1787/9789264107250-en.

高芸，赵芝俊. 美国农业科技政策变迁及对中国的启示［J］. 中国科技论坛，2019（11）：180-188.

王晶，翟琳，徐明，金轲. 巴西农业科技体制改革发展研究［J］. 世界农业，2015，10：43-46.

庞建刚，张贯之. 巴西的农业与农业科技创新体系［J］. 西南科技大学学报（哲学社会科学版），2013，03：1-4+19.

Moreddu C, Contini E, Ávila F. Challenges for the Brazilian agricultural innovation system ［J］. EuroChoices, 2017, 16（1）：26-31.

边慧，李晨，科学网：巴西经验：可持续集约化农业之路［EB/OL］.
［2017-01-22］.

http：//news. sciencenet. cn/htmlnews/2016/3/341244. shtm

胡红亮，封颖，徐峰. 巴西科技创新的政策重点与管理趋势述评［J］.
全球科技经济瞭望，2014，12：24-31.

封颖. 巴西鼓足干劲要搞科技创新［N］. 光明日报，2014-07-20
（006）.

Grace Yuan, Embrapa：The Pillar of Sustainable Development of Brazilian
Agriculture［EB/OL］. ［2017-01-20］. http：//news. agropages. com/
News/NewsDetail---16246. htm

Embrapa［EB/OL］. ［2021-12-15］. https：//www. embrapa. br/en/
web/portal/about-us

Alves E. Embrapa：a successful case of institutional innovation［J］. Brazil-
ian agriculture, 2012：64-72.

Martha Jr G B, Contini E, Alves E. 12. Embrapa：its origins and changes
［J］. The regional impact of national policies：the case of Brazil, 2012：204.

Filipe Teixeira, Brazilian Agricultural Research Corporation（Embrapa）
［EB/OL］. ［2017-01-20］.

http：//reports. weforum. org/manufacturing-growth/brazilian-agricultural-
research-corporation-embrapa-brazil/#

Pedro Arraes, Brazil's Agriculture：Embrapa is Leading Agricultural Research
in Brazil［EB/OL］. ［2017-01-20］. http：//www. marcopolis. net/brazils-
agriculture-embrapa-is-leading-agricultural-research-in-brazil. htm

Reifschneider F J B, Lele U. Making Competitive Grants Programs of the
National Agricultural Research Systems Work：Learning from the Brazilian Expe-
rience［C］Informe preparado para Workshop on PRODETAB and Embrapa

Planning, Evaluation and Management Systems, Brasilia. 1998, 24.

MacLennan M, Barrientos A, Amann E. Is there a new Brazilian development model? [R]. Policy in Focus, 2015.

Embrapa－Balanço Social 2012. Embrapa Secretaria de Gestão Estratégica, Secretaria de Comunicação [R]. Brasília 2013.

Portal Brasil. Research Units: Brazilian Agricultural Research Corporation (Embrapa) [EB/OL]. [2017－01－25]. http://www.brasil.gov.br/sobre/science－and－technology/research－units/brazilian－agricultural－research－corporation－embrapa/br_model1? set_language＝en

胡红亮, 封颖, 徐峰. 巴西科技创新的政策重点与管理趋势述评 [J]. 全球科技经济瞭望, 2014, 29 (12): 24-31.

杨艳丽, 马红坤, 王晓君, 毛世平. 发达国家区域性农业科技创新中心的构建经验及对京津冀区域的启示 [J]. 中国农业科技导报, 2019, 21 (11): 9-16.

OECD (2012), Science, Technology and Industry Outlook 2012, OECD Publishing, Paris.

刘艳. 澳大利亚以合作研究中心计划为抓手建设国家创新体系 [J]. 全球科技经济瞭望, 2013, 28 (12): 1-7.

农业部科技教育司, 农业部关于深化农业科技体制机制改革加快实施创新驱动发展战略的意见 [EB/OL]. [2016-11-25].

http://www.moa.gov.cn/zwllm/zcfg/nybgz/201508/t20150828_48088 26.htm.

曹聪, 李宁, 李侠, 刘立. 中国科技体制改革新论 [J]. 自然辩证法通讯, 2015, 01: 12-23.

李丽亚, 李莹. 国家科技计划体系及其管理的演变 [J]. 中国科技论坛, 2008, 08: 6-11.

冯身洪, 刘瑞同. 重大科技计划组织管理模式分析及对我国国家科技

重大专项的启示 [J]. 中国软科学, 2011, 11: 82-91.

刘威. 引领农业科技方向的大战略——中国农业科学院开展创新工程综述 [EB/OL]. [2016-11-30]. http://news.xinhuanet.com/tech/2014-01/13/c_118946864.htm

中国科学院农业领域战略研究组. 中国至2050年农业科技发展路线图 [M]. 北京: 科学出版社, 2010.

肖小溪. 国家科研机构治理结构研究 [D]. 中国科学院大学, 2013.

毛世平, 曹志伟, 刘瀛弢, 吴敬学. 中国农业科研机构科技投入问题研究——兼论国家级农业科研机构科技投入 [J]. 农业经济问题, 2013, 01: 49-56+111.

OECD (2012), Improving Agricultural Knowledge and Innovation Systems: OECD Conference Proceedings, OECD Publishing, Paris.

奉公, 余奇才. 中国涉农国家科技计划体系研究 [J]. 科技进步与对策, 2015, v.32; No.36703: 109-114.

Holt D A. Agricultural Research Management in US Land-Grant Universities-The State Agricultural Experiment Station System [M] Agricultural research management. Springer Netherlands, 2007.

王雅鹏, 吕明, 范俊楠, 文清. 我国现代农业科技创新体系构建: 特征、现实困境与优化路径 [J]. 农业现代化研究, 2015, 02: 161-167.

陈慧女, 周侣. 中国农业科技创新模式变迁及策略选择 [J]. 科技进步与对策, 2014, 17: 70-74.

Hu R, Liang Q, Pray C, et al. Privatization, public R&D policy, and private R&D investment in China's agriculture [J]. Journal of Agricultural and Resource Economics, 2011: 416-432.

Science C. China's agricultural innovation system: Issues and reform [J]. OECD Agriculture & Food, 2012 (3): 52-63.

王雪, 刘家轩, 郭燕枝. 中国农业科技创新面临的问题及"十三五"

展望 [J]．农业展望，2016，01：53-56+77．

崔宁波，郭翔宇．我国大豆生产技术及应用的经济分析．北京：中国农业出版社，2010．

郝志鹏，曾希柏．农业科技创新活动中政策支持措施的问题研究 [J]．农业科技管理，2016，03：9-12．

农业部网站．现代农业产业技术体系建设实施方案（试行）[EB/OL]．[2016-12-21]．

http：//www. moa. gov. cn/govpublic/KJJYS/201006/t20100606_1533918. htm

张克俊，张娜敏，伍红玮．现代农业产业技术体系建设的制度创新特征、问题及对策建议 [J]．农村经济，2014，11：37-41．

国家农业科技创新联盟简介 [EB/OL]．[2019-12-15]．

http：//nastia. caas. cn/gylm/lmjj/index. htm

熊明民，庄严．国家农业科技创新联盟实践与思考 [J]．农业科研经济管理，2018（02）：1-4．

国家农业科技创新联盟加快实体化 [EB/OL]．[2019-12-20]．

http：//www. haas. cn/newsview. aspx？id=18121

国家农业科技创新联盟推动上中下游紧密衔接 [EB/OL]．[2019-12-22]．

http：//www. xinhuanet. com/chanye/2018-02-27/c_1122460079. htm

国务院，国务院关于印发深化中央财政科技计划（专项、基金等）管理改革方案的通知（国发 [2014] 64 号）[EB/OL]．[2016-12-21]．

http：//www. gov. cn/zhengce/content/2015-01/12/content_9383. htm

白春礼．世界主要国家科研机构概况．北京：科学出版社．2013．

李明德．巴西科技体制的发展和研发体系 [J]．拉丁美洲研究，2004，（03）：27-32．

Kragt M E, Pannell D J, McVittie A, et al. Improving interdisciplinary collaboration in bio-economic modelling for agricultural systems [J]. Agricultural Systems, 2016, 143: 217-224.

Lowe P, Phillipson J. Reflexive Interdisciplinary Research: The Making of a Research Programme on the Rural Economy and Land Use [J]. Journal of Agricultural Economics, 2006, 57 (2): 165-184.

张彦通, 张妍. 研究型大学知识生产方式的变革与发展——基于国家创新系统视角的分析 [J]. 国家教育行政学院学报, 2015, 04: 3-7.

图书在版编目（CIP）数据

基于融合理念的农业科技创新组织与管理模式研究／
张秀峰著 . -- 北京：社会科学文献出版社，2023.11
ISBN 978-7-5228-2350-8

Ⅰ.①基…　Ⅱ.①张…　Ⅲ.①农业技术-技术革新-
研究-世界　Ⅳ.①F313

中国国家版本馆 CIP 数据核字（2023）第 153284 号

基于融合理念的农业科技创新组织与管理模式研究

著　　者／张秀峰

出 版 人／冀祥德
责任编辑／王玉霞
文稿编辑／吴尚昀
责任印制／王京美

出　　版／社会科学文献出版社·城市和绿色发展分社（010）59367143
　　　　　　地址：北京市北三环中路甲 29 号院华龙大厦　邮编：100029
　　　　　　网址：www.ssap.com.cn
发　　行／社会科学文献出版社（010）59367028
印　　装／三河市龙林印务有限公司

规　　格／开　本：787mm×1092mm　1/16
　　　　　　印　张：18　字　数：258 千字
版　　次／2023 年 11 月第 1 版　2023 年 11 月第 1 次印刷
书　　号／ISBN 978-7-5228-2350-8
定　　价／98.00 元

读者服务电话：4008918866